Zum Jahr 2000: Prophezeiungen der großen Seher

Peter Orzechowski

Zum Jahr 2000

....

Prophezeiungen der großen Seher

Warum wir
überleben können

Seehamer Verlag

© 1999 Seehamer Verlag GmbH, Weyarn
Alle Rechte vorbehalten
Gestaltung : Bine Cordes, Weyarn
Umschlagabbildung: Bavaria Bildagentur, Gauting
Printed in Austria
ISBN- 3-932131-58-4

. . . .

Überleben?
„Nur wenn wir das vernetzte System
wieder ins Gleichgewicht bringen."
Ernst Ulrich von Weizsäcker

Inhaltsverzeichnis

5. Hoffnung

Vorwort

Steht die Menschheit kurz vor ihrem Untergang? Liest man die Schlagzeilen der Tageszeitungen oder lauscht man den Gesprächen an den Stammtischen, dann scheint es so. Spielt denn nicht in der Tat das Wetter verrückt? Sind nicht die vier Elemente außer Kontrolle geraten und suchen die Welt heim mit Sturm- und Brand-, Flut- und Dürrekatastrophen? Bebt nicht die Erde mehr denn je und spucken nicht die Vulkane Feuer? Hat nicht Hollywood vorweggenommen, was uns demnächst bedrohen wird: der Einschlag eines Asteroiden? Die Seher haben genau diese Ereignisse vorhergesagt, als Vorstufe zum demnächst stattfindenden Weltuntergang – so verkünden es selbsternannte Experten.

Was ist dran an diesen Vorhersagen? Wo steht die Menschheit heute, am Vorabend des Jahrtausendwechsels? Ist das alles nur Panikmache oder der Versuch, mit der Angst der Leute Geld zu machen? Noch vor Jahren hätte ich wie die meisten normal denkenden Zeitgenossen derlei Schwarzmalerei als totalen Humbug abgelehnt. Ich war ja schließlich (seit 1978) Journalist und konnte mich nur auf Fakten verlassen. Doch dann hatte ich – kurz nach meiner Übersiedlung nach Los Angeles 1986 – drei Begegnungen, die mein festgefügtes Vorurteil erschütterten und mich letztendlich dazu brachten, mich mit dem Phänomen der Präkognition, des Vorhersehens, genauer zu befassen.

Ich erinnere mich noch gut daran, wie ich im Sommer 1986 in Kalifornien mit dem Leben und Werk des großen amerikanischen Mediums Edgar Cayce in Berührung kam und wie mich dessen Vorhersage für die Jahre nach 1998 – das Jahr der weitreichenden Veränderungen – erschütterte. Cayce prophezeit, kurz zusammengefaßt, für die unmittelbare Zeit nach 1998 Erdbeben der Megastärke in Kalifornien, die zu einem Abbrechen des Festlandes führen sollen, Überschwemmungen der Küstengebiete im Bereich des Atlantischen Ozeans und das Auftauchen neuer Kontinente. Cayce gilt auch in Fachkreisen deswegen als so glaubwürdig, weil er Tausende von Menschen in seiner medialen Trance medizinisch richtig diagnostizierte und weil auch seine über das Persönliche hinausgehenden Trance-Botschaften stets akkurat waren.

Das zweite innere Beben wurde im Frühling 1987 von meinem Lehrer in jenen Jahren, dem Apache-Schamanen EagleBear, ausgelöst. EagleBear erzählte mir von den Weissagungen der Hopi-Indianer über die bevorstehende Zeit der Großen Reinigung. Diese Reinigung beinhaltet nach Hopi-Glauben massive Erdveränderungen, die von Erdbeben, Vulkanausbrüchen, Orkanen und Sturmfluten verursacht werden. Wie Cayce hatten auch die Hopi in ihren anderen Vorhersagen eine hundertprozentige Trefferquote.

Kurz darauf lernte ich in meiner Praxis – ich hatte damals eine Ausbildung als staatlich anerkannter Hypnosetherapeut abgeschlossen und unterhielt im Stadtteil Brentwood eine Praxisgemeinschaft mit Psychologen, Analytikern und Hypnosetherapeuten – einen Kollegen namens Dr. Chet Snow kennen. Wir wurden über das fachliche und therapeutische Interesse hinaus rasch Freunde, und Chet berichtete mir von seiner Arbeit mit der bekannten Dr. Helen Wambach, die seit den späten 70er Jahren Patienten in Trance versetzte und dann geistig in die Zukunft reisen ließ. Was Chet mir anvertraute, veröffentlichte er 1989 in dem Buch „Mass Dreams of the Future", das zuerst in den USA und dann auch in Europa Aufsehen erregte. Darin dokumentiert er die „Erinnerungen" seiner Patienten an die Zukunft, die allesamt das von Cayce und von den Hopi Gesehene als konkret-praktische Alltagserlebnisse wiedergeben.

Spätestens nach dieser Begegnung war mit klar, daß ich das Phänomen der Prophezeiungen eingehend untersuchen mußte: Angst ist am besten durch Wissen zu bekämpfen. Und das Vorhergesagte hatte mir massiv Angst eingejagt. Wenn ich weiß, was mich erwartet, kann ich mich darauf einstellen. Ich begann also, die Weissagungen der Seher aus aller Welt zu studieren und zu vergleichen.

Das Ergebnis meiner Recherchen veröffentlichte ich 1994 in dem Buch „Die großen Seher, ihre unglaublichen Prophezeiungen zur Jahrtausendwende" (Realis Verlag München). Damit war das Thema für mich abgeschlossen, dachte ich. Aber das war ein Irrtum. Seit Erscheinen des Werks ist eine wahre Flut von Büchern zur Jahrtausendwende erschienen. Überwiegender Tenor: Das Ende der Welt ist nahe. In Gesprächen mit Freunden und Bekannten konnte ich spüren, wie selbst bei nüchternen, sachlich argumentierenden Menschen die Angst vor einem Kataklysmus, einer die gesamte Menschheit bedrohenden Katastrophe, zum Vorschein kam. Welche Panik mußten diese Bücher erst bei Menschen auslösen, die weniger auf dem Boden der Tatsachen stehen! Ich unterhielt mich mit Sehern, Experten und vor allem Menschen, die über ihren eigenen Tellerrand hinaus sahen.

Als der Seehamer Verlag mit der Bitte an mich herantrat, ein neues Buch zum Thema „Prophezeiungen der großen Seher" zu verfassen, war ich daher gerne und sofort bereit, ein neues Werk zu erarbeiten, in dem die Vorhersagen der Seher kritisch beleuchtet und modernen wissenschaftlichen Forschungen und Prognosen gegenübergestellt werden konnten.

Ich setzte mich zunächst mit Prophetien auseinander: Wie erhalten die Seher ihre Bilder der Zukunft? Wie glaubwürdig sind ihre Aussagen? Gibt es Seher, die ernster zu nehmen sind als andere? Das Ergebnis meiner Untersuchungen werde ich Ihnen im ersten Kapitel dieses Buches darlegen. Ich werde dabei die Spreu vom Weizen trennen, das heißt: dokumentieren, warum einige Seher-Aussagen mehr Gewicht haben als andere.

Zweitens nahm ich eine Bestandsaufnahme vor: Welche Vorhersagen sind bereits eingetroffen? Welche Seher haben eine hohe Trefferquote? Diese Analyse werde ich Ihnen im zweiten Kapitel vorlegen.

Für den Hauptteil, das dritte und vierte Kapitel, habe ich zunächst den Zustand unserer gegenwärtigen Welt untersucht und mit Seher-Aussagen verglichen. Das Ergebnis ist verblüffend: Egal welche Studie wir heranziehen – Vereinte Nationen, Club of Rome, Einzeluntersuchungen von Universitäten oder Wissenschaftlern – die Ergebnisse und Schlußfolgerungen decken sich immer mit der einen oder anderen Seher-Aussage. Wenn wir darauf aufbauend den Schritt in unsere unmittelbare Zukunft wagen, wie ich es im vierten Kapitel tun werde, entdecken wir das gleiche Muster: Wissenschaftliche Prognosen decken sich mit den Visionen mancher Seher (hier werden wir die wahrscheinlichen von den unwahrscheinlichen trennen müssen), – sogar, wenn wir nur die Vorhersagen der Seher heranziehen, deren Präkognitionstechnik – wie im ersten Kapitel gezeigt – glaubwürdig ist und deren bisherige Aussagen – wie im zweiten Kapitel belegt – akkurat und präzise eintrafen. Mit dieser Methode habe ich mögliche und/oder wahrscheinliche Entwicklungen herausgearbeitet. Dabei ist eines überdeutlich geworden: Es gibt immer verschiedene Modelle von der Zukunft. Wenn Sie zum Beispiel vorhaben, sich eines Tages in einem Haus in der Toskana zur Ruhe zu setzen, dann haben Sie zahllose Möglichkeiten, dieses Ziel zu erreichen – durch Sparen, Erben, Lottogewinn etc., per Auto, Flugzeug oder Bahn, mithilfe eines Maklers, Freundes, Geschäftspartners oder Kollegen und so weiter. Es gibt buchstäblich Tausende von Wegen, die in die Toskana führen.

Genauso ist es mit der Zukunft: Welchen Weg wird die Menschheit einschlagen? Wir wissen es nicht, wir können nur vermuten. Die Seher zeigen uns einen Weg von vielen. Wie wir im vierten Kapitel feststellen werden, gibt es einige Seher, die genau den gleichen Weg beschreiben wie ihre Kollegen und daher den Eindruck erwecken, dies müsse eindeutig der Pfad sein, den die Menschheit in der nächsten Zukunft beschreiten wird. Aber muß er das? Ist es nicht vielmehr der Weg, der aus der Angst heraus geboren wurde?

Um noch einmal zu unserem Beispiel zurückzukehren: Wenn Sie Ihren Umzug in die Toskana ganz und gar nicht als rosiges Traumziel, sondern voller Angst und Sorge betrachten, dann hören Sie auf einmal, wie manche Leute schlecht über die Toskana sprechen, einige sollen dort sogar beraubt worden sein, ein anderer weiß von einer Einbruchserie usw. Vielleicht träumen Sie sogar nachts davon, wie Ihr schöner Altersruhesitz in Flammen aufgeht. Ihre Flucht ins Paradies Toskana wird immer unwahrscheinlicher. Die Bilder, die aus Ihrer Angst entstanden sind, legen sich wie eine düstere Bedrohung auf Ihre Zukunft.

Genauso ist es mit den Prophezeiungen, die ich Ihnen im vierten Kapitel vorstelle und die derzeit die Veröffentlichungen zur Jahrtausendwende dominieren: Dritter Weltkrieg, Naturkatastrophen, Meteoreinschlag, Weltuntergang. Die Angst scheint unsere Zukunft zu bestimmen.

Aber es gibt Alternativen, und um die geht es dann im letzten Kapitel. Es gibt Menschen, die Bilder der Zukunft entwerfen, die nicht aus der Angst entstanden sind, die also Wege zeigen, die die Menschheit genauso begehen kann: Wege in ein Goldenes Zeitalter. Das sind optimistische Prognosen des „Club of Rome", menschliche Gemeinschaften wie die „Rainbow Nation", die überall auf dem Globus entstehen und in Harmonie mit Umwelt und Natur leben, und auch die optimistischen Vorhersagen von Sehern und Naturvölkern. Ferner geht es in diesem Kapitel darum, Bilanz zu ziehen. Ich möchte dem nicht vorgreifen, Sie aber dennoch nicht bis zur letzten Buchseite auf die Folter spannen. Kurz gerafft also das Ergebnis meiner Studien und Untersuchungen:

Die Welt wird nicht untergehen, aber verändern wird sie sich – und das nicht zu knapp. Wenn wir uns ausrechnen können, wo und wie sie sich verändert, dann können wir uns, statt vor Angst gelähmt zu sein, aktiv darauf vorbereiten.

Erlauben Sie mir daher die Bitte: Benutzen Sie dieses Buch als Aufmunterung, aktiv zu werden, und als Kampfansage gegen eine Angst, die niemandem dient mit Ausnahme der Autoren und Verlage, die damit gutes Geld machen.

Peter Orzechowski

1. Analyse
Prophetien – Wahn oder
Wahrscheinlichkeit?

Eine Analyse sollte immer am Anfang beginnen. Der Ausgangspunkt für die abendländischen Visionen ist das „Urbuch" der Prophezeiungen, die Bibel. Sie hat viele der Seher, die uns in diesem Buch begegnen werden, beeinflußt. Daher gilt es zunächst, sie genauer zu untersuchen: Was ist ihre prophetische Kernaussage? Wo finden wir ihre apokalyptischen, also endzeitlichen Bilder wieder? Bei der Beantwortung dieser Fragen sind wir dann schon mitten drin in der Betrachtung der berühmten Seher unseres Kulturkreises: Konnten sie in die Zukunft sehen? Wie erhielten sie ihre Visionen? Wie glaubwürdig sind ihre Aussagen? Gibt es Seher, die ernster zu nehmen sind als andere? Aber eines nach dem anderen. Sehen wir uns zunächst einmal die Bibel etwas genauer an.

Die biblische Apokalypse

Immer wieder taucht der Begriff der Apokalypse auf, wenn wir uns mit Prophetien befassen. Was ist diese biblische Offenbarung und was ist ihr Inhalt? Die sogenannte „Geheime Offenbarung", die „Apokalypse des Johannes" steht in der kanonischen Sammlung der heiligen Schriften an letzter Stelle. Sie unterscheidet sich von der frohen Botschaft der vier Evangelien, die das Leben Jesu beschreiben, deutlich durch ihren Ton und Inhalt: Der wiederkehrende Messias wird die Welt erlösen, nachdem sie durch Krieg, Hunger und Katastrophen geläutert wurde.

Der Autor, Johannes, beginnt erst im vierten Kapitel mit den allegorischen Bildern des endzeitlichen Geschehens, das deutliche Parallelen zu den alttestamentarischen Schriften Daniels, Jesajas und Ezechiels aufweist, aber viel weiter geht als die wenigen Andeutungen seiner Autorenkollegen Matthäus, Markus und Lukas.

Johannes sagt, das Schicksalsbuch der Menschheit sei mit sieben Siegeln verschlossen, die niemand außer dem „geschlachteten Lamm", dem „Löwen aus dem Stamme Juda" öffnen könne. Johannes schildert die „Öffnung der Siegel" als die Geschichte der Menschheit: Zuerst tauchen die vier apokalyptischen Reiter auf als Verkörperung von Eroberungskrieg, Bürgerkrieg, Hunger und Pest. Nach der Öffnung des fünften Siegels tauchen die Seelen der Märtyrer aus dem Altar Gottes auf und rufen nach Rache – ein Gedanke, der in anderen Religionen (siehe Prophezeiungen der Hopi u.a.) undenkbar wäre, weil Gott nicht sühnt und rächt. Die Öffnung des sechsten Siegels bringt kosmische Katastrophen mit sich, die das Kommen Gottes ankündigen. Nur 144 000 Menschen aus den zwölf Stämmen Israels werden überleben. Nach dieser Strafaktion tritt eine Stille im Himmel ein, das siebte Siegel wird geöffnet. Darauf folgt die Vision der sieben Engel mit den sieben Posaunen (folgende Texte zitiert nach der Einheitsübersetzung der Bibel):

„Der erste Engel blies seine Posaune. Da fielen Hagel und Feuer, die mit Blut vermischt waren, auf das Land. Es verbrannte ein Drittel des Landes, ein Drittel der Bäume und alles grüne Gras. Der zweite Engel blies seine Posaune. Da wurde etwas, das einem großen brennenden Berg glich, ins Meer geworfen. Ein Drittel des Meeres wurde zu Blut. Und ein Drittel der Geschöpfe, die im Meer leben, kam um, und ein Drittel der Schiffe wurde vernichtet. Der dritte Engel blies seine Posaune. Da fiel ein großer Stern vom Himmel; er loderte wie eine Fackel und fiel auf ein Drittel der Flüsse und auf die Quellen. Der Name des Sterns ist „Wermut". Ein Drittel des Wassers wurde bitter, und viele Menschen starben durch das Wasser, weil es bitter geworden war. Der vierte Engel blies seine Posaune. Da wurde ein Drittel des Mondes und ein Drittel der Sterne getroffen, so daß sie ein Drittel ihrer Leuchtkraft verloren und der Tag um ein Drittel dunkler wurde und ebenso die Nacht. Und ich sah und hörte: Ein Adler flog hoch am Himmel und rief mit lauter Stimme: Wehe! Wehe! Wehe den Bewohnern der Erde! Noch drei Engel werden ihre Posaunen blasen.

Der fünfte Engel blies seine Posaune. Da sah ich einen Stern, der vom Himmel auf die Erde gefallen war; ihm wurde der Schlüssel zu dem Schacht gegeben, der in den Abgrund führt. Und er öffnete den Schacht des Abgrunds.

Da stieg Rauch aus dem Schacht auf, wie aus einem großen Ofen, und Sonne und Luft wurden verfinstert durch den Rauch aus dem Schacht. Aus dem Rauch kamen Heuschrecken über die Erde, und ihnen wurde Kraft gegeben, wie sie Skorpione auf der Erde haben. Es wurde ihnen gesagt, sie sollten dem Gras auf der Erde, den grünen Pflanzen und den Bäumen keinen Schaden zufügen, sondern nur den Menschen, die das Siegel Gottes nicht auf der Stirn haben. Es wurde ihnen befohlen, die Menschen nicht zu töten, sondern nur zu quälen, fünf Monate lang. Und der Schmerz, den sie zufügen, ist so stark, wie wenn ein Skorpion einen Menschen sticht. In jenen Tagen werden die Menschen den Tod suchen, aber nicht finden; sie werden sterben wollen, aber der Tod wird vor ihnen fliehen. Und die Heuschrecken sehen aus wie Rosse, die zur Schlacht gerüstet sind; auf ihren Köpfen tragen sie etwas, das goldschimmernden Kränzen gleicht, und ihre Gesichter sind wie Gesichter von Menschen, ihr Haar ist wie Frauenhaar, ihr Gebiß wie ein Löwengebiß, ihre Brust wie ein eiserner Panzer; und das Rauschen ihrer Flügel ist wie das Dröhnen von Wagen, von vielen Pferden, die sich in die Schlacht stürzen. Sie haben Schwänze und Stacheln wie Skorpione, und in ihren Schwänzen ist die Kraft, mit der sie den Menschen schaden, fünf Monate lang. Sie haben als König über sich den Engel des Abgrunds; er heißt auf hebräisch Abaddon, auf griechisch Apollyon.

Der sechste Engel blies seine Posaune. Da hörte ich eine Stimme, die von den vier Hörnern des goldenen Altars her kam, der vor Gott steht. Die Stimme sagte zu dem sechsten Engel, der die Posaune hält: Binde die vier Engel los, die am großen Strom, am Eufrat, gefesselt sind. Da wurden die vier Engel losgebunden, die auf Jahr und Monat, auf Tag und Stunde bereitstanden, um ein Drittel der Menschheit zu töten. Und die Zahl der Reiter dieses Heeres war zwanzigtausend mal zehntausend; diese Zahl hörte ich. Und so sahen die Pferde und die Reiter in der Vision aus: Sie trugen feuerrote, rauchblaue und schwefelgelbe Panzer. Die Köpfe der Pferde glichen Löwenköpfen, und aus ihren Mäulern schlugen Feuer, Rauch und Schwefel. Ein Drittel der Menschen wurde durch diese drei Plagen getötet, durch Feuer, Rauch und Schwefel, die aus ihren Mäulern hervorkamen. Denn die tödliche Macht der Pferde war in ihren Mäulern und in ihren Schwänzen. Ihre Schwänze glichen Schlangen, die Köpfe haben,

> ...Ein Drittel der Menschheit wird durch diese drei Plagen getötet werden: durch Feuer, Rauch und Schwefel...

mit denen sie Schaden zufügen können. Aber die übrigen Menschen, die nicht durch diese Plagen umgekommen waren, wandten sich nicht ab von den Machtwerken ihrer Hände. Sie hörten nicht auf, sich niederzuwerfen vor ihren Dämonen, vor ihren Götzen aus Gold, Silber, Erz, Stein und Holz, den Götzen, die weder sehen, noch hören, noch gehen können. Sie ließen nicht ab von Mord und Zauberei, von Unzucht und Diebstahl.

Der siebte Engel blies seine Posaune. Da ertönten laute Stimmen im Himmel, die riefen: Nun gehört die Herrschaft über die Welt unserem Herrn und seinen Gesalbten; und sie werden herrschen in alle Ewigkeit. Und die vierundzwanzig Ältesten, die vor Gott auf ihren Thronen sitzen, warfen sich nieder, beteten Gott an und sprachen: Wir danken dir, Herr, Gott und Herrscher über die ganze Schöpfung, der du bist und der du warst; denn du hast deine große Macht in Spruch genommen und die Herrschaft angetreten. Die Völker gerieten in Zorn. Da kam dein Zorn und die Zeit, die Toten zu richten: die Zeit, deine Knechte zu belohnen, die Propheten und die Heiligen und alle, die deinen Namen fürchten, die Kleinen und die Großen, die Zeit, alle zu verderben, die die Erde verderben. Der Tempel Gottes im Himmel wurde geöffnet, und in seinem Tempel wurde die Lade seines Bundes sichtbar: da begann es zu blitzen, zu dröhnen und zu donnern, es gab ein Beben und schweren Hagel."

Nach diesem Gerichtstag Gottes ist freilich die Geschichte der Menschheit noch lange nicht besiegelt: Johannes beschreibt in den folgenden Kapiteln den Kampf Satans gegen das Volk Gottes. Der Antichrist droht, sich der Erde zu bemächtigen. Noch einmal muß Gott die Menschen bestrafen – mit den sieben letzten Plagen, den sieben Schalen des Gotteszornes:

„Dann hörte ich, wie eine laute Stimme aus dem Tempel den sieben Engeln zurief: Geht und gießt die sieben Schalen mit dem Zorn Gottes über die Erde! Der erste ging und goß seine Schale über das Land. Da bildete sich ein böses und schlimmes Geschwür an den Menschen, die das Kennzeichen des Tieres (des Satans, Anm. d. Verf.) trugen und sein Standbild anbeteten. Der zweite Engel goß seine Schale über das Meer. Da wurde es zu Blut, das aussah wie das Blut eines Toten, und alle Lebewesen im Meer starben. Der dritte goß seine Schalen über die Flüsse und Quellen. Da wurde alles zu Blut... Der vierte

*Engel goß seine Schale über die Sonne. Da wurde ihr Macht gegeben, mit
ihrem Feuer die Menschen zu verbrennen. Und die Menschen verbrannten in
der großen Hitze. Dennoch verfluchten sie den Namen Gottes, der die Macht
über diese Plagen hat. Sie bekehrten sich nicht dazu, ihm die Ehre zu geben. Der
fünfte Engel goß seine Schale über den Thron des Tieres. Da kam Finsternis
über das Reich des Tieres, und die
Menschen zerbissen sich vor Angst und
Schmerz die Zunge. Dennoch verfluchten sie den Gott des Himmels wegen
ihrer Schmerzen und ihrer Geschwüre;
und sie ließen nicht ab von ihrem Treiben. Der sechste Engel goß seine Schale
über den großen Strom, den Eufrat. Da
trocknete sein Wasser aus, so daß den
Königen des Ostens der Weg offen-
stand. Dann sah ich aus dem Maul des
Drachen und aus dem Maul des Tieres
und aus dem Maul des falschen Propheten drei unreine Geister hervor-
kommen, die wie Frösche aussahen. Es
sind Dämonengeister, die Wunderzei-
chen tun; sie schwärmten aus zu den
Königen der ganzen Erde, um sie
zusammenzuholen für den Krieg am*

Albrecht Dürer: Die apokalyptischen Reiter

*großen Tag Gottes, des Herrschers über die ganze Schöpfung. Siehe, ich kom-
me wie ein Dieb. Selig, wer wach bleibt und sein Gewand anbehält, damit er
nicht nackt gehen muß und man seine Blöße sieht. Die Geister führten die
Könige an dem Ort zusammen, der auf hebräisch Harmagedon heißt. Und der
siebte Engel goß seine Schale über die Luft. Da kam eine laute Stimme aus dem
Tempel, die vom Thron her rief: Es ist geschehen. Und es folgten Blitze, Stimmen und Donner; es entstand ein gewaltiges Erdbeben, wie noch keines gewesen war, seitdem es Menschen auf der Erde gibt. So gewaltig war dieses Beben.
Die große Stadt brach in drei Teile auseinander, und die Städte der Völker stürzten ein. Gott hatte sich an Babylon, die Große, erinnert und reichte ihr den*

Becher mit dem Wein seines rächenden Zornes. Alle Inseln verschwanden, und
es gab keine Berge mehr. Und gewaltige Hagelbrocken, zentnerschwer, stürzten
vom Himmel auf die Menschen herab. Dennoch verfluchten die Menschen Gott
wegen dieser Hagelplage; denn die Plage war über die Maßen groß."

Der Satan und sein Helfer, der Antichrist, werden – so schreibt Johannes in
den folgenden Kapiteln – in der Schlacht von Harmagedon geschlagen, die
Hure Babylon vernichtet. Gott hält das Gericht über die Toten, dem dann seine tausendjährige Herrschaft auf Erden folgt, wo Gott unter den Menschen
weilt und ein neues Jerusalem gebaut wird.

Soweit das sehr ausführliche Zitat der „Geheimen Offenbarung" des
Johannes. Wir werden im Laufe des Buches sehen, daß diese Vision des Jüngsten Gerichts bei vielen Sehern in abgewandelter Form wieder auftauchte und
daß sie heute, am Vorabend der Jahrtausendwende, von vielen Sekten
aktualisiert wird. Die düsteren Bilder des Apostels beschäftigen auch die
Gehirne kritischer Menschen. Zahlreiche moderne Deuter sahen in ihren
Symbolen Zeichen für Tschernobyl (auf deutsch: „Wermut"), Atomkriege, Sit
tenverfall und dergleichen mehr. Ich möchte mich an diesen Spekulationen
nicht beteiligen, sondern schließe mich vielmehr der generellen Skepsis
gegenüber diesen Texten an:

Der verurteilende, strafende und belohnende Gott begegnet uns nicht nur
in der Geheimen Offenbarung des Johannes, sondern im gesamten Alten
Testament. Die seit der Zeit der Aufklärung entstandene Religionskritik
hat – wie ich meine, zu Recht – in diesem Gottesbild ein Mittel der Kirche
gesehen, die Gläubigen zu Gehorsam gegenüber den angeblich von Gott ein-
gesetzten Statthaltern auf Erden zu verpflichten. Mit dem modernen Got-
tesverständnis ist dieses Bild des gestrengen, ja geradezu brutalen Vaters nicht
mehr vereinbar. Vor diesem Hintergrund muß auch die gesamte Apokalypse
in Frage gestellt werden. Wenn wir sie als ideologisches Mittel verstehen, mit
dessen Hilfe die Gläubigen eingeschüchtert und zu der von der Amtskirche
verordneten „richtigen" Lebensweise gezwungen werden sollten, dann wird
ihre Bedeutung als Zukunftsvision irrelevant. Sie ist in diesem Buch lediglich erwähnt, weil Hunderte von christlichen Sehern auf der ganzen Welt von
ihr inspiriert wurden.

Kann der Mensch in die Zukunft sehen?

Vor genau 100 Jahren erschien ein Roman von Morgan Robertson mit dem Titel „Der Untergang des Titanen". Darin schildert Robertson das dramatische Unglück des Luxusdampfers Titan, der gegen einen Eisberg stößt und untergeht. Die Mehrzahl der Passagiere kommt ums Leben, weil nicht genügend Rettungsboote an Bord sind. 14 Jahre später, am 14. April 1912 rammt das schnellste und angeblich sicherste Schiff der Welt, die „Titanic" auf ihrer Jungfernfahrt über den Atlantik einen Eisberg und versinkt. 1517 Passagiere finden den Tod.

Wie konnte Morgan Robertson diese Katastophe vorhersehen? Wie konnten Jules Verne und andere Autoren zukünftige Entwicklungen oft bis ins Detail genau beschreiben?

In der Geschichte der Menschheit gab es immer wieder Menschen, die zukünftige Ereignisse voraussahen. Parapsychologische Institute auf der ganzen Welt haben Tausende solcher Vorahnungen dokumentiert: Von den Passagieren, die in letzter Minute ihre „Titanic"-Fahrt umbuchten, bis zu Autofahrern, die entgegen ihrer Gewohnheit eine andere Route nahmen und dadurch einer Massenkarambolage entgingen, und so weiter. Dabei fällt auf, daß der Mensch anscheinend einen sechsten Sinn bei persönlichen Unfällen und Katastrophen entwickelt.

> Es gab in der Geschichte der Menschheit immer wieder Visionäre, die zukünftige Ereignisse voraussahen.

Reinhard Mussik schreibt in seinem interessanten (und nicht Panik erzeugenden!) Buch „Das Geheimnis der großen Seher": *„Untersuchungen verschiedener Transportunternehmen zeigen..., daß Verkehrsmittel – wie z.B. Eisenbahnzüge –, die in ein Unglück verwickelt werden, von deutlich weniger Passagieren benutzt werden als sonst zur gleichen Tageszeit und am gleichen Wochentag. In den Zügen, die später verunglücken, fahren aber nicht nur insgesamt weniger Passagiere mit, sondern gerade die Wagen, welche besonders stark durch die Katastrophe in Mitleidenschaft gezogen werden, weisen kaum Passagiere auf!"*

Wie die Tiere, die instinktiv Gewitter, Erdbeben und andere Naturereignisse im voraus erspüren, hat anscheinend der Mensch die Gabe der Vorausahnung, wenn ihm Unglück droht. Meist erhält er diese Information im Traum. Der berühmte Schweizer Psychologe Carl Gustav Jung hat sich mit diesem Aspekt des Träumens intensiv beschäftigt und kam zu dem Schluß, daß Träume Botschaften des Unbewußten an das Wachbewußtsein sind. Jung dokumentierte zahlreiche Fälle, in denen Patienten Unglücke oder sogar den eigenen Tod vorausträumten.

Das erklärt aber noch nicht Morgan Robertson, Jules Verne und andere, die Entwicklungen voraussahen, die nichts mit ihrem eigenen Leben zu tun hatten: Der französische Poet Cyrano de Bergerac sieht schon vor 300 Jahren den Flug zum Mond voraus. Roger Bacon, ein mittelalterlicher Mönch, spricht im 13. Jahrhundert bereits von Autos, Motorschiffen und Flugzeugen. Leonardo da Vinci entwirft im 15. Jahrhundert bereits Hubschrauber, Unterseeboote, Taucheranzüge, Maschinengewehre, Panzerwagen und Granaten mit Mehrfachsprengköpfen, Turbinen, Werkzeugmaschinen, Druckerpressen, Fernrohre und vieles mehr. Aber nicht nur Universalgenies wie da Vinci scheinen die Gabe des Vorhersehens zu haben, sondern auch ganz normale Zeitgenossen. Wie zum Beispiel Andrew Jackson Davis, jener Amerikaner, der bereits 1856 in seinem Buch „The Penetralia" die Verkehrsmittel unserer Gegenwart vorhersah:

> *Tiere spüren instinktiv Gewitter, Erdbeben und andere Naturereignisse im voraus. Menschen entwickeln – wie die Geschichte zeigt – einen sechsten Sinn im Zusammenhang mit persönlichen Unfällen und Katastrophen.*

„Gebet acht in jenen Tagen! – auf Wagen, Equipagen, Reisesalons auf der Landstraße, ohne Pferde, ohne Dampf, ohne jedwede sichtbare Bewegungskraft, alles bewegt sich mit großer Schnelle und weit größerer Sicherheit als gegenwärtig. Equipagen und Wagen schwerer Gattung werden durch eine seltsame und dabei einfache Verbindung von Wasser und atmosphärischen Gasen bewegt werden. Diese Verbindung wird so leicht kondensiert, so einfach entzündet und unserern gegenwärtigen Lokomotiven ähnlich angewendet, daß der ganze Apparat zwischen den Vorderrädern verborgen und gehandhabt werden kann. Diese Fahrgelegenheiten werden viele Verlegenheiten verhindern, wie solche jetzt die Bewohner wenig bevölkerter Gegenden durchzumachen haben. Die erste Bedingung wird eine gute Straße sein, auf der mit der neuen Lokomotive ohne Pferde mit großer Schnelligkeit gefahren wird...

Es ist nur ein Ding notwendig, um Luftschiffahrt zu haben, und das ist die Anwendung dieser soeben in Betracht gezogenen höheren Bewegungskraft, die eben jetzt im Begriff ist, entdeckt zu werden... Diese Kraft wird kommen! Sie wird nicht nur die Lokomotiven auf den Schienen, die Wagen aller Gattung auf der Landstraße, sondern auch die Luftwagen in Bewegung setzen, die durch den Äther hin von Land zu Land reisen."

Noch einmal gefragt: Wie kamen diese Vorausahnungen zustande? Um diesem Problem auf die Spur zu kommen, machte 1986/87 der Physikprofessor Robert Jahn an der angesehen Princeton Universität in den USA zahlreiche Experimente über präkognitive Fernwahrnehmung. Darin mußten Versuchspersonen einen ihnen nicht bekannten Ort beschreiben, an dem sich eine andere Versuchsperson 15 Minuten später (!) befinden würde. Die Trefferquote im Verlauf dieser 334 formellen Tests war überdurchschnittlich hoch. Die präkognitiven Versuchspersonen gaben an, sich ganz entspannt und dann einfach auf Bilder gewartet zu haben, die aus ihrem Unterbewußtsein in ihr Bewußtsein strömten. Raum und Zeit spielten bei diesen empfangenen Bildern keine Rolle mehr: Der andere Proband durfte sich auch Orte im Ausland auswählen, in die er reisen wollte. Der Präkognitive nahm also auch wahr, was sich bei der anderen (räumlichen entfernten) Person geistig abspielte.

Professor Jahn folgerte aus diesen Versuchen: Jeder Mensch hat die Gabe der Präkognition (des Vorhersehens). Allerdings vollzieht sich Präkognition im allgemeinen nur im Hinblick auf das eigene, individuelle Schicksal (siehe sechster Sinn). Wenn Gruppen von Sensitiven eingesetzt werden, wie beim Versuch von Jahn, lassen sich diese Wahrnehmungen in einem beschränkten Rahmen objektivieren. Am treffsichersten sind Vorahnungen eines unmittelbar bevorstehenden Ereignisses. Zahlen und Daten sind in der Präkognition jedoch äußerst selten, weil die Bilder aus der hellsichtig begabten rechten Gehirnhälfte stammen und nicht wie Zahlen und Daten aus der rationalen linken Hemisphäre.

Überschreitet man diesen begrenzten individuellen Raum, übersteigt die Fehler- eindeutig die Trefferquote. Kann man also tatsächlich an Prophezeiungen glauben? Ich unterhielt mich darüber mit dem Astrophysiker und Bestseller-Autoren Johannes von Buttlar. Hier – verkürzt – seine Antworten:

Orzechowski: Wie stehen Sie zu Prophezeiungen? Sie haben oft gesagt und geschrieben, die Zukunft sei vorherbestimmt.

Buttlar: Die CIA hatte mit dem Stanford Research Institute eine riesige Projektreihe laufen, um PSI-Spione auszubilden. Der ehemalige US-Präsident Jimmy Carter hat dazu einmal die Bemerkung gemacht, man bräuchte denen nur die Koordinaten geben, und dann sagen die genau, wo was ist. Es gibt einen sehr guten Journalisten, Schnabel, in Amerika, der einen Report geschrieben hat über die PSI-Spione der CIA. Schnabel hält die Trefferquote für enorm. Und das Interessante ist, daß gerade hier diese sehr begabten Agenten des CIA, PSI-Agenten, nicht nur in der Lage waren, hellseherisch Objekte, Orte, Koordinaten, Tresore, den Inhalt von Tresoren, die Gedanken von KGB-Leuten zu erfassen, sondern sie waren in der Lage, in der Zeit zu reisen, was viel interessanter ist. Das heißt, in einem Versuch, ich erinnere mich, beschrieb ein PSI-Agent einen Ort, ich glaube, ein Wasserwerk, das aber gar nicht da war. Und erst durch lange Recherchen hat man festgestellt, daß vor vielen Jahren dort ein Wasserwerk war.

Orzechowski: Also sollte man die Prophezeiungen von medial Begabten ernst nehmen?

Buttlar: Es dürfte auch für die militanten Skeptiker keinen Zweifel geben, daß paranormal begabte Medien in der Lage sind, Ereignisse vorauszusagen. Gerade das Stanford Research Institute hat mit vielen Leuten unglaubliche Experimente gemacht. Ein Zufallsgenerator hat einen Ort ausgewählt, zu dem der Versuchsleiter reisen sollte. Die Versuchsperson mußte diesen Ort dann beschreiben. Zwei Stunden, bevor der Versuchsleiter da hinfuhr. Das zeigt eigentlich, daß zumindest im psychischen Bereich die Zeitreisen schon längst möglich sind. Auch durch sogenannte außerkörperliche Erfahrungen – ich selber mache Seminare auf diesem Gebiet – kann man in der Zeit reisen.

Orzechowski: Aber wie genau sind die Vorhersagen die Zukunft der Welt betreffend? Ich habe einen Freund in Amerika, Dr. Chet Snow, der hat sogenannte Progressionen durchgeführt, in denen er unter Hypnose Versuchspersonen in ihre eigene Zukunft reisen ließ.

Buttlar: Ich glaube, bei diesen Zeitreisen waren es die inneren Befürchtungen, die hier zum Ausdruck kamen. Das heißt, durch Hypnoseprojektion kommen eher Dinge aus dem Unterbewußtsein der Versuchspersonen zum Vorschein. Ich erinnere mich auch an die Voraussagen. Bei Snow wird über Katastrophen gesprochen, dann kommt die Zeit, wo Weltraumstädte da sind, wo eine Hightech-Gesellschaft sich abgekapselt hat und wieder Dorfgemeinschaften beinahe wie die Grünen leben. Diese Voraussagen hat ja Snow gemacht. Und ich kann mir nicht helfen, alleine wenn man diese ganzen Aussagen sorgfältig liest, klingt es schon sehr stark nach den eigenen Befürchtungen und Ängsten, die wir haben. Auch bei vielen Medien ist das immer wieder der Fall.

Orzechowski: Trifft das auch auf Volksseher und christlich geprägte Propheten zu, die eigentlich die biblische Apokalypse, nur in anderen Worten, wiedergeben?

Buttlar: Ja. Ich habe dafür in einem meiner Bücher den Ausdruck „Ninive-Effekt" geprägt, als ich überlegt habe: Wo ist der Sinn, daß ein Prophet, ob Nostradamus oder wie sie alle heißen, Dinge voraussagt, wenn diese hundertprozentig eintreffen würden? Ich sehe nicht den Sinn, daß einer überhaupt davor warnt, denn es ist etwas Unabänderliches. Wir brauchen gar nicht mehr gewarnt werden davor.

Orzechowski: Was wäre aber, wenn der Seher nur vor einer möglichen Fehlentwicklung warnen will, vor einer potentiellen Wahrscheinlichkeit?

Buttlar: Das war meine Theorie dazu: Der Prophet warnt vor den Wahrscheinlichkeiten, die wir wahrscheinlich realisieren, aber es besteht die Chance, einen anderen Weg zu nehmen und auf ein anderes Ereignis zuzulaufen. Das ist der Ninive-Effekt, wo es dann heißt, es war ein falscher Prophet. Eigentlich ist das, was er

> Buttlar: Der Prophet warnt vor den Wahrscheinlichkeiten. Aber der Mensch hat immer die Wahl, einen anderen Weg zu nehmen.

voraussagte, nicht eingetreten. Warum? Weil die Menschen möglicherweise Buße getan haben, und das Problem wurde dann abgewendet. Nach wie vor denke ich, daß wir bei allen prädeterminierten Möglichkeiten eine gewisse Freiheit haben, den Weg zu suchen. Das Problem ist, daß wir aufgrund unserer Vergangenheit sehr oft gezwungen sind, einen bestimmten Weg zu gehen.

Orzechowski: Das ist eine sehr psychologische, beinahe eine Freud'sche Interpretation.

Buttlar: Aber so ist es doch auch. Wenn ich Ereignisse als prädeterminiert betrachte, meine ich damit nicht, daß diese Dinge nun unbedingt auf uns zukommen, sondern alles, was ich sage, ist, daß die Zeit eine Art Kreis ist, und in diesem Kreis, wahrscheinlich einem zehndimensionalen Kreis, ist eigentlich alles schon da, alle Möglichkeiten sind da. Und wenn wir psychisch in der Zeit reisen, nehmen wir eine bestimmte Möglichkeit wahr. Das bedeutet aber nicht, daß wir auf diese Möglichkeit, auf diese Ortschaft zugehen müssen. Wir können auch an einen anderen Ort gehen. Bei diesen ganzen Prophezeiungen: Einiges wird eintreten, weil wir tatsächlich darauf zugehen. Andere Dinge wieder nicht.

Orzechowski: Und auf welche Ereignisse gehen wir zu?

Buttlar: Ich glaube, es gibt überhaupt keinen Zweifel mehr, daß die Umwelt immer mehr zerstört wird. Es ist einfach nicht aufzuhalten. Aber wenn Sie mich vor zwanzig Jahren gefragt hätten, dann hätte ich das damals schon gesagt. Ich habe über Klimakatastrophe, Umweltprobleme und ähnliches schon vor zwanzig Jahren geschrieben. Nicht weil ich genial bin, sondern weil ich es auch von anderen Wissenschaftlern und von anderen Leuten schon so deutlich mitbekommen habe.

Orzechowski: Wobei es genau da das Problem gibt, daß die eine Seite der Wissenschaft sagt, wir laufen auf eine Überhitzung der Erde zu, Stichwort: Treibhauseffekt. Und die andere Seite sagt: Ganz im Gegenteil. Wir kommen auf eine neue Eiszeit zu.

Buttlar: Aber eigentlich ist das Problem sehr leicht zu lösen. Ich habe mich damit in dem Buch „Terraforming" befaßt. Es kommt sehr viel Warmzeit, und nach der Warmzeit muß die Kaltzeit kommen. Der Treibhauseffekt bedeutet, daß erstmal die Wärme gespeichert wird, und dann nach einer Weile kann die Wärme nicht mehr durch, das heißt, sie wird reflektiert, und dann kommt die Kaltzeit. Ich glaube, beides stimmt einfach. Wir haben jetzt schon eine gewisse Warmzeit. Auch wenn es irgendwo extrem kalt wird, aber global gesehen ist jetzt schon eine Warmzeit, eine Erwärmung, zu registrieren. Und das wird einige Jahre dauern, und dann kommt die Kaltzeit. Dann wird eine extrem kalte Zeit kommen, eine Eiszeit, da gibt's für mich überhaupt keinen Zweifel. Und ich habe mit vielen Klimaspezialisten gesprochen. Auch in Amerika. Und das ist eigentlich, was die auch sagen.

Orzechowski: Sie haben in diesem Zusammenhang auch auf ein zweites Problem hingewiesen.

Buttlar: Wenn durch den Treibhauseffekt die Photosynthese bei vielen Pflanzen nicht mehr gegeben ist, sterben viele Arten aus. Das größte Problem ist dabei das Kohlendioxid. Der Sauerstoffgehalt wird zurückgehen. Wir haben 21 Prozent Sauerstoff. Klassisches Beispiel: Amerika verbraucht 5,5 Milliarden Tonnen Sauerstoff im Jahr, produziert aber nur 2,5 Milliarden Tonnen Sauerstoff durch die Flora. Dieses Problem wird mit der Überbevölkerung immer gravierender. Ich persönlich glaube, und das ist auch nichts Profundes, jeder kann diese Aussage machen, daß die Verschmutzung, die Vernichtung der Biosphäre wei-

> Buttlar: Die Probleme werden immer gravierender – trotz aller schrecklicher Prognosen ist aber auch klar, daß die Erde überleben wird.

tergehen wird. Und daß dadurch gravierende Krankheiten, immer mehr bakterielle und Viruserkrankungen auf die Menschheit zukommen werden. Aber neben all diesen schrecklichen Aussagen ist auch klar, daß das Leben überleben wird auf der Erde. Davon bin ich überzeugt.

Orzechowski: Man könnte aber sagen, okay, die Menschheit geht unter, und die Ratten übernehmen.

Buttlar: Das ist glaube ich die anpassungsfähigste Art, aber die Ratten brauchen ja den Menschen. Der muß Müll machen. Was machen die Ratten ohne Menschen? Wenn die Ratten intelligent wären, und möglicherweise gibt es da Politiker und ein Parlament unter den Ratten, und eines Tages werden sie sagen, wir machen den Menschen, wir brauchen den Menschen für Müll. Aber um noch einmal auf die düsteren Vorhersagen für die nächsten Jahre zu sprechen zu kommen: Das sind ja meine eigenen Befürchtungen und Ängste auch. Ich versuche sie zwar zu stützen durch wissenschaftliche Daten und Informationen, die ich von anderen bekomme, aber profund ist das nicht. Es wird mit Sicherheit so laufen, daß die Überbevölkerung weitergeht. Es sind einfach zu viele Menschen auf diesem Planeten. Der Verbrauch der Ressourcen wird zu groß sein. Ich habe Bücher gelesen von Amerikanern, die sagen, das sei absoluter Quatsch, diese Befürchtung, alles übertrieben. Klimatische Probleme hat's immer gegeben, auch mit der Überbevölkerung, alles übertrieben. Die Wissenschaft und die Technologie wird diese Umweltverschmutzung wieder lösen. Ich sehe das nicht so. Ich bin da eher negativ. Aber überleben werden wir mit Sicherheit schon. Aber wie lange, das weiß ich nicht.

Orzechowski: Dann gibt es eine dritte Gruppe, die sagt, wenn es ganz schlimm wird, dann kommt die Kavallerie von oben, die Herren und Damen Außerirdischen, und retten uns.

Buttlar: Da tendiere ich nun überhaupt nicht dazu.

Ein anderer Forscher, der sich intensiv mit der Zukunft der Menscheit beschäftigt hat, ist Alan Vaughan. Er hat in der von 1966 bis 1988 betriebenen New Yorker Zentralstelle für Vorahnungen („Central Premonitions Registry", CPR) gearbeitet und die dort registrierten Vorahnungen mit den dann eingetretenen tatsächlichen Ereignissen verglichen. Gegenüber der Zeitschrift „esotera" gab Vaughan zu: *„Ich kann sagen, daß die Mehrheit der Voraussagen Katastrophen und Unglücksfälle betraf, die nie eintraten. Die Menschen schienen oft ihre schlimmsten Befürchtungen auf die Welt zu projizieren."* Allerdings muß ich hier gleich einschränken: Vaughans Kollege Robert Nelson, der 5000 Zuschriften an das CPR aus den Jahren 1968 bis 1978 auswertete, entdeckte 49 Vorhersagen, die später genau so eintraten. Eine Trefferquote von immerhin einem Prozent.

Gehen wir den nächsten Schritt: Warum sehen verschiedene Menschen Gleiches voraus? Der englische Biologe Rupert Sheldrake behauptet in seiner bekannten Theorie der „morphogenetischen Felder", daß sich Gedanken innerhalb bestimmter Felder ausbreiten, und erklärt damit unter anderem, daß viele Erfindungen gleichzeitig und unabhängig voneinander gemacht wurden. Zum Beispiel die Erfindung der Kohlefadenlampe von Thomas Edison und gleichzeitig von Joseph Swan, des Telefons von James McDonough, Elisha Gray und Alexander Graham Bell (Bell meldet sein Patent am 14.2.1876 zwei Stunden früher an als Gray, in Fankreich waren Charles Bourseul und in Deutschland Johann Philipp Reis ebenfalls auf die Übertragung von Sprache durch Elektrizität gestoßen). Joseph Priestley und Carl Wilhelm Scheele entdecken, ebenfalls unabhängig voneinander, im 18. Jahrhundert den Sauerstoff. Carl Benz und Gottlieb Daimler erfinden 1885 das Automobil, der eine in Mannheim, der andere in Stuttgart. Der englische Wissenschaftler Alfred Russel Wallace entwickelt im Dschungel von Borneo die Ideen über die Evolution und den Kampf ums Dasein – zur gleichen Zeit wie Charles Darwin. 1858 schickt er einen Artikel über seine Ideen an Darwin mit der Bitte um Kritik. Darwin ist wie vor den Kopf gestoßen. In einem Brief an seinen Freund Lyell schreibt er: „*Wenn Wallace meine handschriftliche Skizze von 1842 hätte – er hätte keinen besseren und kürzeren Auszug machen können! Selbst seine Ausdrücke stehen als Überschriften über meinen Kapiteln.*"

Der Mensch hat – das haben wir bis hierher gesehen – einen sechsten Sinn für persönliche Katastrophen, kann Vorgänge aus seiner Umgebung vorhersehen und sich in die Gedanken anderer Menschen einschalten.

Carl Gustav Jung geht noch einen Schritt weiter, indem er behauptet, daß der Mensch, wenn er träumt, nicht nur sein eigenes Unbewußtes „anzapft", sondern auch das kollektive Unbewußte der Menschheit.

Kommt Vorherschau oder Präkognition also – wenn sie nicht auf die Warnung vor persönlichem Unglück durch das eigene Unbewußte eingeschränkt bleibt, sondern sich auf Gesamtzusammenhänge erstreckt – dadurch zustande, daß der Sehende sich in das kollektive Unbewußte einklinkt? Zur Beantwortung dieser Frage müssen wir erst einmal klären, was im kollektiven Unbewußten der Menschheit gespeichert ist. Ist dieses globale Unbewußte identisch mit der von vielen Esoterikern (allen voran von Helena Blavatsky und Rudolf Steiner) beschriebene Akasha-Chronik, in der das Schicksal der Menschheit aufgezeichnet sein soll? „Akasha" ist in der alten indischen Philosophie die Bezeichnung für den Raum und auch für eine feinstoffliche, den Raum erfüllende Substanz. Alle menschlichen Taten und Gedanken, das gesammelte Wissen aller Lebewesen, ja die gesamte Geschichte des Kosmos sollen sich – nach dem Denkmodell der Akasha-Chronik – dieser Substanz einprägen wie Fußspuren im feuchten Sand.

> Kommt Präkognition dadurch zustande, daß der Sehende sich in das kollektive Unbewußte einklinkt?

Es gibt inzwischen eine ganze Reihe gut dokumentierter Untersuchungen über sogenannte „Nahtoderfahrungen" von Menschen, die klinisch tot waren und wiederbelebt wurden. Diese berichten, sie hätten sich in einer lichtüberfluteten Sphäre kosmischen Wissens befunden, in der alle Fragen beantwortet wurden. Der wohl berühmteste Bericht stammt von dem Amerikaner Dannion Brinkley, der am 17. September 1975 während des Telefonierens vom Blitz getroffen wurde und im Zustand des klinischen Todes in

• •

einer kristallenen Stadt Lichtwesen getroffen haben will, die ihm auf 13 Kassetten Filme über zukünftige Ereignisse auf der Erde zeigten. Wir verdanken es dem Nahtodforscher Dr. Raymond Moody, daß Brinkleys Erinnerungen ans Jenseits an die Öffentlichkeit gelangten. Brinkley sah viele Bilder, die in späteren Jahren tatsächlich Wirklichkeit wurden: Kindergangs auf den Straßen Amerikas, einen Cowboy als amerikanischen Präsidenten mit den Initialen R.R. (Ronald Reagan), eine zunehmende internationale Isolation Israels, den Einsatz von Öl als wirtschaftliche Waffe und ein Bündnis zwischen China und den arabischen Staaten, das Reaktorunglück von Tschernobyl 1986 und den darauf folgenden Niedergang der Sowjetunion, den Golfkrieg „Wüstensturm" 1991 und die atomare und chemische Aufrüstung des Irak und des Iran, schließlich die globale Umweltzerstörung. Für die beiden letzten Jahre dieses Jahrtausends sah Brinkley schwere Kämpfe zwischen russischen und chinesischen Armeen mit einer Besetzung der russischen Ölfelder Sibiriens durch die Volksarmee, den wirtschaftlichen Bankrott der USA, mitausgelöst

In einer Reihe von Untersuchungen über die Erlebnisse von Menschen, die klinisch tot waren und wiederbelebt wurden, wurde auffallend oft darüber berichtet, sie hätten sich in einer lichtüberfluteten Sphäre kosmischen Wissens befunden, in der all ihre Fragen beantwortet wurden...

durch zwei gewaltige Erdbeben, sowie Szenen eines schrecklichen Weltkriegs, mit hungernden und sterbenden Menschen, verdörrte Böden, aber auch sintlutartige Regenfälle und Naturkatastrophen. Allerdings sagten die Lichtwesen, diese Zukunftsfilme seien nicht festgelegt, sondern von der Lebensweise der Menschen abhängig.

Wie Brinkley haben schon viele Menschen eine außerkörperliche Erfahrung und eine Begegnung mit liebevollen Lichtwesen erlebt. Hildegard von Bingen (1098-1179) hat von jenem „wissenden Licht" ihre Werke diktiert bekommen, der Maler Hieronymus Bosch hat daraus seine Inspiration geholt und zahllose weitere Künstler, Mystiker, aber auch Wissenschaftler gaben an, ihre Visionen aus diesem Ozean der Allwissenheit empfangen zu haben.

Aber wir müssen nicht in die Sphären der Akasha-Chronik eindringen, sondern können auf der Erde bleiben, in unserem eigenen Inneren: So wie jedes Individuum traumatische Erlebnisse im Unbewußten speichert, wenn es sie bewußt nicht verarbeiten konnte, so bleiben einem Teil unseres

Bewußtseins auch die Traumata „erhalten", die uns als Familie, Sippe, Volk oder sogar als gesamte Menschheit widerfahren sind.

In bezug auf die Visionen der Naturvölker zum Weltende hat die französische Ethnologie-Professorin Dagmar Brocksin (Autorenname: Galin) die Traumata der indigenen Völker untersucht und ist in ihrem bemerkenswerten Buch „Das entfesselte Ungeheuer" zu dem Schluß gekommen, daß viele der Prophezeiungen vom geographischen Umfeld geprägt sind. So berichten die Bewohner der Karolineninseln im Pazifik vom Untergang der Welt durch Taifune und Sturzfluten – beides in dieser Region häufige Phänomene. Die Indianerstämme Mittelamerikas befürchten das Weltende durch Erdbeben und Vulkanausbrüche – ebenfalls gerade dort häufiger auftretende Naturkatastrophen. Die Beispiele ließen sich fortsetzen. Ich werde jedoch später auf Brocksins Forschungsarbeit zurückkommen.

Einer der letzten Universalgelehrten unserer Zeit, der Psychoanalytiker Immanuel Velikovsky, hat sich mit diesen Menschheitstraumata ausgiebig beschäftigt und behauptet in seinem 1985 erschienenen Buch „Das kollektive Vergessen – Verdrängte Katastrophen der Menschheit": *„Die wiederholten Zerstörungen unserer Erde, die sich so weit zurück ereigneten, wie die Erinnerung der Menschen zurückreicht, vor allem aber die letzten Zerstörungen, prägten sich dem Gedächtnis verschiedener Völker in der ganzen Welt in unauslöschlicher Weise ein."*

Velikovsky hatte seine Erforschung der „schweren Verkehrsunfälle unseres Planeten" zum ersten Mal 1950 mit dem viel diskutierten Werk „Welten im Zusammenstoß" der Öffentlichkeit vorgelegt. In diesem Buch und in seinem nächsten „Erde in Aufruhr" verglich er Mythen, Legenden, Gebete und Hymnen aller Religionen mit Aufzeichnungen astronomischer Beobachtungen und historischen Texten und kam zu dem Schluß, daß die Erde immer wieder von Kataklysmen heimgesucht wurde. Seit der Mensch Geschichte schriftlich festhält, so Velikovsky, wird bewußt und absichtlich die Beschreibung von globalen Naturkatastrophen tabuisiert: *„Mit Aristoteles (384-322 v. Chr.) kam es zu einer Kodifizierung des Vergessens, zu dem man die Naturkatastrophen, die sich bereits in geschichtlicher Vergangenheit ereignet hatten, verurteilt hatte. Die Verneinung solcher Vorgänge wurde zum Gesetz erhoben – nicht nur für die Philosophie, sondern auch für die Religion* *und die Naturwissenschaften – und zu einem Dogma politischer Glaubensbekenntnisse."*

Warum wurden diese Katastrophen vertuscht? Velikovsky gibt eine einfache und einleuchtende Antwort: Aus Angst. Die griechischen Weisen lebten *„in einer Geistesverfassung ständiger Angst..., die Folge von Ereignissen war, die sie oder ihre unmittelbaren Vorfahren selbst miterlebt hatten."* Und die heutigen Menschen beschwichtigen sich mit eben dieser Geschichtslüge: *„Nichts kann sich in der Vergangenheit ereignet haben, was sich nicht zu unserer Zeit vor unseren Augen abgespielt hat, oder doch etwa seit der Zeit Isaac Newtons."*

Diese Angst kommt nach Velikovsky immer wieder, wenn weltweite Umwälzungen bevorstehen. Dann werden die Anspannung und die Unruhe spürbar, denn der Mensch erinnert sich unbewußt an die Verzweiflung und den Schreckenn, die er schon einmal empfand.

Der deutsche Trendforscher und Soziologe Matthias Horx greift in seinem 1997 erschienenen Buch „Das Zukunftsmanifest" Velikovskys Thesen indirekt auf, wenn er schreibt: *„Ich gehöre zu einer Generation* (Horx ist Jahrgang 1955, Anm.d.Verf.), *die dazu neigte, jede Katastrophenversion auf ihren inneren Leinwänden durchzuspielen und nach außen zu projizieren. Der neue Faschismus, an den wir in den frühen 70er Jahren glaubten, der stumme Frühling, das Ende der Natur durch die Umweltkrise, der globale Nuklearkrieg, das Terrorregime des allwissenden Großen Bruders, der Verlust des Menschlichen im Konsumterror: keinen Alarm, den wir ausgelassen hätten, keine Klaviatur der Ängste, auf der wir nicht gespielt hätten."*

Horx macht bei seiner, der Nachkriegsgeneration, die Zukunftsangst als Grundtenor aus, den er Alarmismus nennt. Als Beweis führt er die zehn wichtigsten Neuerscheinungen auf dem weltweiten Buchmarkt im Jahre 1996 an, die meist von Autoren aus dieser Generation verfaßt wurden:

◆ Kenichi Ohmae: The End of the Nation State (Das Ende des Nationalstaates)
◆ Jeremy Rifkin: The End of Work (Das Ende der Arbeit)
◆ David Carson: The End of Print (Das Ende der Druckerzeugnisse)
◆ Dinesh D'Souza: The End of Racism (Das Ende des Rassismus)

- Peter Noever: The End of Architecture (Das Ende der Architektur)
- George Brockway: The End of Economic Man (Das Ende des öknomischen Menschen)
- Damian Thompson: The End of Time (Das Ende der Zeit)
- Jean Gimpel: The End of the Future (Das Ende der Zukunft)
- John Leslie: The End of the World (Das Ende der Welt)
- Francis Fukuyama: The End of History and the Last Man (Das Ende der Geschichte und der letzte Mensch).

Für Horx sind diese Bucherscheinungen Ausdruck des Alarmismus seiner Generation. Sie könnten freilich auch im Sinne Velikovskys unbewußte Erinnerungen an vergangene Katastrophen sein, die jetzt mit Macht in unser Gedächtnis zurückfluten.

Macht der Autor, der diese Ängste zuläßt und beschreibt, oder auch der Reisende, der auf seine Ängste hört, und nicht den Zug besteigt, der später verunglückt, die gleiche Erfahrung wie der Seher, der vor Naturkatastrophen warnt und nicht in ein Erdbebengebiet fährt? Aktivieren sie alle ihr Unterbewußtsein, der eine im kleinen individuellen Rahmen, der andere im großen kollektiven Raum?

> Die Bilder, die von Sehern empfangen werden, gleichen denen in unseren Träumen. Das bedeutet, daß sie viel Raum zur individuellen Interpretation lassen. Und damit erhöhen sich natürlich die Fehlerquoten...

Wenn dies so wäre, dann müßten sich eigentlich alle Vorhersagen der Seher erfüllen. Gott sei dank ist eher das Gegenteil der Fall. Offensichtlich kommt es auf dem Weg vom Individuum zum Kollektiv zu Übermittlungsfehlern. Anscheinend lassen die Bilder, die von den Sehern empfangen werden, soviel Raum zur Interpretation, daß der Empfänger seine jeweilige Persönlichkeit zu stark in die Deutung einbringt. Und damit erhöhen sich die Fehlerquoten. Das Gleiche gilt natürlich für die sogenannte Akasha-Chronik: Ob sie existiert oder nicht – wer ist ihr richtiger Interpret und wer glaubt es nur zu sein?

Es ist daher notwendig, daß wir im folgenden die Methoden und Interpretationen der verschiedenen Seher untersuchen und vergleichen, um herauszufinden, welche der Prophezeiungen einen hohen Wahrscheinlichkeitswert haben.

Wie erhalten die Seher ihre Visionen?

Wenn man die Vorhersagen verschiedenster Seher aus den unterschiedlichsten Kulturkreisen miteinander vergleicht, dann muß man zuerst die Frage nach ihrer Methodik stellen. Wie also gelangten die Seher zu ihren Visionen?

Es ist schwierig, die Prognosen und Prophezeiungen verschiedenster Personen aus unterschiedlichen Zeitepochen zu vergleichen. Diese visionären Menschen hatten nicht das gleiche Bildungsniveau: Die Skala reicht vom intellektuellen Wissenschaftler bis zum einfachen Bauern; wichtig war nur der Grad der Offenheit gegenüber Einflüssen, die es möglich machten, eine potentielle Zukunft schon vor deren Eintreten zu „erleben", also den Sprung über die dazwischenliegende Zeit zu schaffen. Die Möglichkeit eines Zeitsprunges ist in der Psychologie auch als „déjà-vu"-Phänomen bekannt. Im Zustand großer Übermüdung – z.B. bei Soldaten im Krieg – ist das Tagesbewußtsein teilweise ausgeschaltet, und das Bewußtsein befindet sich auf einer anderen Ebene. Dort können parapsychologische Erfahrungen gemacht werden, die sich außerhalb unseres Raum-Zeit-Kontinuums abspielen.

Spirituell erfahrenen Menschen ist es bekannt, daß auch der „Zwischenzustand" vor dem gänzlichen Einschlafen für geistige Erlebnisse sehr gut geeignet ist. Die Bewußtseinsebene des Erfahrenden hat sich von der Außenwelt mehr nach innen verlagert.

Zu diesem Zeitsprung kann es spontan kommen oder gewollt und bewußt: In nahezu allen Fällen – ich werde die Ausnahmen ausführlich beschreiben – versetzt sich der Seher durch Meditation, Tiefenentspannung oder Gebet in eine Trance, bei der sein Tagesbewußtsein ruhig gestellt ist und er bereit ist, Bilder aus dem Unterbewußtsein zu empfangen. Ich habe diesen Trance-Zustand Hunderte von Malen bei meinen Klienten beobachtet, als ich von 1986 bis 1992 in Kalifornien als Hypnosetherapeut tätig war. Auffallend ist, daß die empfangenen Bilder immer einen sehr starken persönlichen Bezug haben.

Nehmen wir an, daß sich der Sehende in das kollektive Unbewußte der Menschheit einklinken konnte – was sicherlich nur den wenigsten gelingt –, so bleibt dennoch sein persönliches Erleben und Interpretieren der gesehenen Bilder im Vordergrund. Da, wie wir oben festgestellt haben, in diesem traumähnlichen Zustand Bilder erscheinen, die nicht an Raum und Zeit gebunden sind, ist es durchaus vorstellbar, daß zum Beispiel ein mittelalterlicher Seher Szenen aus dem 20. Jahrhundert auf der Leinwand seiner inneren Schau erlebt. Wie ordnet er sie ein, wenn nicht im Rahmen seiner an seine eigene Zeit gebundenen Lebenserfahrungen? Oder konkreter gesagt: Muß nicht ein Seher vergangener Jahrhunderte, der vor sich das Bild eines überfluteten Landstrichs etwa der Oderüberschwemmungen vom Sommer 1997 auftauchen sieht, annehmen, im 20. Jahrhundert werde Norddeutschland untergehen? Muß nicht ein Nostradamus vermuten, wenn er Visionen einer multinationalen Armee erhält, die gemeinsam gegen den Irak marschiert und furchterregende Waffen einsetzt, daß der Dritte Weltkrieg 1991 ausbrechen wird? Muß nicht ein christlicher Seher vor Ehrfurcht vor Gottes Strafgericht erschaudert sein, wenn er Bilder der Katastrophe von Tschernobyl 1986 gesehen hat, deren unheilvolle Wolken mit radioaktivem Niederschlag ganz Mitteleuropa heimsuchten? Stimmen diese Bilder nicht auffallend mit der biblischen Apokalypse überein? Und: Bestätigen Sie nicht die ureigenen, tiefen Ängste des Sehers, der sich den Erfahrungen seiner Gegenwart – wie Nostradamus der Pestepidemie seiner Zeit oder der bayerische Seher Alois Irlmaier dem Ersten und Zweiten Weltkrieg – nicht entziehen kann?

> Die von den Sehern beschriebenen globalen Katastrophen entpuppen sich meist als lokale Desaster.
> Vermutlich bestätigen sie nur die Ängste des Sehers, der sich den Erfahrungen seiner Gegenwart nicht entziehen kann und sie als Maßstab nimmt.

Oder, um auf unsere unmittelbare Zukunft zu kommen: Lassen sich die von den Sehern beschriebenen globalen Naturkatastrophen, wenn wir sie wie einen Film in Einzelbilder verlangsamen, tatsächlich noch als global bezeichnen oder haben nicht vielmehr die Seher einzelne Szenen von Erdbeben, Vulkanausbrüchen und dergleichen gesehen und sie als weltweite Apokalypse interpretiert?

Wir werden diese Fragen im Laufe dieser Untersuchung immer wieder stellen und zu beantworten versuchen. Konzentrieren wir uns nun zunächst auf die Methode und Treffergenauigkeit der verschiedenen Seher. Ein sehr einfaches und leicht nachzuvollziehendes Kriterium für die Beurteilung von Sehern ist von dem bereits zitierten Alan Vaughan erstellt worden. Er schlägt als Maßstab für die Echtheit einer Vorhersehung vor, folgende zwei Fragen zu stellen:

> *„Habe ich das schon einmal gehört? Wenn ja, dann ist es wahrscheinlich eine Wiederholung einer traditionellen Prophezeiung. – Erinnert es mich an etwas in meinem Leben, vor dem ich Angst habe? Wenn ja, dann projiziere ich wahrscheinlich eigene Ängste."*

Wie glaubwürdig sind die Seher?

Legen wir die von Vaughan aufgestellte, kritische Meßlatte an die zahlreichen Prophezeiungen, die wir in diesem Buch untersuchen werden, dann fällt zunächst die Gruppe der christlichen Propheten auf, die überwiegend das in der Bibel angekündigte Gericht der Apokalypse wiederholen. Kirk Nelson hat in seinem 1986 erschienenen Buch „The Second Coming" ausführlich auf die von vielen heutigen Predigern (vor allem in den USA) beschworene Wiederkehr des Messias hingewiesen. Oft geben sich genau diese Fernseh- und Öffentlichkeitsprediger den Anschein des Propheten, wenn sie die Gegenwart als die in der Bibel vorhergesagte Endzeit verurteilen. Aber mehr als die in der Johannes-Offenbarung und anderen Bibeltextstellen niedergeschriebenen Prophezeiungen haben diese Show-Evangelisten nicht zu bieten.

> Derzeit verkünden viele Visionäre die drohende Apokalypse. Allein in Deutschland warten ca. 2 500 Sekten und sektenähnliche Organisationen auf den Jüngsten Tag. Wie aber sieht es mit den christlichen Sehern aus – sind ihre Prophezeiungen glaubwürdiger? Oft genug ist die Übereinstimmung ihrer Vorhersagen mit der bilblischen Apokalypse unübersehbar...

Es sei denn, sie haben ihre eigenen Visionen, wie die Gründerin der deutsch-schweizerischen Sekte „Fiat Lux", Erika Bertschinger, die sich selbst „Uriella", das „Sprachrohr Gottes", nennt. Mit ihrem Mann Eberhard Bertschinger-Eicke, früher Verkäufer von Haarkosmetikartikeln, heute Prophet mit Namen „Icordo", hat sie von Ibach im Schwarzwald aus, wo die Sekte ihr Zentrum hat, schon wiederholt die Öffentlichkeit vor dem Weltuntergang gewarnt. Zuletzt am 9. August 1998, an jenem Sonntag, an dem eigentlich der Dritte Weltkrieg ausbrechen sollte. Nach Ermordung eines Staatsoberhauptes und dem Zusammenkrachen der Börse hätte das dreimonatige Hauen und Stechen beginnen sollen, bis zwei Kometen dem Völkermorden ein abruptes Ende bereiten sollten: Der eine sollte in die Nordsee, der andere auf den nordamerikanischen Kontinent rauschen und zwei Dritteln der Menschheit den Tod bringen. Die zwei Milliarden Überlebenden würden in kugelrunden Raumschiffen gerettet und drei Wochen später schon wieder auf der Erde abgesetzt, wo bis Ende 1999 *„Tausende Engel bereits eine neue Welt mit ausgestorbenen Tieren und weißen Tempeln errichtet haben".*

Wie Uriella und Icordo verkünden derzeit viele die drohenden Apokalypse. Allein in Deutschland warten etwa 2500 Sekten und sektenähnliche Organisationen auf den Jüngsten Tag. Rudi Forstmeier von der evangelischen Sektenberatung sagte im August 1998 in einem Interview mit der Münchner „Abendzeitung": *„Alle Organisationen auf der Basis des Christentums beinhalten auch den Endzeit-Gedanken, der als Reinigungsprozeß für die Menschheit verstanden wird."* Auch daß die alte Johannes-Offenbarung mit Science-fiction vermischt wird, ist für Forstmeier erklärbar: *„Daß Gott Raumschiffe schickt, um die Welt zu erlösen, ist einfacher zu begreifen als die in der Bibel beschriebene Himmelfahrt."*

Aber wie sieht es mit den christlichen Sehern aus, deren Vorhersagen aus den zahlreichen, seit dem Mittelalter erhaltenen Niederschriften in den Klöstern Europas bezeugt sind? Sind ihre Prophezeiungen glaubwürdiger? Da ist zunächst der 1088 gestorbene Hepida(n)nus von St. Gallen. Er berichtet in düsteren Bildern über eine ferne Zukunft, in der ein Drittel der Menschheit dahingerafft würde und dann ein tausendjähriges Friedensreich folge. Die Übereinstimmung mit der biblischen Apokalypse ist deutlich.

„Die einen tragen das Siegel des Glaubens, die anderen nicht. In den Besiegelten leuchten die Gewissen durch die Werke des Glaubens im Glanze der Weisheit, die der übrigen erscheinen im Schatten ihres Versagens." So beschreibt die heilige Hildegard von Bingen (1098-1179) in ihren Visionen das Jüngste Gericht. Die zu ihren Lebzeiten bereits in der gesamten damaligen „zivilisierten" Welt bekannte Äbtissin, die auch Beraterin dreier Päpste und zweier Kaiser war, hat uns eine Fülle von Werken hinterlassen. Die in ihrem „Speculum Futurorum Temporum", ihrem Spiegel der kommenden Zeiten, veröffentlichten Visionen haben im gesamten europäischen Raum das Mittelalter geprägt. Ihre Schau vom Ende der Welt und vom Auftreten des Antichrist war der Mehrzahl der Gläubigen bekannt. Aus heutiger Sicht müssen wir freilich erkennen, daß ihre Bilder stark der Apokalypse ähneln.

Ich möchte dieser großen weisen Frau des Abendlandes keinen Abbruch leisten, aber im Grunde hat sie die Johannes-Offenbarung wiederholt, wenn auch mit damals zeitgemäßerer Sprache beschrieben.

Ein Zeitgenosse der heiligen Hildegard und ebenfalls in hohem Ansehen stehendes Mitglied der katholischen Kirche war der Bischof von Armagh in Irland namens Malachias. Von seinem Freund Bernhard von Clairvaux wissen wir, daß der 1148 verstorbene Kirchenfürst die Gabe der Weissagung besessen habe. Ob die bis heute unter seinem Namen bekanntgewordene Prophetie über die Geschichte der Päpste tatsächlich von ihm stammt oder vom ebenfalls mit der Sehergabe ausgestatteten Philipp Neri (1515-1595), wissen wir nicht. Sie ist nämlich erst 1595 in Venedig von einem Benediktinerpater schriftlich festgehalten worden. Wie dem auch sei, der mittelalterliche oder spätmittelalterliche Seher hat die Abfolge von 112 Päpsten mit frappierender Ähnlichkeit zur tatsächlichen Geschichte beschrieben. Ich möchte dies an der jüngsten Vergangenheit aufzeigen: Johannes XXIII. (1958-1963) ist als Hirt und Seefahrer bezeichnet, tatsächlich betonte dieser Papst den pastoralen Auftrag der Priester und war vor seinem Amt Patriarch von Venedig. Sein Nachfolger Paul VI. (1963-1978) ist als Blume der Blumen beschrieben – er hatte drei Lilien in seinem Wappen. Johannes Paul I. (1978) trägt bei Malachias die Bezeichnung „vom halben Mond". Fakt ist, daß zur Zeit seiner Papstwahl Halbmond war und daß sein Name Luciano mit der ersten Silbe Lu- den halben Mondnamen enthält. Die Charakterisierung des jetzigen Papstes Johannes Paul II. „de labore solis" hat viele Interpreten auf den Plan gerufen, denn sie könnte einmal auf den biographischen Hintergrund Wojtylas hinweisen, nämlich daß er aus der Arbeiterschaft (labore) und aus dem Osten (labore solis) kommt. Sie könnte aber auch wörtlich zu verstehen sein, dann würde labore solis die Arbeit, Mühe, Plage oder Finsternis der Sonne (Wojtyla ist am 18. Mai 1920 geboren, dem Tag, an dem eine Sonnenfinsternis eintrat) bedeuten, was oft als die von vielen Sehern angekündigte dreitägige Finsternis interpretiert wird, die demnach zu Amtszeiten Johannes Pauls II. eintreten soll. Allerdings paßt diese Deutung nicht zum Ablauf des möglichen

Die Vorhersagen des um 1550 wirkenden Benediktinermönches aus Maria Laach sollen eindeutige Hinweise auf drei im 20. Jahrhundert stattfindende Weltkriege beinhalten. Sind diese Visionen tatsächlich die des Laacher Priors? Oder sind sie später hinzugedichtet worden?

Dritten Weltkriegs, auf den ich später ausführlich zurückkomme, denn Malachias/Neri sagt noch zwei weitere Päpste nach Johannes Paul II. voraus: den, der die „Glorie des Ölbaums" verkörpert, und einen Römer namens Petrus: *„In der letzten Verfolgung der heiligen römischen Kirche regiert Petrus der Römer, der seine Schafe weidet in vielen Trübsalen. Wenn diese vorbei sind, wird Rom zerstört, und der schreckliche Richter wird sein Volk richten."* Womit wir wieder beim apokalyptischen Jüngsten Gericht wären.

Die Vorhersagen des um 1550 wirkenden Benediktinermönches aus Maria Laach sollen nach Angaben verschiedener Autoren, so zuletzt von Alexander und Edith Tollmann, eindeutige Hinweise auf drei im 20. Jahrhundert stattfindende Weltkriege beinhalten. Sind diese Visionen tatsächlich die des Laacher Priors? Oder sind sie später hinzugedichtet worden? Leider wissen wir es nicht, weil keine Originale mehr existieren. Ich möchte sie daher nicht in diese Untersuchung miteinbeziehen.

Bei vielen Prophezeiungen, die uns in den Aufzeichnungen europäischer Klöster erhalten sind, fällt auf, daß sie die Geheime Offenbarung des Johannes aus ihrer Zeit heraus interpretieren. Der Experte Wolfgang Johannes Bekh hat in seinem Buch „Das Ende der Welt" ausführlich darauf hingewiesen. Dennoch gibt es im christlichen Umfeld eine Reihe von Sehern des 18. und 19. Jahrhunderts, die ich hier noch erwähnen möchte, weil sie immer wieder in der Literatur zitiert werden. Da ist einmal Alois Simon Maaß (1758-1846), der seit 1805 Pfarrer in Fließ in Tirol war und dem schon seit seiner Zeit als Hilfspriester übernatürliche Fähigkeiten nachgesagt wurden. Maaß sah eine schreckliche Katastrophe voraus (*„wenn man ohne Pferd die ganze Erde umfahren kann, dann geht es dem Ende der Welt zu"* oder: *„wenn der Luxus so groß geworden ist, daß man Männer und Frauen an der Kleidung nicht mehr unterscheiden kann, dann paßt auf, dann kommen die letzten Zeiten"*), nach deren Ende eine Friedenszeit ausbrechen werde – auch das eine Anlehnung an die Johannes-Apokalypse.

Noch bedeutender für die christlichen Vorhersagen als der Fließer Pfarrer war die Nonne Anna Katharina Emmerich (1774-1824). Sie arbeitete hart, um sich ihren Eintritt ins Kloster Dülmen zu ermöglichen, und setzte auch nach der Aufnahme in den Orden die harte körperliche Arbeit fort. Erschöpft und durch die Säkularisierung und Aufhebung des Klosters enttäuscht, fand sie in Dülmen Unterschlupf bei einer Witwe. Krank und ans Bett gefesselt, begannen 1812 an ihren Händen und Füßen Wundmale (Stigmata) aufzutreten und zu bluten, wie es Jesus in seiner Leidensgeschichte widerfahren war. Pilgerscharen von Gläubigen und Fachleuten, kirchlichen und staatlichen Kommissionen überzeugten sich davon, daß die Stigmatisierte nur von der Hostie und von Fruchtsäften lebte. 1818 besuchte sie der Dichter Clemens von Brentano und schrieb ihre Visionen nieder. Die Verwüstungen der Erde, ausgetrocknete Flüsse und Meere, das Erscheinen Luzifers, das blutige Völkerringen und die Zerstörung des Petersdoms in Rom mit der darauf folgenden blühenden Zeit des Neuanfangs und des Friedens erinnern stark an Johannes, den sie sogar zitiert: *„Ich sah auch den Evangelisten Johannes und hörte, daß es Offenbarungen von ihm seien."*

Ein nahezu ähnlich berühmter Zeitgenosse der Katharina ist Franz Sales Handwercher (1792-1853). Der Pfarrer aus Niederbayern schrieb am 1. Dezember 1830 in einem Brief an seinen Bischof Johann Michael Sailer von Regensburg, daß er oft „Gesichter" und „Geistesmitteilungen" erhalte. Die Schauungen, die er an 15 Sonntagen in den frühesten Morgenstunden hatte, faßte er selbst unter dem Titel „Blicke in die Zukunft" in einem epischen Gedicht zusammen. In diesen Versen dramatisiert er gleich zu Beginn ein *„schrecklich Feuerzeichen"*, eine *„Geißel Gottes"*, die von einem blutigen Endkampf begleitet ist, der dann auch die Kirche miteinbezieht. Die Erde steht vor ihrer Vernichtung. Satan, der schwarzgerüstete Kämpfer gegen die Kirche, tritt auf. Doch dann kommt es zum Sieg und zur Erneuerung der Kirche.

Einige Voraussagen sind heute aktueller denn je und bestechen durch ihre Detailgenauigkeit – laufen dann aber doch wieder auf die Johannes-Apokalypse hinaus.

Auch bei Handwercher ist die Nähe zum Johannes-Evangelium deutlich, auch wenn er fast im Schillerschen Stil das Geschehen in dramatische Form bringt.

Der österreichische Mystiker Jakob Lorber (1800-1864) war eigentlich Musiker. Von dem weltberühmten Violinvirtuosen Niccolo Paganini ausgebildet, arbeitete er als Musiklehrer in Graz und stand kurz vor seiner Berufung zum Kapellmeister in Triest, als ein außergewöhnliches Ereignis sein ganzes Leben veränderte. Am 15. März 1840 hörte er plötzlich eine Stimme, die ihm befahl, zu schreiben. Diese Stimme diktierte ihm in den nun folgenden 24 Jahren bis zu seinem Tod über 10 000 Druckseiten zu den unterschiedlichsten Themen, die in 24 Bänden veröffentlicht wurden. Wir finden in diesem Werk Abhandlungen über Atomphysik und den Aufbau des Universums ebenso wie detaillierte Berichte über das Leben Jesu und Kritik an der katholischen Kirche. Lorber gab an, hinter der inneren Stimme, die ihm da die Feder führte, stehe Jesus Christus. Heute sind diese Durchsagen aktueller denn je, bestechen durch ihre Detailgenauigkeit, laufen dann aber doch wieder auf die Johannes-Apokalypse hinaus. So sagte Lorber die Verpestung der Luft voraus, die Verschmutzung des Wassers, die Zerstörung der Wälder, die Veränderung des Klimas, Inflation, Arbeitslosigkeit und eine weltweite Hungersnot. Am Ende sah er Sintfluten und Weltenbrände, *„Plagen aller Art"* und einen Entscheidungskampf zwischen Gut (Gott) und Böse (Satan/Luzifer). Ohne diese eindeutige Anlehnung an die Johannes-Apokalypse wären Lorbers Zukunftsschauen sicherlich weitaus ernster zu nehmen, da sie unsere Gegenwart recht genau beschreiben.

Schließlich sei noch ein weiterer christlicher Seher erwähnt, der in die Geschichte einging – allerdings weniger als Prophet, denn als Ordensgründer. Giovanni Bosco (1815-1888) stammte aus ärmlichen Verhältnissen und wurde 1841 zum Priester geweiht. Fünf Jahre später gründete er das Waisenhaus vom heiligen Franz von Sales für verwahrloste Knaben, aus dem er dann den Orden der Salesianer zur Betreuung der Jugend schuf. Bei seinem Tod war der Orden auf 250 Niederlassungen angewachsen und betreute über 100 000 männliche Jugendliche. Für dieses Lebenswerk wurde Don Bosco heiliggesprochen. Seine Visionen, die er laut eigener Aussage bereits seit seinem neunten Lebensjahr hatte, zeigen die Kirche im Kampf gegen die ihr feindlich gesonnene Welt. Der Autor Johannes Bekh hat in seiner jüngsten, unter dem Titel „Das Ende der Welt" erschienenen Untersuchung sehr anschaulich belegt, daß Don Boscos Visionen von der politischen Wirklichkeit jener Zeit geprägt waren: Der Papst hatte aus Rom fliehen müssen, sein Kirchenstaat war vereinnahmt worden, die Welt schien der Kirche gegenüber feindlich zu sein. Kein Wunder, daß Don Bosco Rom warnt: *„Undankbares Rom, verweichlichtes Rom, stolzes Rom! Viermal werde Ich zu dir kommen!"* weissagt er, um dann apokalyptisch von der Schlacht zwischen Licht und Finsternis zu berichten, die zum Weltengericht führe.

Lassen wir es mit der Beschreibung der christlichen Seher genug sein (auf Fatima werde ich noch zu sprechen kommen). Der bereits zitierte Kritiker Vaughan geht mit diesen Propheten hart ins Gericht: *„Ich habe über hundert Voraussagen eines apokalyptischen Verhängnisses geprüft, die in den vergangenen Jahrhunderten von christlichen Propheten getroffen wurden. Wenn nichts passierte, wurde das Datum auf später verschoben. Das ist auch heute noch so."*

Der Kritiker Vaughan geht mit christlichen Propheten hart ins Gericht: „Ich habe über hundert Voraussagen apokalyptischer Verhängnisse geprüft – wenn es nicht eintraf, wurde das Datum einfach auf später verschoben... Das ist auch heute noch so."

Der englische Theologe Damian Thompson sieht in den christlichen Visionen eine *„kosmische Strafphantasie",* die seit dem frühen Juden- und Christentum existiere und zum Inhalt habe, daß der Mensch von Gott wegen seines Hochmuts und Stolzes vernichtet werde. In einer Endschlacht zwischen Gut und Böse, dem Harmageddon, würden nur die Gerechten übrigbleiben, und der Messias komme dann wieder. In jüngster Zeit werden diese Schreckensvisionen von zahlreichen christlichen Fundamentalisten und Fernsehpredigern in den USA, die dort Millionen von Anhängern haben, von christlichen Sekten wie den Zeugen Jehovas, der Organisation „Universelles Leben" und vielen anderen verbreitet. Wir werden im Laufe dieser Untersuchung immer wieder auf derartige Vorhersagen stoßen.

Man mag zu diesen christlichen Sehern stehen, wie man will, ihnen eindeutige Datums- oder Zeitangaben anzudichten – wie es leider in manchen Büchern geschieht – ist unseriös. Denn die überwiegende Zahl dieser Vertreter betont immer wieder, daß es schon in der Bibel heißt, wir wüßten weder den Tag, noch die Stunde, wann das Jüngste Gericht über die Menschheit hereinbreche.

Bei den Visionen der christlichen Seher ist unbedingt zu beachten: Die meisten der von mir im Hauptteil dieses Buches zitierten sehenden Mönche und Mystiker erhielten ihre Visionen in Gebet und stiller Versenkung (heute würden wir Meditation sagen). Daß die Bilder, die sie dabei empfingen, von der von ihnen studierten Apokalypse beeinflußt waren, ist unvermeidlich. Das berühmte dritte Geheimnis von Fatima, das der Vatikan bis heute nicht veröffentlicht hat, fällt dabei aus dem Rahmen, weil es nicht allgemein von einem Jüngsten Gericht, sondern allem Anschein nach von einem bevorstehenden Dritten Weltkrieg spricht. Schwierig wird es, wenn wir der Argumentation Velikovskys folgen und diese Bilder als Erinnerungen an bereits geschehene Apokalypsen der Menschheit betrachten. Dann hätte in der Tat die Bibel doch recht!

Das dritte Geheimnis von Fatima hat wie kaum eine andere Prophezeiung die Phantasie zahlreicher Autoren angeregt. Seit 1915 war den Schulkindern Lucia, Francisco und Jacinta im portugisieschen Örtchen Fatima die Mutter Jesu, Maria, erschienen und hatte 1917 auch Botschaften übermittelt. Zwei der Botschaften, nämlich die vom Ende des Ersten und dem Verlauf des Zweiten Weltkriegs sind an die Öffentlichkeit gelangt und bekanntlich später auch eingetroffen. Um eine dritte Botschaft, die das Mädchen Lucia erhielt, niederschrieb und versiegelt an den Papst schickte, ranken sich seither die Spekulationen. Der Papst kam nämlich der Lucia diktierten Aufforderung, das Geheimnis 1960 der Welt bekannt zu machen, nicht nach.

> Einen besonderen Stellenwert hat das dritte Geheimnis von Fatima: Es hat – wie kaum eine andere Prophezeiung – die Phantasie zahlreicher Autoren zu Spekulationen angeregt. Der Papst kam nämlich der dem Mädchen Lucia diktierten Aufforderung, das Geheimnis 1960 der Weltöffentlichkeit bekannt zu machen, nicht nach...

Von den zahlreichen Mutmaßungen über den vermeintlichen Inhalt des dritten Geheimnisses erscheinen für unsere Untersuchung zwei Quellen erwähnenswert: Einmal die Aufzeichnung eines Gesprächs, das 1963 zwischen dem Herausgeber der Zeitschrift „Neues Europa", Louis Emrich, und einem Abgesandten des Vatikans stattfand, im Oktober des gleichen Jahres unter dem Titel „Die Zukunft der Menscheit" veröffentlicht und nie vom Vatikan dementiert wurde (sie ist unter Fatima-Forschern als „Diplomatische Version" des Vatikans anerkannt). Und zweitens ein Satz, den Papst Johannes Paul II. während seiner Deutschlandreise 1980 in Fulda von sich gab.

Zunächst also die „Diplomatische Version": *„Ein großes Strafgericht wird über die ganze Menschheit ergehen... in der zweiten Hälfte des zwanzigsten Jahrhunderts... In keinem Erdteil herrscht Ordnung, und Satan regiert in den wichtigsten Amtsgeschäften und bestimmt den Verlauf der Ereignisse. Es wird ihm gelingen, sich in die höchsten Kirchenämter einzuschleichen. Er wird den Geist bedeutender Wissenschaftler zur Erfindung von Waffen verführen, mit denen die gesamte Menschheit in wenigen Minuten ausgelöst* *werden kann. Die Politiker in den höchsten Machtpositionen werden dann für die Herstellung ungeheurer Mengen solcher Waffen sorgen...*

Ein großer Krieg wird in der zweiten Hälfte des zwanzigsten Jahrhunderts ausbrechen. Feuer und Rauch werden vom Himmel fallen. Das Wasser der Ozeane wird verdampfen und eine Gischt aufsteigen, die alles vernichten und bedecken wird. Millionen und Abermillionen von Menschen werden von Stunde zu Stunde umkommen, und die Überlebenden werden die Toten beneiden. Wohin man auch immer seinen Blick wendet, wird Angst und Elend herrschen, und in allen Ländern werden nur Trümmer zu sehen sein.

Diese Zeit ist nicht mehr fern und der Abgrund klafft immer unüberwindlicher. Die Guten werden zusammen mit den Bösen, die Großen und die Kleinen, die Kirchenfürsten mit ihren Gläubigen und Regierungsoberhäupter mit ihren Völkern ums Leben kommen. Überall werden Tod und Vernichtung aufgrund der Fehler sein, welche von den unbesonnenen Anhängern Satans begangen wurden, der dann tatsächlich über die ganze Welt herrschen wird.

Aber am Ende werden die Übriggebliebenen, denen die Geschehnisse nichts anhaben konnten, von neuem den Ruhm Gottes verkündigen und ihm wieder dienen, wie sie es einst taten, als die Welt nicht der Finsternis verfallen war."

Papst Johannes Paul II. hielt im November 1980 auf dem Domplatz in Fulda bei strömendem Regen eine Ansprache vor Laien und Mitgliedern katholischer Verbände. Als ihm Pilger die Frage stellten: „Was geschah mit dem dritten Geheimnis von Fatima? Sollte es nicht 1960 veröffentlicht werden?" antwortete der Papst: „*Wegen des schweren Inhalts, um die kommunistische Weltmacht nicht zu gewissen Handlungen zu animieren, zogen meine Vorgänger im Petrusamt eine diplomatische Fassung vor. Außerdem sollte es ja jedem Christen genügen, wenn er folgendes weiß: Wenn zu lesen ist, daß Ozeane ganze Erdteile überschwemmen, daß Menschen von einer Minute auf die andere abberufen werden, und das zu Millionen, dann sollte man sich wirklich nicht mehr nach der Veröffentlichung dieses Geheimnisses sehnen... Es ist gefährlich, wenn jemand ... überzeugt ist, daß wir nichts tun können, um das vorhergesagte Unglück zu verhindern... Betet! Betet! und fragt nicht weiter.*"

Später ging der Papst noch auf die unmittelbar bevorstehende „Prüfung" und „Erneuerung der Kirche" ein.

Was beim dritten Geheimnis von Fatima auffällt, ist zum einen eine deutliche Anlehnung an die Apokalypse, die eher gegen seine Glaubwürdigkeit im Vaughanschen Sinne spricht, auf der anderen Seite jedoch die konkreten Hinweise, die über die bildhaften Darstellungen der letzten Offenbarung weit hinausgehen. Dies war auch der Grund, warum ich das Fatima-Mysterium hier aufgenommen habe. Es einfach als Neuauflage der Apokalypse abzuheften, fällt schwer.

Auch die Muttergottes-Erscheinung vom 19. September 1846 in La Salette in den französischen Alpen gegenüber zwei Hirtenkindern besticht durch ihre konkrete Ausdeutung der Johannes-Apokalypse. Die Erscheinung wurde übrigens nach fünfjähriger Überprüfung vom Vatikan als echt anerkannt. Maria sagte den Kindern zufolge unter anderem: *„Jeder einzelne will sich selbst leiten und über seinesgleichen stehen... Die bürgerlichen Regierungen werden alle dasselbe Ziel haben, das da ist, die religiösen Grundsätze abzuschaffen und verschwinden zu lassen, um für den Materialismus, Atheismus, Spiritismus und alle Arten von Lastern Platz zu machen... Die Natur wird Rache verlangen für den Menschen... Die Jahreszeiten werden sich ändern. Die Erde wird nur schlechte Früchte hervorbringen..."* Man erkennt die Handschrift des dokumentführenden Geistlichen überaus deutlich, doch Aussagen wie die, daß sich die Jahreszeiten ändern, können nach meiner Ansicht nicht als Interpretation oder Ableitung aus der Apokalypse gedeutet werden. Sie haben ihre eigene Aussagequalität.

Bei der Fülle von Marienerscheinungen, die aufgetreten sein sollen, fällt auf, daß die Warnung von Fatima mehrmals wiederholt wurde.

Aus der Fülle der Marienerscheinungen, die nach La Salette und Fatima aufgetreten sein sollen – in der Gegenwart vor allem im kriegsgebeutelten ehemaligen Jugoslawien –, fällt auf, daß die Warnung von Fatima mehrmals wiederholt wurde. Bekannt ist vor allem die Botschaft der Gottesmutter vom Juni 1961, die sie wiederum Kindern übermittelt haben soll, diesmal im kleinen Ort San Sebastian von Garabandal in Spanien. Hier verkündete Maria für den Beginn der Endzeit ein Wunder, das alle Menschen sehen könnten.

Fassen wir die christliche Prophetie zusammen, die von den alttestamentarischen Propheten über die Johannes-Offenbarung bis hin zu den neuzeitlichen Apokalypse-Interpreten reicht, dann fällt auf, daß das lineare

Bild vom einmaligen Weltzeitalter, das im Jüngsten Gericht endet, vom Judentum in den christlichen Glauben einfloß und auch die dritte große Religion des Nahen Ostens, den Islam, beeinflußte. Auch der Prophet Mohammed (570-632) verkündet das Ende der Welt, nach dem eine allgemeine Wiederauferstehung beim Tone der Trompete des Engels Israfil stattfindet. Die Guten werden danach ins Paradies (Ahiret) einziehen, die Bösen kommen in die Hölle. Daß diese drei Weltreligionen im Zuge ihrer brutalen Missionierung auch die Endzeitvisionen der „bekehrten" Völker beeinflußten, ist klar.

Dem entgegengesetzt sehen die hinduistische und buddhistische Religion wie auch die Visionen der Naturvölker das Leben als einen immer wiederkehrenden Prozeß an, als eine Folge von Weltzeitaltern, die untergingen und sich erneuerten in dem ewigen Kreislauf von Geburt, Tod und Wiedergeburt. So sprechen die ältesten religiösen Texte Indiens, die zwischen 1500 und 1000 v. Chr. entstandenen Veden, ebenso wie die Indianer Nord-, Mittel- und Südamerikas von den Vier oder Fünf (Azteken) Welten oder Zeitaltern (indisch: Yuga), die der Mensch zu durchschreiten habe.

Aber zurück zu unserer Kategorisierung der Seher-Methoden: Die heute stark in Mode gekommenen, medial empfangenen („gechannelten", vom Englischen channel=Kanal) Botschaften von Außerirdischen scheinen auf den ersten Blick eigenständige Visionen zu beinhalten, zeigen jedoch bei näherer Betrachtung, daß sie lediglich die biblische Apokalypse modernisiert haben: Der Erlöser und Messias heißt darin Ashtar Sheran, der als Leiter einer Raumschifflotte die Aufrechten unter den Menschen in einer großangelegten Rettungsaktion vor dem Weltenende rettet. Ich werde sie daher unter dem Stichwort „Wiederholungen" abhaken. Vor allem, da ihre konkreten Hinweise zu möglichen Erdveränderungen ebenfalls Wiederholungen der Visionen der Naturvölker, besonders der Indianer Nordamerikas, sind.

Diese sind – obwohl im Ergebnis (Hopi: „Die Zeit der Großen Reinigung") erstaunlich ähnlich – von den christlichen Visionen grundlegend verschieden. Während die christlichen Seher voller Angst auf das Strafgericht eines gestrengen Vatergottes warten, sprechen die Indianer vom Großen Geist, der alles beseelt und mit Liebe erfüllt. Die Zeit der Reinigung komme nur deswegen, weil der Mensch die von Gott beseelte Natur zerstört habe. Gemäß der

Hopi-Überlieferung endete im Dezember 1994 der Zeitabschnitt, in dem eine Trendwende noch möglich gewesen wäre. Wir werden im nächsten Kapitel sehen, daß die Vorhersagen der Indianer besonders des-wegen für uns interessant sind, weil sie die Vorstufen der Großen Reinigung so beschrieben hatten, daß darin ein klares Abbild unserer Gegenwart sichtbar wird.

> Die Visionen der Naturvölker unterscheiden sich – obwohl im Ergebnis erstaunlich ähn-lich – grundlegend von den christlichen Visionen.

Erlauben Sie mir in diesem Zusammenhang auch einen ganz persönlichen Kommentar: Ich habe die Be-mühungen der Hopi und anderer Indianerstämme, die Menschheit vor möglichen Katastrophen zu warnen, in den letzten Jahren genau verfolgt. Sie waren jeweils mit äußerster Toleranz und hohem Verständnis für die Pro-bleme unserer Zivilisation vorgetragen worden, unter anderem auf der zweitägigen Konferenz „Cry of the Earth" im November 1993 vor den Ver-einten Nationen in New York. Die Indianer sprachen dabei nie von unabän-derlichen Ereignissen, sondern betonten stets, daß noch Zeit zur Umkehr bestünde. Dieses Verständnis von Zeit und Zukunft entspricht, wie wir am Ende dieses Kapitels sehen werden, der Auffassung der modernen Wis-senschaft. Ich räume daher den Weissagungen der Indianer einen hohen Wahrscheinlichkeitsgrad ein.

Zur Methodenkritik indianischer Seher: Das uns überlieferte Material stammt aus zwei Quellen – den Visionen von Schamanen, die als Bilder in der Trance, also im Zustand zwischen Traum und Wachsein, empfangen wur-den, und den Petroglyphen, also auf Felsen gezeichneten Darstellungen künftiger Ereignisse. Bei den Visionen muß sicher der Persönlichkeitsfaktor als Fehlerquelle eingeräumt werden – wir werden dies bei der Betrach-tung von Sun Bears Visionen feststellen. Was die Petroglyphen betrifft, so beschleicht den Betrachter einfach ein tiefes Staunen darüber, daß von den Hopi-Zeichnungen zum Beispiel bisher alles genau eintraf – bis auf die Große Reinigung selbst.

Wie die französische Ethnologie-Professorin Dagmar Brocksin, alias Dagmar Galin, in ihrem Buch „Das entfesselte Ungeheuer" darlegte, müssen freilich auch die Visionen der Indianer und anderer Naturvölker aus ihrem geschichtlichen Zusammenhang heraus verstanden werden. Galin schreibt: *„Angesichts der leider typischen Geschichte der Indianerausrottung erscheint* *es nicht verwunderlich, daß der Glauben an einen nahen Untergang auf den des eigenen Stammes konzentriert war.*" Es würde zu weit führen, Galins Beispiele für diese These hier nachzuerzählen, aber einige Schlußfolgerungen müssen aufgenommen werden. So etwa die Tatsache, daß sich die geographische Herkunft dieser Prophezeiungen immer in ihrem Inhalt niederschlägt.

Auch die Visionen der Indianer und anderer Naturvölker müssen aus ihrem geschichtlichen Zusammenhang heraus verstanden werden.

Das zweite Fazit aus Galins Untersuchung: Die Endzeithysterie beschränkt sich nicht auf verrückt gewordene Europäer, sondern findet sich überall. So lösten die Prophezeiungen des Paiute-Sehers Wovoka 1889 die sogenannte Geistertanzbewegung aus. Um sich auf den Messias vorzubereiten, der demnächst erscheinen und das Land als Paradies neu erschaffen werde, tanzten sich immer mehr Indianer in den Reservaten Nordamerikas in Trance, bis der Sioux-Häuptling Sitting Bull die Bewegung in einen Aufruhr gegen die Weißen kanalisierte, die am 29. Dezember 1890 im Massaker des 7. Kavallerie-Regiments an etwa 300 indianischen Männern, Frauen und Kindern in Wounded Knee endete. Eine Massenfluchtbewegung angesichts des erwarteten nahen Weltuntergangs beendete die blühende Maya-Kultur in Mittelamerika. Dummerweise waren die astronomischen Berechnungen vom Ende der Vierten Welt falsch, und die Maya zogen sich umsonst in die umliegenden Länder zurück und verdingten sich als Knechte und Kleinbauern. Die Wanderbewegung der südbrasilianischen Guarani-Völker Ende des vorigen Jahrhunderts war ebenfalls endzeitlich motiviert: Die Indianer wanderten gegen Osten, wo sie das „Land ohne Schlechtes" vermuteten.

Die dritte Schlußfolgerung der Ethnologin ist für unsere Frage nach den Quellen und der Herkunft von Prophezeiungen bedeutsam: Die Endzeitvisionen der Naturvölker sind universal. Wenn zum Beispiel der Schamane Palakalina von den australischen Aborigines die Prophezeiung von Biame, dem Allvater, schildert, dann könnte diese Vision auch von den Lappen Finnlands oder den Indios aus Peru stammen: *„Biame, der Allvater, der alles geschaffen hat, was da kreucht und fleucht, sah, daß sein Werk getan war. Die Traumzeit, die Zeit der Schöpfung und Gestaltung, war vorüber. Er hatte den Ozeanen Wellen gegeben, den Wüsten Sand und Geröll, den Bergen die Felsen. Er hatte die Bäume geformt, die Sträucher und die Moose. Er hatte den*

Emu geschaffen, den Koala und das Känguruh. Er hatte den Menschen auf seine Füße gestellt. Da beschloß Biame, sich zum Schlafe niederzulegen. Und er legte sich unter die Erde, den Kopf auf seinen Arm gebettet, und fiel in einen tiefen und traumlosen Schlaf. Aber eines fernen Tages wird er erwachen. Er wird erwachen, weil die Menschen ihn aufwecken durch das ewige Herumhacken im Boden, dem Schürfen nach Gold und seltenen Steinen. Biame wird sich die Augen reiben und sich umblicken. Der alte Mann wird erkennen, daß die Menschen seine Schöpfung mit Füßen treten. Dann wird der alte Mann sehr zornig werden. Er wird seinen gewaltigen Mund öffnen und beginnen, die Erde zu verschlingen. Er wird die Ozeane leertrinken, die Wüsten und Berge verzehren, die Bäume, Sträucher, Emus, Koalas und Känguruhs. Zu allerletzt wird er die Menschen verschlingen. Wenn dann nichts mehr übrig ist von allem, wird Biame sein Werk neu beginnen. Und er wird es gut machen.“

Entsprechungen dieses Welterschaffungs- und Endzeitmythos finden wir in allen Kulturen, so auch in den Weltuntergangsmythen Nordeuropas, die ja auch zu einer Zeit entstanden, als diese Stämme noch nicht christianisiert waren und daher noch in ähnlicher Weise lebten wie die indigenen Völker anderer Kontinente. In der Völuspa etwa, einem Gedicht aus der Edda-Mythologie, wird der Weltuntergang so beschrieben: *„Die Sonne wird schwarz, die Erde sinkt ins Meer, es fallen vom Himmel die klaren Sterne, Feuer und Rauch rasen zusammen, und die Lohe spielt zum Himmel empor.“* Das Menschengeschlecht werde bei dieser Katastrophe, Ragnarök = Götterdämmerung, vernichtet, aber es stehe wieder auf.

Ein Zwischenfazit sei an dieser Stelle erlaubt: Weltuntergangsmythen, religiöse Prophetien und Visionen von Naturvölkern zeigen, daß es die Vorstellung einer Zerstörung der Welt in allen Kulturen gibt – und zwar, wie wir gesehen haben, bei den einen einmalig, mit dem Jüngsten Gericht am Ende, bei den anderen zyklisch, also immer wiederkehrend. Ist das Konzept, daß das Leben der Welt immer weiter geht, so schwer zu verstehen, daß der Mensch überall auf der Welt sich ein Ende dieses Lebens vorstellen muß? Braucht der Mensch die Apokalypse, weil er selbst endlich und vergänglich ist? Gibt ihm diese Vorstellung vielleicht sogar Trost – nach dem Motto: alles geht einmal zu Ende?

Schreiten wir weiter in der Betrachtung der verschiedenen Sehertypen und -methoden. Immer mehr Beachtung finden in jüngster Zeit die seit Beginn des 19.Jahrhunderts „geballt" auftretenden Volks- und Waldpropheten, als deren Vorläufer wir den um 1350 lebenden blinden Hirten aus dem Böhmerwald betrachten können. Der als Blinder Jüngling von Prag 1356 urkundlich erwähnte Seher war bekannt geworden, als er – während in Europa die Pest wütete – viele Schicksale genau vorhersagte. Von ihm berichtete das Volk soviel Erstaunliches, daß ihn Kaiser Karl IV. (1346-1376) im Jahr 1356 auf seine Burg nach Prag kommen ließ, um sich sein eigenes Schicksal und das Böhmens vorhersagen zu lassen. Der junge Blinde versetzte sich in einen „Traumzustand", wie berichtet wird, und verkündete in wenigen inhaltsschweren Sätzen die Zukunft. Seine Prophezeiungen wurden nach seinem Tod nachweislich 1491, 1559 und 1602 gedruckt, dann aber von der Kirche indiziert, also verboten. Heimliche Drucke kursierten jedoch vor allem in Böhmen und Bayern. Diese Raubdrucke werden für uns noch interessant werden. Der Heimatforscher Paul Friedl hat 1938 die handschriftliche Abschrift eines alten Druckes dieser Prophezeiung kopiert, so daß wir wenigstens die Aussagen als echt annehmen können, die sich auf die Jahre nach 1938 beziehen. Auf diese Abschrift werde ich im nächsten Kapitel zurückkommen.

Immer größere Beachtung finden in jüngster Zeit die seit Beginn des 19. Jahrhunderts verstärkt auftretenden Volks- und Waldpropheten. Deren Vorläufer war der „Blinde Jüngling von Prag", der bereits 1356 urkundlich als Seher erwähnt wurde.

Ebenfalls aus dem Böhmischen stammt Sibylle von Prag. 1616 erschien die erste schriftliche Fassung ihrer Visionen unter dem Titel „Die Prophezeiung der Sibylle Michalda", danach gab es zahlreiche Nachdrucke, die im böhmisch-bayerischen Grenzgebiet sehr verbreitet waren. Auch diese Tatsache ist für unsere spätere Schlußfolgerung wichtig.

Der dritte Seher, der großen Einfluß auf spätere Jahrhunderte hatte, ist ein Glaubensbruder vom Kloster zum Heiligen Geist in Wismar an der Ostsee, der unter dem Namen der Mönch von Wismar in die Annalen einging. 1709 fand man in einer baufälligen Mauer seines Klosters eine von ihm hinterlassene Pergamentrolle mit Visionen. Die Niederschrift dieser Gesichte fand rasch Verbreitung und gelangte im 18. und 19. Jahrhundert durch Glasfuhrleute, die regen Frachtverkehr zwischen den Hansestädten und dem

Bayerischen Wald und Böhmerwald unterhielten, in den Donau-Wald-Raum, was zahlreiche Abschriften der Wismarer Prophezeiung belegen.

Gehen wir jetzt, im 18. Jahrhundert, in diesen geographischen Raum, dann entdecken wir zwei Seher, die bislang als besonders glaubwürdig galten, weil sie in ihrer eigenen, unverquasten Sprache ihre Visionen mitteilten. Es handelt sich um den Müller aus Apoig, nordöstlich von Straubing, Mathias Lang (1753-1809), der in die Literatur als Mühlhiasl einging. An seiner Biographie ist interessant, daß er nach seiner Enteignung 1801 durch das Kloster, dem er zinspflichtig war, als Waldhirte und Aschenbrenner durch den Bayerischen Wald und Böhmerwald zog und sich oft in den beiden Dörfern Klautzenbach und Rabenstein aufhielt. In Rabenstein wohnten dazumal die Buchingers, die für ihre Nähe zur Prophetie bekannt waren.

Auch Andreas Starnberger war auf dem Buchinger Anwesen als Hirte tätig. Später wurde er als der Stormberger bekannt. 1766 wurde er erstmals urkundlich als Aschenbrenner erwähnt und in Rabenstein wegen Wahrsagens vermahnt. Daß er den Mühlhiasl gekannt hat, gilt als sicher. In der Tat ähneln sich die Vorhersagen der beiden Waldpropheten. Haben sie beide aus den drei oben genannten Quellen, deren Inhalte sie bei den Buchingers kennengelernt haben dürften, geschöpft? Es ist zumindest gut vorstellbar.

Deutlicher wird diese „Befruchtung" bei zwei weiteren Waldsehern: Sepp Wudy (Ende des 19. Jahrhunderts -1918), dem sogenannten Knecht vom Frischwinkel, und dem Waldhirten Prokop (1887-1965), einem Hirten aus der Zwieseler Gegend, deren Visionen starke Ähnlichkeiten mit denen von Mühlhiasl und Stormberger aufweisen.

Schließlich gibt es in unserer Zeit noch zwei Seher, die von den „Rabensteinern" ebenfalls beeinflußt scheinen: den Freilassinger Rutengänger und Brunnenbauer Alois Irlmaier (1894-1959) und den anonymen Seher aus dem Waldviertel (geb. 1938). Irlmaier hatte sicherlich seherische Fähigkeiten, was allein seine erfolgreiche Zusammenarbeit mit der Kriminalpolizei bei unlösbaren Fällen belegt. Dennoch haben seine Vorhersagen, Deutschland und die Zukunft der Welt berteffend, deutliche Anklänge an die Visionen der „Rabensteiner". Der öffentlichkeitsscheue Waldviertler Seher hält sich nach eigenen Aussagen oft in Zwiesel und Rabenstein auf. In einer seiner Vorhersagen heißt es sogar im Zusammenhang mit dem Dritten Weltkrieg: *„Es* *kommt zu dem von Irlmaier vorausgesagten Phänomen"* der dreitägigen Finsternis.

Überzeugend sind diese Volksseher und Waldpropheten, wenn sie – wie wir im nächsten Kapitel sehen werden – Details des normalen menschlichen Lebens beschreiben, die sich tatsächlich mit der Gegenwart decken – von der Mode (*"wenn sich die Mannsbilder wie die Weiberleut' anziehen"*) bis zur Bauwut (*"wenn nur no baut werd', nix wia baut", "überall weiße Häuser und schwarze Straßen"*), vom Waldsterben (*"der Wald hat mehr Löcher wie des Bettelmanns Rock"*) und dem Klimawechsel (*"wenn man Sommer und Winter nicht mehr auseinanderkennt"*) bis zur Umweltverschmutzung (*"wennst aus dem Brunnen nicht mehr trinken darfst"*).

Schwieriger anzunehmen sind ihre Beschreibungen des Dritten Weltkriegs, auf die ich im vierten Kapitel ausführlich zu sprechen komme. Hier sind – wie auch bei den Kriegsprognosen des Nostradamus – offenbar auch das Denken und Fühlen des jeweiligen Zeitgeistes Pate gestanden. Was dann bei den Volkssehern folgt, erinnert jedoch stark an die Johannes-Offenbarung und Nostradamus: Ein Himmelszeichen wird am Himmel erscheinen, aber die Menschen werden es nicht als Warnung erkennnen.

Warum haben die Seher aus dem Bayerischen Wald, aus dem Alpenland und aus dem Waldviertel den Verlauf des auf das Gotteszeichen folgenden, möglichen Krieges so genau beschrieben? Vielleicht haben sie, wie es der Biologe Rupert Sheldrake in seiner oben erwähnten Theorie der morphogenetischen Felder beschrieb, den gleichen Gedanken, dieselbe Vision empfangen, weil sie sich im selben geistigen Umfeld bewegten. Das scheint mir die plausibelste Erklärung für die verblüffende Übereinstimmung dieser Seher-Vorhersagen zu sein. Vielleicht wird auch eines Tages ein akribischer Forscher herausfinden, in welchem Ausmaß diese Seher ihre Visionen voneinander übernommen haben.

Fassen wir zusammen: Die Waldpropheten verfügten durchaus über die Gabe des zweiten Gesichts, aber sie sahen nur das, wohin sich die Menschheit entwickeln würde, wenn sie den bisherigen Gang der Kriege, des Hasses und der Umweltzerstörung weitergehen würde.

> Die Waldpropheten verfügten durchaus über die Gabe des zweiten Gesichts – allerdings basierten ihre Voraussagen nur auf Spekulationen über eine Zukunft, in der Kriege und Umweltzerstörungen unverändert fortgesetzt würden.

Manfred Böckl belegt diesen Gedanken in seinem empfehlenswerten, 1998 in München erschienenen Buch „Propheten, Seher und Auguren" am Beispiel des Alois Irlmaier. Der Freilassinger Prophet hatte den Ausbruch des Dritten Weltkriegs für 1950 vorhergesagt. Interessant für diese nicht eingetroffene Prophezeiung ist die politische Entwicklung in der Zeit unmittelbar vor dem genannten Datum: 1948 wurde der Staat Israel gegründet, am 23. Mai 1949 die Demokratie in Deutschland begonnen. Ebenfalls 1949 verkündete der amerikanische Präsident Truman ein Acht-Punkte-Programm für den Frieden, in dem er den Verzicht der USA auf fernöstliche Eroberungen erklärte. Und am 14. Februar 1950 einigten sich die UdSSR und Rotchina: Die Unabhängigkeit der „Mongolischen Volksrepublik" wurde akzeptiert und die UdSSR gab die okkupierte Mandschurei an China zurück. Das heißt: In jenen Jahren wurden wichtige positive Weichenstellungen vorgenommen, die letztlich einen Dritten Weltkrieg verhinderten. Die Menschheit hatte gelernt, die von Irlmaier vorhergesehene Entwicklung konnte abgewendet werden.

Bei den eher zeitgenössischen Medien wie Michael Gordon Scallion oder Jeane Dixon (1916-1997) kommen ernste Zweifel an der Glaubwürdigkeit ihrer Prophetien auf. Dixon hatte neben vielen anderen Miskalkulationen zum Beispiel einen Kometen vorhergesagt, der in der Mitte des Jahres 1980 die Menschheit auslöschen sollte. Dixons Bekanntheit war auf die angeblich von ihr prophezeite Ermordung John F. Kennedys zurückzuführen, die allerdings nach ausgiebigen Recherchen amerikanischer Journalisten lediglich auf der Aussage einer Freundin von Jeane Dixon nach dem Attentat auf den US-Präsidenten basierte.

Andere US-Propheten schneiden nicht besser ab: Ray Nolan berichtet in seinem Buch „Die Siebte Offenbarung", daß von insgesamt 364 Vorhersagen für die Jahre 1976 bis 1979 der zehn bekanntesten US-Wahrsager nur vier eingetroffen waren. Bei den deutschen Wahrsagern, die Nolan zitiert, liegt die Trefferquote nicht höher. So sagten deutsche zeitgenössische Seher für 1998 folgendes voraus: Zusammenbruch des Weltwirtschaftssystems, verheerende Erdbeben und Klimakatastrophen besonders in Japan und Kalifornien, die teilweise oder ganz von der Landkarte verschwinden sollen, Einschlag eines Kometen in die Nordsee, Dritter Weltkrieg im Sommer mit Rußland als

Aggressor. Wir werden dieser Mixtur aus Prophezeiungen Edgar Cayces und der bayerischen Seher im Laufe dieser Untersuchung immer wieder begegnen.

Die von mir selbst über Jahre hinweg beobachteten Vorhersagen deutscher Wahrsager und Hellseher, die in schöner Regelmäßigkeit zu den Jahreswechseln erstellt und von den Zeitungen nur zu gerne abgedruckt werden, bestätigen die von Nolan recherchierte enorme Fehlerquote der derzeit lebenden Hellseher und Propheten. Vor allem gilt dies für die modernen Medien, die oftmals in öffentlichen Trance-Sitzungen ihre Visionen kundgeben. Ich werde ihre Visionen daher ebenfalls für unser Resümee vernachlässigen müssen.

Ähnliches gilt für die zahlreichen, von Astrologen erstellten Prognosen. Da sie meist für die Neujahrsausgaben von Publikumszeitschriften erstellt werden, kann man ihre hohe Fehlerquote sehr rasch erkennen. Astrologen, die einen Blick in die fernere Zukunft gewagt haben, liegen meist nicht besser. Selbst einer der bekanntesten Astrologen Amerikas, Noel Tyl, besticht in seinem umfassenden, 1996 erschienenen Buch „Predictions for a new Millenium" (Vorhersagen für ein neues Jahrtausend) mehr durch seine Kenntnisse der Geschichte und Zeitgeschichte als durch die Treffergenauigkeit seiner Prognosen. Ich werde daher die Voraussagen der Astrologen nicht in diese Untersuchung aufnehmen müssen.

> Bei den von Astrologen erstellten Prognosen, die speziell in den Neujahrsausgaben von Publikumszeitschriften veröffentlicht werden, kann man die hohe Fehlerquote rasch erkennen.

Auch die in einer therapeutischen Situation entstandenen Visionen der Patienten von Dr. Chet Snow und Dr. Helen Wambach sind für unsere Untersuchung nicht signifikant, da wir vermuten müssen, daß die Patienten ihre Ängste sowie vorher studiertes Endzeitszenario projiziert haben (siehe auch die Bemerkungen Johannes von Buttlars zu diesem Phänomen, siehe Seite 126 ff.). So berichteten die Versuchspersonen auf ihrer hypnotischen Zeitreise, sie sähen für den Mai 1998: „Die Wucht der jetzigen Naturkatastrophe, eines heftigen Erdbebens in Südkalifornien, wie es aussah, verursachte weit ärgere Verwüstungen als die früheren pazifischen Beben und Überschwemmungen. Diesmal war es wirklich das *Big One*, das lange erwartete große Erdbeben." Es versteht sich, daß ich diese in Hypnose aufgetauchten Angstprojektionen nicht in ein Wahrscheinlichkeitsbild unserer Zukunft einbeziehen kann.

Zwei Seher werden in diesem Buch immer wieder auftauchen, und ich möchte sie an dieser Stelle in ihrer Methodik auch genauer betrachten: Der große Seher der Renaissance, Michel de Notredame, und der große Seher des 20. Jahrhunderts, Edgar Cayce.

Nostradamus kam zu seinen Visionen mit einer sehr vielschichtigen Technik: Er studierte die astronomischen Zyklen und benutzte sie als Zeitrahmen, innerhalb dessen er vergangene und zukünftige Ereignisse einordnen konnte. Diese künftigen Geschehnisse sah er in einem Trancezustand und bezeichnete sie als „göttliche Inspiration". Um diese Inspirationen verstehen zu können, suchte er nach Parallelen in der Bibel und in den Geschichtswerken der antiken Historiker, denn er war wie sein Lehrer, der italienische Arzt und Philologe Julius Caesar Scaliger, von der zyklischen Wiederkehr aller Ereignisse überzeugt. Für ihn verlief die Geschichte kreisförmig und nicht linear. Aus diesem Verständnis heraus sah er die Wiederkehr seiner eigenen Zeit der großen Umwälzungen (Kriege, Pest und Luthers Thesenanschlag 1517) voraus. Nostradamus konnte nach eigener Aussage genaue Zeitangaben machen, unterließ dies aber aus Angst vor der brutalen und allgegenwärtigen Inquisition und auch deswegen, weil er davon überzeugt war, daß die Menschen durch bewußtes Handeln die vorbestimmten Ereignisse „auf Jahrhunderte hinaus verwerfen" können.

Die heutzutage überhandnehmenden Interpretationen der prophetischen Vierzeiler des französischen Arztes, die ihm genaue zeitliche Angaben andichten wollen, sind daher nicht nur unseriös, sondern schlichtweg erfunden. Schon 1952 registrierte der Nostradamus-Forscher Hübscher mehr als 400 Interpretationen der alten Weissagungen. Die Grundschwierigkeit bei Nostradamus ist seine bildhafte Sprache, die jeglicher Interpretation, besser noch: Spekulation Tür und Tor öffnet. Darüber hinaus müssen die Visionen des meistzitierten Sehers der Geschichte beim kritischen Betrachter auf Skepsis stoßen: Sie sind eindeutig von der Zeit, in der Nostradamus lebte, geprägt, wenn nicht sogar Ausdruck der in dieser Zeit vorherrschenden Angst. Ich persönlich bezweifle daher, ob er für die Zukunftsvisionen der Menschheit tatsächlich von ausschlaggebender Bedeutung ist,

Die Grundschwierigkeit bei Nostradamus ist seine bildhafte Sprache, die jeglicher Interpretation, besser noch: jeglicher Spekulation, Tür und Tor öffnet.

wie es heute den Anschein erweckt. Ich konnte bei nahezu allen zeitgenössischen Endzeit-Autoren und Nostradamus-Interpreten nicht einmal einen Hauch von Skepsis spüren – und das für sich genommen disqualifiziert diese Werke bereits im Ansatz.

Dennoch scheinen zwei Aussagen des großen Sehers von der gesamten Nostradamus-Literatur bestätigt zu sein: Einmal der Vers X/72: *„Im Jahr 1999, siebenter Monat, wird vom Himmel ein großer Schreckenskönig kommen"*, der allgemein als der Einschlag eines Himmelskörpers auf die Erde interpretiert wird. Und zweitens die Zeitangabe, wann große politische und religiöse Veränderungen und gewaltige Umweltkatastrophen ins Haus stehen: die Sonnenfinsternis am 11. August 1999. An genau diesem Datum, sagen die Astrologen, kommt es zu einer höchst seltenen und äußerst gefährlichen Konstellation: Die Sonne wird durch den Mond verfinstert, gleichzeitig stehen Mars und Saturn in Opposition (Opposition und Quadrat gelten in der Astrologie als ungünstige Aspekte) und bilden beide je ein (ungünstiges) Quadrat zur Sonne/Mond-Konjunktion. In Opposition dazu befindet sich Uranus, der zudem noch zu Mars und Saturn in einem Quadrat steht. Alle diese in der Astrologie gern als Negativplaneten angesehenen Himmelskörper bilden zusammen ein Viereck, das sogenannte Schicksalskreuz.

In astrologischen Lehrbüchern wird dieses Sonne/Mond-Mars-Saturn-Uranus-Kreuz mit folgenden Ereignismöglichkeiten beschrieben:

Sonne/Mond-Opposition Uranus:

◆ Revolution, politische Unruhe
◆ Verkehrsunfälle
◆ Erdbeben, Vulkanausbrüche

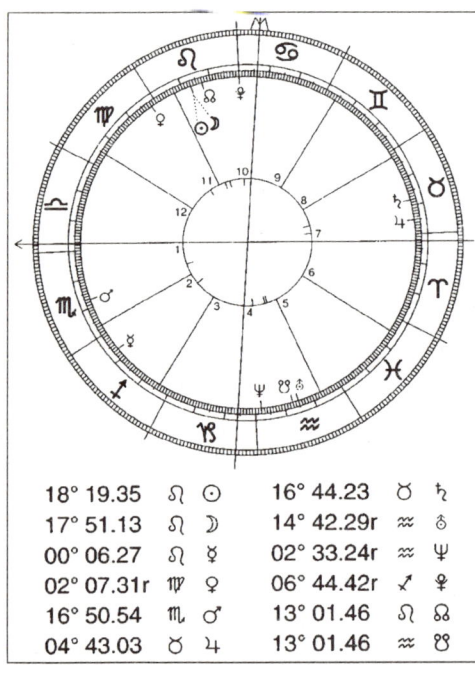

18° 19.35	♌	☉	16° 44.23	♉	♄
17° 51.13	♌	☽	14° 42.29r	♒	♆
00° 06.27	♌	☿	02° 33.24r	♒	♆
02° 07.31r	♍	♀	06° 44.42r	♐	♀
16° 50.54	♏	♂	13° 01.46	♌	☊
04° 43.03	♉	♃	13° 01.46	♒	☋

Der Lauf der Sterne während der Sonnenfinsternis
am 11. August 1999

Sonne/Mond Quadrat Mars, Quadrat Saturn:
◆ Kriegerische Entwicklung
◆ Terroristenanschläge, Gewaltakte
◆ Putschversuche.

Für die Astrologie – vergessen wir nicht, Nostradamus war Astrologe mit Leib und Seele – ist auch noch entscheidend, in welchem Sternzeichen diese Schicksalsplaneten stehen. Sonne und Mond stehen am 11. August 1999 im Löwen, Saturn im Stier, Uranus im Wassermann und Mars im Skorpion.

Die bekannte Münchner Astrologin Daniela Kosten beschrieb in einem Gespräch mit dem Autor die Wirkung dieser heftigen, starken Energien: *„Aufgrund der Betonung der fixen Zeichen, also Löwe, Wassermann, Skorpion und Stier, kann es an diesem Tag zu Krisen kommen. Warum? Fixe Zeichen sind gerne starr, geben nicht nach und wollen ihre errungene Position behalten. Uranus im Quadrat zu Saturn könnte auf eine Zerstörung (Uranus-Prinzip) alter Strukturen (Saturn-Prinzip) hindeuten. Eine ähnliche, wenn auch schwächere Konstellation (Uranus/Saturn-Konjunktion) hatten wir Ende Oktober 1989, als die Mauer zwischen den beiden deutschen Staaten fiel. Damals befanden sich beide Planeten im Steinbock (=Gestein, Mauer). Im August 1999 dürfte die Stellung von Uranus im Wassermann eher auf eine plötzliche Veränderung hindeuten – vielleicht ausgelöst durch Naturkatastrophen –, die das alte Festhalten-Wollen (Saturn im Stier) zum Einsturz bringt. Auch ein Unfall (Mars) mit Plutonium (Mars im Zeichen Skorpion) ist denkbar. Auf jeden Fall wird ein Festhalten an alten Machtpositionen (Sonne und Mond im Löwen) Rache-, Wut- oder Angst-Anschläge (Mars im Skorpion) provozieren, die dann überraschende, plötzliche Neuerungen (Uranus im Wassermann) verbunden mit einer Veränderung bestehender Strukturen (Uranus im Quadrat zu Saturn) auslösen. Die Veränderungen werden wahrscheinlich mehr als eine Woche anhalten, denn am 18. August 1999 kommt noch eine ungünstige Mond-Mars-Konjunktion hinzu."*

Diese äußerst seltene Planetenkonstellation vom 11. bis 18. August 1999 fällt nach Ansicht des japanischen Raketentechnikers Professor Hideo Itakawa, der Materialien von einer Gruppe von Zukunftsforschern ausgewertet hat, mit einem Ausbruch schwerer Naturkatastrophen zusammen. Die amerikanischen Wissenschaftler John Gribbin und Stephan Plagemann wiesen nach, daß die Stellung der Planeten Auswirkungen auf geologische Vorgänge hat. So konnten sie die Steigerung der Erdbebenaktivität des Jahres 1982 genau vorhersagen, die für andere Wissenschaftler völlig unerwartet kam. Eine weitere Erdebebenwelle kündigen sie für die Zeit um den 18. August 1999 an.

Der 1945 verstorbene amerikanische Seher Edgar Cayce ragt wie Nostradamus ebenfalls aus der Schar der Propheten heraus. Von ihm sind Tausende von sogenannten „Readings" dokumentiert, das sind Sitzungen, in denen Cayce in Trance medizinische Diagnosen erstellte und Therapievorschläge machte. Die medizinische Fachwelt ist bis heute von diesen treffsicheren Aussagen beeindruckt und hat noch keine Erklärung dafür gefunden. In diesen immer populärer werdenden Readings machte Cayce auch Aussagen über die Zukunft der Fragesteller. Die von seinem Sohn gegründete „Association for Research and Enlightenment (A.R.E.)" (Vereinigung für Erforschung und Aufklärung) begann nach Cayces Tod, die in diesen Einzelaussagen enthaltenen allgemeinen Prophetien mosaikartig herauszunehmen und wieder zusammenzusetzen. Dabei kamen die Historiker und Geologen der A.R.E. zu der verblüffenden Entdeckung, daß die meisten von Cayces Vorhersagen bisher eingetroffen sind. Da sie keine Wiederholungen anderer Voraussagen sind und zudem wohl kaum einer eigenen Angst Cayces zugeschrieben werden können – er sah die größten Naturkatastrophen für das Ende dieses Jahrhunderts voraus, einen Zeitpunkt, den er altersmäßig nie erreichen konnte -, sind sie für unsere Zukunft ernsthaft in Betracht zu ziehen. Ich werde später ausführlich darauf eingehen.

> Der 1945 verstorbene amerikanische Seher Edgar Cayce ragt wie Nostradamus ebenfalls aus der Schar der Propheten heraus.
> Die medizinische Fachwelt ist bis heute von seinen treffsicheren Aussagen beeindruckt und hat noch keine Erklärung dafür gefunden...

Bevor wir auf Cayces bisher eingetroffene Vorhersagen und die „Treffer" anderer Seher eingehen, müssen wir, um uns dem Verständnis der Methodik der Präkognition zu nähern, kurz auf den Begriff der Geschichte eingehen. Wie bereits erwähnt, betrachtete Nostradamus den Ablauf der Ereignisse als kreisförmig. Damit stellte er sich in die Tradition antiker Seher und Weisen und gegen die damalige herrschende Lehrmeinung. Die besagte nämlich seit über tausend Jahren, genau seit dem Kirchenlehrer Aurelius

Augustinus (354-430), daß die Geschichte der Menschheit wie ein Pfeil bei Adams Biß in den Apfel beginnt und mit der Erlösung durch den Gottessohn nach der Apokalypse enden wird. Seit Augustinus glaubt der Mensch an ein Voranschreiten, an den Fortschritt, der Gedanke an Zyklen und Wiederholungen gilt als Aberglaube. Mit diesem Dogma verschwand auch die antike Kunst der Prophetie, die auf der Zyklentheorie aufbaut, aus Europa.

> Seit Augustinus glaubt der Mensch an ein Voranschreiten. Der Gedanke an Zyklen und Wiederholungen gilt als Aberglaube. Mit diesem Dogma verschwand auch die antike Kunst der Prophetie, die auf der Zyklentheorie aufbaut.

In anderen Teilen der Erde, die nicht vom Christentum geprägt sind, wie etwa im hinduistischen Indien, ist der Glaube an den ewigen Kreislauf vorherrschend. Auch für die Maya Mittelamerikas liefen die Ereignisse in einem Kalenderzeitrad ab. Daher war für sie die Vergangenheit wichtiger als die Zukunft, denn die Maya studierten anhand ihrer Geschichte, welche Ereignisse sich demnächst wiederholen würden. Sie glaubten nämlich, daß alle wichtigen Erscheinungen in einem ständig wiederkehrenden Zyklus von 52 Jahren wiederkehrten und daß sich die Erde nach Ablauf eines „Großen Zyklus" von etwas mehr als 5000 Jahren immer wieder erneuere. Ein solcher Umbruch und Neubeginn stehe der Menschheit am 21. Dezember 2012 bevor, wenn der im Jahr 3114 v. Chr. begonnene „Große Zyklus" zu Ende gehe. Dann werde nach Ansicht der Mayapriester unsere bisherige Welt untergehen und eine neue beginnen.

In Europa dauerte es tausend Jahre, bis Nostradamus auftauchte und diese Kunst – wenn auch unter großen Vorsichtsmaßnahmen – wieder auferstehen ließ. Von der Kirche verfolgt und von der Wissenschaft verurteilt, konnte sich die Idee, daß die Geschichte sich in ewig wiederkehrenden Zyklen wiederholt, jedoch nie durchsetzen und es dauerte weitere vierhundert Jahre, bevor sie öffentlich diskutiert werden konnte. Möglicherweise stehen wir heute vor dem Durchbruch dieses Konzepts in Wissenschaft und Forschung.

Der bereits zitierte Universalgelehrte Immanuel Velikovsky hat übrigens aus seinem Studium der religiösen Bräuche und Riten, der uralten Mysterien und Mythen nicht nur seine Theorie der bereits stattgefundenen Kataklysmen in der Menschheitsgeschichte entwickelt, sondern auch die immer wiederkehrenden Zyklen entdeckt. Er glaubt, einen Erdzyklus oder -rhythmus von etwa 700 Jahren festmachen zu können, in dem die Erde immer wieder von gewaltigen Katastrophen heimgesucht wird. In seinem Werk „Das kollektive Vergessen" führt er aus, daß es in der Mitte des 15. vorchristlichen Jahrhunderts zu einer *„der größten Katastrophen aller Zeiten"* gekommen sei, *„wobei sie* (die Erde, Anm. d. Verf.) *von Feuer versengt wurde und Orkane und kilometerhohe Flutwellen über sie hinwegfegten."*

Bei der nächsten Serie von Katastrophen zwischen 776 und 687 v. Chr. *„erging es der Erde besser als siebenhundert Jahre zuvor, auch wenn sich ihre Achse und ihre Umlaufbahn gewaltsam verlagerten."* Kein Wunder, folgert Velikovsky, daß die Menschen im ersten vorchristlichen Jahrhundert – damals glaubte man noch an die Zyklen – Angst vor dem Untergang der Welt hatten und an Lehren von den letzten Tagen der Menschheit und der nachfolgenden Erlösung glaubten. Davon sprach nicht nur Johannes in seiner Apokalypse, sondern auch römische Schriftsteller wie Lukretius oder Seneca, und davon kündeten auch die damaligen Orakel, wie wir aus den Sibyllinischen Büchern wissen. Fast scheint es so, als hätten die Menschengenerationen des ersten vor- und nachchristlichen Jahrhunderts die Katastrophe geistig erlebt und sich somit die reale Katastrophe erspart. Interessanterweise fällt diese Zeit ja auch mit dem Leben und Wirken Jesu zusammen.

Auch 700 Jahre später fand die Umwälzung und Erneuerung auf geistiger Ebene statt: Mohammed war geboren und hatte vor dem Jüngsten Tag gewarnt. In der Mitte des 14. Jahrhunderts dagegen mußte das Unheil wieder materiell erlebt werden. Als im Jahre 1337 ein großer Komet am Himmel erschien, begann in Europa eine Periode außergewöhnlicher Schrecken: Erdbeben in Italien, Zypern und Griechenland, Meteoreinschläge in Frankreich, Überschwemmungen an den Küsten und durch diese Katastrophen und die grassierende Pest ausgelöste Hungersnöte. Den drei Schüben der Epidemie zwischen 1348 und 1369 fiel etwa ein Viertel der Europäer zum Opfer. Und wieder glaubten die Menschen, das Jüngste Gericht sei nahe.

Velikovsky kommt zur Gegenwart: *„Wenn wir diese Periodizität der Raserei, die sich Abständen von ungefähr siebenhundert Jahren ereignet, in die Zukunft projizieren, so sehen wir uns vor die Frage gestellt, ob das 21. Jahrhundert wiederum eine Epoche des Schreckens und der Raserei sein wird. Und*

*da die Periode von siebenhundert Jahren nur eine Annäherung darstellt –
könnte die nächste Explosion vielleicht schon früher auftreten? Nicht nur
wird dann der 700-Jahr-Zyklus zum ersten Mal mit einem Millenniumszyklus
(dem Jahrtausend-Zyklus) zusammenfallen, vielmehr verfügt die Menschheit
nun auch zum ersten Mal über solche ungeheuerlichen Vernichtungsmittel, daß
sie, wenn sie nicht ihren unbewußten Drang durchschaut, die schrecklichsten
Erlebnisse ihrer eigenen Vergangenheit noch einmal zu erleben, gefährlich
nahe an den Rand des Abgrundes geraten könnte, in dem nahezu totale
Selbstvernichtung und möglicherweise auch biologische Degeneration lauern."*

2. Bestandsaufnahme
Zum Nachdenken – Eingetroffene Prophezeiungen

Warum sollten die Vorhersagen der Seher richtig sein? Es gibt genügend Gegenbeispiele: Die jährlich zum 31. Dezember von der Regenbogenpresse befragten Medien und Astrologen liegen – wie bereits erwähnt – in der Regel mit ihren Voraussagen für das kommende Jahr daneben. Aber auch prominente Propheten wie die Amerikanerin Jeane Dixon irrten in der Vergangenheit oft – so hat sich zum Beispiel Bayern 1994 nicht von Deutschland getrennt, um als Monarchie weiterzuleben, wie vorhergesagt.

Aber einige Seher hatten auch ganz ordentliche „Trefferquoten"; sie sagten tatsächlich viele Ereignisse voraus. Haben sie auch die Zukunft so vorhergesehen, wie sie tatsächlich eintreten wird? Nur die Zukunft kann diese Frage beantworten. Was wir aber heute bereits wissen, ist, daß die folgenden Seher – neben einigen anderen – sehr präzise Visionen hatten.

Mathias Lang alias Mühlhiasl

Einer der bekanntesten heimischen Seher ist der niederbayerische Hirt und Mühlsteinschleifer Mathias Lang (1753-1825), auch Mühlhiasl genannt. Seine zahlreichen Prophezeiungen entstammen den Jahren 1780 bis 1825. Leider waren sie nur mündlich überliefert und sind erst 100 Jahre später durch den Pfarrer Landstorfer 1923 und dann durch den Heimatforscher Paul Friedl 1930 aufgezeichnet worden, weswegen seine Vorhersagen für den Ersten Weltkrieg für unsere Untersuchung nicht herangezogen werden können. Zu groß ist die Wahrscheinlichkeit, daß da hinzugedichtet und ausgeschmückt wurde. Aber seine Aussagen über die Zeit nach 1930 sprechen dennoch für die Sehergabe des Niederbayern:

„Dann aber wird ein strenger Herr kommen und ihnen die Haut abziehen und ein strenges Regiment führen... Aber die Kleinen werden groß und die

Großen klein, und da wird es sich erweisen, daß der Bettelmann, wenn er aufs Roß kommt, nicht zu derreiten ist. Dann wird es wieder losgehen, und es wird schrecklich. " Daß hier die Machtergreifung Hitlers und seiner braunen Horden, die nicht mehr zu bändigen sind, gemeint ist, was dann zum Zweiten Weltkrieg führte, kann vermutet werden. *"Der strenge Herr wird nicht lange regieren. Vorher wird noch ein Geld aufkommen, da ist eine Fledermaus darauf, die läßt die Flitschen recht traurig hängen.*" Zum Vergleich: Der 20-Mark-Schein von 1944 hatte links oben eine Verzierung, die einer Fledermaus mit traurig hängenden Flügeln ähnelte.

Für die Sehergabe des niederbayerischen Mühlhiasl sprechen unter anderem seine Aussagen über die Zeit nach 1930 – vor allem, wenn man bedenkt, daß seine zahlreichen Prophezeiungen aus den Jahren 1780 bis 1825 stammen ...

Fast zu jeder Stelle seiner Heimat fielen Mühlhiasl kleine Vorhersagen ein; zu Straubing: *"Wenn sie in Straubing über die Donau die große Brücke bauen, so wird sie fertig, aber nimmer ganz; dann geht's los.*" Tatsächlich wurde die Donaubrücke fast fertig – es fehlte nur noch die Betondecke, als der Zweite Weltkrieg ausbrach.

Ein alter Bauer vom Haidhof erzählt, daß der Mühlhiasl, der seinen Urgroßvater oft besuchte, ihm eines Tages prophezeite: *"An dem schwarzen Band durch'n Wald baun's weiter, aber unser Kirchweg, der da vor meim Haus vorbeiführt, der halt das schwarze Band auf.*"

Natürlich amüsierten sich alle Bauern über diese Worte. Aber tatsächlich wurde später eine sogenannte „Ostmarkstraße" gebaut, und als die Straßenarbeiten bei dem Kirchweg angelangt waren, brach der Krieg aus, alle Arbeiter wurden eingezogen und an die Front geschickt. Der Kirchweg hatte das schwarze Band aufgehalten. Die Prophezeiung hatte sich erfüllt.

„Nach dem Krieg meint man, Ruh ists, ist aber keine... Gesetze werden gemacht, die niemand mehr achtet, und das Recht wird nimmer Recht sein... Dann werden Häuser gebaut, nichts wie Häuser, Schulhäuser wie Paläste... Wenn alles baut, nix wie baut wird, überall wird gebaut, ganze Reihen wern baut. Der Gäuboden prangt mit schneeweiße Häuser. Die Leut richten sich ein, als ob sie nimmer fort wollten... Die Bauernleut werden sich gewanden wie die Städtischen und die Städtischen wie die Narren... Alle Grenzraine werden umgeackert und die Hecken ausgehaut... Der Wald wird ausschauen wie des Bettelmanns Rock... Der Glauben wird so klein werden, daß man ihn unter den

Hut hineinbringt... Den Herrgott werden sie von der Wand reißen und im Kasten einsperren. "

Bauwut, Mode, Waldsterben, Kruzifixstreit in den Schulen – Mühlhiasl hat unsere Gegenwart treffend beschrieben. Was dann folgt, ist seine Vision des Dritten Weltkriegs. Auf die werde ich später zurückkommen.

Anton Johansson, der Eismeerfischer

Eine weitere Person mit ungewöhnlichen Fähigkeiten war der Eismeerfischer Anton Johansson, geboren 1858 in Mosjöen, Schweden. Der kleine Anton fiel schon in seiner Jugend durch seine hellseherische Veranlagung auf. Er sah Unglücksfälle voraus, aber auch gute Ernten oder Erträge des Fischfangs. Lei-

Der schwedische Eismeerfischer Anton Johansson sah unter anderem schon 1907 den Untergang der Titanic für das Jahr 1912 sowie den Beginn eines Weltkrieges für den Sommer 1914 voraus – genauso wie er auch den Zweiten Weltkrieg, den Krieg in Palästina und vieles mehr treffend prophezeite.

der waren die Ernten und der Fischfang schlecht in dieser Zeit, und deshalb wanderte die ganze Familie nach Norwegen aus, wo sie sich nahe dem Nordkap niederließen. Anton Johansson arbeitete als Eismeerfischer und berichtete immer wieder von seinen Visionen. So sah er den Vulkanausbruch von St. Pierre 1902 voraus, das Erdbeben von San Francisco 1906 und das von Messina 1907. Mit 26 Jahren sah er den Ertrinkungstod seiner beiden Brüder voraus und in der Nacht vom 13. zum 14. November 1907 den Unfalltod seines Neffen. In dieser Nacht wurde Johansson nach eigenen Angaben *„in den Weltraum versetzt"* und *„im Geiste zu den Schauplätzen der verschiedenen Ereignisse geführt"*, und es wurde über die *„Geschehnisse mit Worten berichtet"*, deren Verlauf der gläubige Fischer folgen konnte. Wie er später Oberst Melander vom schwedischen Generalstab und dem Stockholmer Ingenieur Gustafsson berichtete, erschien Jesus Christus und forderte ihn auf, die Mächtigen dieser Erde vor dem kommenden Unheil zu warnen und sie zu ermahnen, das fürchterliche Geschehen durch Buße und Umkehr von der Menschheit abzuwenden. Eine schier endlose Reihe von Jahreszahlen erschienen vor dem inneren Auge des Sehers, zusammen mit den dazugehörigen Ereignissen. Die Schau war so eindringlich, daß dem Eismeerfischer unzählige Daten in Erinnerung blieben, die er Gustafsson diktierte. Gustafssons Buch erschien 1919 in schwedischer Sprache.

Er sah 1907 schon voraus: den Untergang der „Titanic" für 1912, den Beginn eines Weltkriegs im Sommer 1914 und den darauf folgenden Verlauf des Krieges in vielen Details, die Revolution in Rußland, den Kriegseintritt der USA 1917 und den Friedensschluß ein Jahr darauf. Für die Nachkriegszeit kündigte er an: Unruhen in Deutschland, den Griechisch-Türkischen Krieg 1919-1920, die Herrschaft der Sozialisten in Schweden ab 1920, den Bürgerkrieg in Spanien 1936 bis 1939 und die gewaltigen Opfer Rußlands durch Krieg und Revolution.

Den Zweiten Weltkrieg beschrieb er durch den Vorstoß der deutschen Truppen auf Paris bis in die Nähe des Ärmelkanals, den Bombenangriff großer Luftflotten und die nächtliche Verdunklung der Großstädte, die Bombardierung Londons und die Besetzung Norwegens. Nach 1945 prophezeite er die große Überschwemmung in Holland und England 1953, den Krieg um Palästina, die Rückkehr der Juden nach Israel, die langdauernde Spaltung Deutschlands und das Ende des britischen Empire... Man kann unmöglich alle Vorhersagen des Eisfischers Johansson zitieren, aber die, die unsere Zukunft betreffen, klingen nicht sehr angenehm.

Die Feldpostbriefe des Andreas Rill

Ein außergewöhnlicher Fall in der Geschichte der Prophetie sind die Feldpostbriefe des Andreas Rill (1881-1952), eines einfachen bayerischen Soldaten im Ersten Weltkrieg. Rill berichtet in den beiden am 24. und 30. August 1914 verfaßten Briefen in die Heimat von einem Zivilisten, den seine Einheit mit Verdacht auf Spionage festgenommen hatte und der Sonderliches von sich gab. Ich gebe hier die beiden Briefe verkürzt wieder.

Im ersten Brief schreibt Rill: „*... Ein sonderbarer Heiliger, denn es ist nicht zum Glauben, was der alles gesagt hat. Wenn wir wüßten, was alles bevorsteht, würden wir heute noch die Gewehre wegwerfen, und wir dürfen ja nicht glauben, daß wir von der Welt was wüßten. Der Krieg – sagte er – ist für Deutschland verloren und geht ins fünfte Jahr, dann kommt Revolution, aber sie kommt nicht recht zum Ausbruch; der eine geht und der andere kommt; und reich wird man; alles wird Millionär, und soviel Geld gibts, daß mans beim Fenster rauswirft und klaubts niemand mehr auf... Vor dem* (in Rußland zu dieser Zeit geborenen Antichrist, Anm.d.Verf.) *kommt ein Mann aus der niederen*

Stufe, und der macht alles gleich in Deutschland, und die Leute haben nichts Rechtes zu reden, und zwar mit einer Strenge, daß es uns das Wasser bei allen Fugen raustreibt. Denn der nimmt den Leuten mehr, als es gibt, und straft die Leute entsetzlich, denn um diese Zeit verliert das Recht sein Recht, und es

Das Ende des Ersten Weltkrieges, die deutsche Niederlage, die Hitlerdiktatur und den Zweiten Weltkrieg – der unbekannte Seher aus dem Elsaß hatte alles genau vorhergesehen.

gibt viel Maulhelden und Betrüger. Die Leute werden immer ärmer, ohne daß sie es merken. Jeden Tag gibts neue Gesetze, und viele werden dadurch manches erleben oder gar sterben. Die Zeit beginnt cirka 32 und dauert neun Jahre, alles geht auf eines Mannes Diktat – sagt er – dann kommt die Zeit 38, werden überfallen und zum Kriege gearbeitet. Der Krieg selbst endet schlecht für diesen Mann und seinen Anhang. Das Volk steht auf mit den Soldaten. Denn es kommt die ganze Lumperei auf und es geht wild zu in den Städten. Er sagte, man soll in dieser Zeit kein Amt oder sonst dergleichen annehmen, alles kommt an den Galgen oder wird unter der Haustüre aufgehängt, wenn nicht an Fensterblöcke hingenagelt, denn die Wut unter den Leuten sei entsetzlich, denn da kommen Sachen auf, unmenschlich. Die Leute werden sehr arm... und sind froh, wenn sie sich noch in Sandsäcke kleiden können..."

Das Ende des Ersten Weltkriegs, die deutsche Niederlage, die halberstickte Revolution, die Inflation, die Hitlerdiktatur, der Zweite Weltkrieg und die Not danach – der unbekannte Seher aus dem Elsaß hatte alles vorhergesehen. Im zweiten Brief vom 30. August 1914 geht Andreas Rill noch einmal auf den „prophetischen Franzosen" ein:

„... Steht an der Jahreszahl vier und fünf, dann wird Deutschland von allen seiten zusammengedrückt, und das zweite Weltgeschehen ist zu Ende. Und der Mann verschwindet, und das Volk steht da und wird vollständig ausgeraubt... In Deutschland kommen dann Regierungen, aber können ihr Ziel nicht ausführen, da ihr Vorhaben immer wieder vereitelt wird. Der Mann und das Zeichen verschwinden, und es weiß niemand, wohin, aber der Fluch im Innern bleibt bestehen, und die Leute sinken immer tiefer in der Moral und werden schlechter... Die Besatzungen lösen sich voneinander und ziehen ab mit der Beute des Geraubten..."

Was dann folgt, ist die Beschreibung des „dritten Weltgeschehens", dessen Schilderung aber in einem späteren Kapitel folgt.

Der Blinde Jüngling von Prag

Über 500 Jahre vor der berühmten Feldpost des Andreas Rill sorgte der bereits erwähnte Blinde Jüngling von Prag für Furore. Vor Kaiser Karl IV. (1346-1376) verkündete er in wenigen inhaltsschweren Sätzen die Zukunft. Durch die handschriftliche Abschrift eines alten Druckes dieser Prophezeiung, die uns der Heimatforscher Paul Friedl aus dem Jahr 1938 hinterlassen hat, können wir wenigstens die Aussagen als echt annehmen, die sich auf die Jahre nach 1938 beziehen. Friedl gibt den Blinden Jüngling wie folgt wieder:

„Dann aber kommt einer, der wird die Geißel schwingen über Prag... Es kommt abermals ein großer Krieg zwischen allen Völkern der Erde... Es wird nicht der letzte Krieg sein, aber er wird anfangen die letzten Zeiten. Um Böhmen herum wird ein großer Trümmerhaufen sein, und es wird Feuer hageln. Wenn die Kirschen blühen, wird alles vorbei sein... Deutschland wird ein großer Trümmerhaufen und nur die Gebiete der blauen Steine werden verschont bleiben... Solange die Kirschen reifen, möchte ich kein Deutscher sein. Wenn aber die Kirschen geerntet sind, dann möchte ich kein Tscheche sein. Zweimal wird das Böhmerland gesiebt werden; das erste Mal bleiben nur so viele Deutsche, wie unter einer Eiche Platz haben. Wieder wird der tschechische Löwe über Böhmen herrschen, aber sein Glanz ist zu Ende. In Böhmen wird nur noch ein Volk leben... Die eine andere Sprach reden, werden das Land verlassen. Und immer wieder wird Blut fließen unter den Brüdern."

> Die Bestätigung der Visionen des „Blinden Jüngling von Prag" durch die Wirklichkeit sind frappierend...

Die Bestätigung dieser Vision durch die Wirklichkeit ist frappierend: von Hitler über den Zweiten Weltkrieg, das Kriegsende am 8. Mai und die Vertreibung der Deutschen bis zur Neuerrichtung der Republik Tschechien. Was der Blinde Jüngling für die Zeit danach sah, werden wir später untersuchen.

Michel de Notredame

Der unbestrittene „König der Seher", Michel de Notredame, auch Nostradamus genannt, kann ebenfalls auf eine eindrucksvolle Liste eingetroffener Weissagungen zurückblicken – wenn er das Geschehen hier auf der Erde denn immer noch beobachtet.

So sagte er voraus, daß ein kleiner Korse Kaiser von Frankreich würde, daß die Alliierten gemeinsam gegen die Armee Napoleons antreten und ihn bei Waterloo entscheidend schlagen würden. Nostradamus sah den Sezessionskrieg in Amerika vorher, Kriege und Attentate, beschrieb den Ersten und Zweiten Weltkrieg, die Judenverfolgung und die Grauen der Konzentrationslager, er hatte Visionen von einer Beendigung des Weltkrieges durch ein schreckliches Fanal, das sich am Himmel zeigen will – die Atombombenexplosion über Hiroshima 1945.

Nostradamus könnte ebenfalls auf eine eindrucksvolle Liste eingetroffener Weissagungen zurückblicken – oder sind sie alle nur im nachhinein getroffene Deutungen seiner verschlüsselten Botschaften?

Nostradamus erwähnte neue Päpste und Präsidenten, er sah das Attentat auf John F. Kennedy, den Korea- und Vietnamkrieg, den islamischen Führer Khomeini, den Golfkrieg und die Wiedervereinigung Deutschlands. Oder sind dies alles nur von uns im nachhinein getroffene Deutungen seiner verschlüsselten Botschaften? Nostradamus bleibt das größte Geheimnis unter den Prophetien.

Die Hopi-Indianer

Konkreter sind da die Vorhersagen der Indianer. Viele davon sind eingetroffen. Zum Beispiel die Vision der Chippewa. Sie sahen die Ankunft der Europäer in Amerika, ja sogar die Hüte voraus, die diese tragen würden. Sie sagten, daß es wundervoll wäre, wenn wir als Brüder und Schwestern gemeinsam in diesem Land leben könnten. Doch die Weißen nahmen ihre heiligen Lehren nicht an, und für diesen Fall sollte eine andere Prophezeiung in Kraft treten.

Die Indianer sollten mehr als 100 Jahre wie tot im Staub liegen. Sie würden ihr eigenes Wissen mißachten und andere Völker würden es nicht verstehen. Aber am Ende würden sie wieder auf beiden Beinen stehen. Sie würden so lebendig sein, als wären sie selbst die Kraft der Erde, die sich wieder erneuert hat. Sie würden die Mächte der Natur beschwören – Donner, Blitz und Sturm – und sie würden mit diesen Kräften Zwiesprache halten, denn dies sei Teil ihrer früheren Kraft. Die Indianer würden zum heiligen Pfad zurückkehren. Zu dieser Zeit würden ihre Söhne und Töchter zu ihnen kommen und sie bitten, ihnen wieder das heilige Leben zu lehren. Auch die Söhne und Töchter jenes Volkes, das über das große Wasser zu ihnen kam, würden sie aufsuchen. Sie würden sagen: „Lehrt uns euer Wissen, denn wir stehen kurz vor der Zerstörung der Erde."

Die Hopi, die heute im Südwesten der USA leben, gelten als die friedvollsten und spirituellsten aller Stämme. Ihre Schamanen verkündeten schon immer vor dem versammelten Ältestenrat ihre Visionen. Für die Hopi war das so, als hätte der Große Geist selbst zu ihnen gesprochen. Diese Vorhersagen wurden von Generation zu Generation weitergetragen. Und bald hieß es nur noch: „Unserem Volk wurde gesagt, daß..."

Den Hopi wurde gesagt, daß eine andere Rasse in ihr Land kommen und es für sich beanspruchen würde. Sie sollten alles ablehnen, was diese Menschen ihnen anbieten würden, auch wenn es verlockend erschiene. Die Eindringlinge wären sehr intelligent und würden viele neue Dinge erfinden. Unter anderem würden sie einen Wagen erdenken, der von Tieren gezogen würde (die Pferdekutsche), später gar einen sehr schnellen Wagen ohne Tiere (das Automobil). Das Land würde durch lange Straßen und Zäune zerschnitten werden, und es würden sogar Wege in den Himmel gebaut werden. Den Hopi wurde gesagt, daß Frauen Männerkleidung tragen würden, und daß das Geheimnis der Frauen, das immer von Kleidung bedeckt sein sollte, nicht mehr geheim wäre. Daß es überall enthüllt und gezeigt werden würde. Wenn all dies geschähe, wären die Führer der Welt und alle Menschen korrupt und würden nicht nach Wegen suchen, diese Korruption zu verändern. Dann würde es Kriege geben wie mächtige Winde, die von Land zu Land ziehen und Reinigung und Zerstörung über diese Welt bringen. Je mehr wir uns von den Anweisungen des großen Geistes – Massau'u – abwenden, desto mehr Zeichen würden wir in Form von Fluten, Dürren, Feuern und Tornados sehen, denn die Natur würde zum Gegenschlag ausholen.

Die Vorhersagen der Hopi-Indianer wurden von Generation zu Generation weitergetragen.

Das Erschreckende an ihren Prophezeiungen ist die konsequente Vorhersage „wenn dies geschieht, folgt das...", die die Geschichte der letzten fünfzig Jahre erbarmungslos demaskiert.

Das Erschreckende an den Hopiprophezeiungen ist die Aufzählung der Vorwarnungen, die vor der Zeit der „Großen Reinigung" den Menschen gegeben werden. Es ist das konsequente „Wenn dies geschieht, folgt das darauf" der Indianer, das die Geschichte der letzten fünfzig Jahre erbarmungslos demaskiert.

Die Hopi erhielten von ihren Sehern folgende Warnungen:

◆ *Wenn zwei Symbole, das Hakenkreuz und die aufgehende Sonne, die Welt erschüttern...* (Zweiter Weltkrieg, in den Deutschland = Hakenkreuz und Japan = Aufgehende Sonne die Welt verstrickten).

◆ *Wenn eine Silberschnur über den Kontinent von Ost nach West gelegt wird...* (der Bau der Route 66 von St. Louis nach Los Angeles, die „Silberstraße" genannt wird, weil sie meist im Sonnenschein liegt).

◆ *Wenn ein Behälter mit Asche auf die Erde geworfen wird...* (der Abwurf der Atombomben auf Hiroshima und Nagasaki 1945).

◆ *Wenn Spinnweben im Himmel gesponnen werden, durch die Menschen miteinander sprechen können...* (die Verlegung von Telefon- und Telegrafenleitungen des Fernsprechnetzes).

◆ *Wenn die Menschen auf Straßen im Himmel fliegen...* (die Routen der internationalen Fluglinien).

◆ *Wenn die Menschen wertvolle Dinge aus der Erde holen...* (die Förderung von Mineralien, Öl und Gas).

◆ *Wenn der Adler auf dem Mond landet...* (die Mondlandung am 21. Juli 1969, bei der der Astronaut Neil Armstrong verkündete: „*Der Adler ist gelandet!*").

◆ *Wenn ein großer blauer Stern am Himmel erscheint...* (die astronomische Entdeckung eines Großsterns 1981, der 350mal größer als die Sonne ist).

◆ *Wenn die Frauen künstlich Kinder erzeugen...* (die künstliche Befruchtung von Frauen, die Retortenbabys).

◆ *Wenn es ein Haus im Weltraum gibt...* (die Raumstationen „Spacelab" der USA und die russische „Mir").

◆ *Wenn große Häuser der Menschen in der Luft herumfliegen...* (die modernen Verkehrsflugzeuge, die mehr als 400 Menschen auf einmal befördern).

◆ *Wenn die Hopi viermal zum Haus aus Glas gegangen sind und die Welt gewarnt haben...* (die vier Auftritte der Hopi bei den Vereinten Nationen, bei denen sie allerdings nur zweimal gehört wurden).

◆ *... Wenn all das eingetreten ist, dann ist die Zeit der „Großen Reinigung" gekommen.*

Sie wird – nach den Hopisehern – mit großen Feuern beginnen und dann zu Vulkanausbrüchen, Erdbeben und Überschwemmungen führen.

Natürlich haben die Hopiseher keine Jahreszahlen genannt, aber sie haben den bisherigen Verlauf unseres Jahrhunderts mit absoluter Genauigkeit vorhergesehen.

Der Hopiseher White Feather vom alten Bären-Clan sagte 1958: *„Das, was wir die Vierte Welt nennen, wird bald enden, und die Fünfte wird beginnen. Denn alle überlieferten Zeichen werden bald eingetroffen sein."* Dann zählte White Feather die alten Hopi-Zeichen noch einmal auf, unter anderem die Erfindung des Pulvers, die Hippie-Bewegung und den Unfall vom 11. Juli 1979 – *„Wenn ein Haus im Himmel krachend auf die Erde fällt..."*. An diesem Tag stürzten Teile der Raumstation „Skylab" auf die Wüsten Australiens.

Zwar haben die Hopi-Indianer keine Jahreszahlen genannt – aber sie haben den bisherigen Verlauf unseres Jahrhunderts mit absoluter Genauigkeit vorausgesehen.

Edgar Cayce

Edgar Cayce, der „Schlafende Prophet", der all seine Vorhersagen in einem tranceartigen, schlafähnlichen Zustand abgab, hat neben großen Weltkatastrophen ganz schlichte Ereignisse vorhergesagt. Aber für seine Gesprächspartner waren diese Auskünfte oft von größter Wichtigkeit. So kündigte Cayce in seiner Heimatregion an, daß die Grundstückspreise im Norden von Virginia Beach kräftig ansteigen würden. Es stimmte, und viele Cayce-Anhänger verdienten kleine Vermögen durch diese Information. Überhaupt gab Cayce gerne Tips für Börsen- und Grundstücksangelegenheiten. Aber die Gier des Menschen hindert ihn meistens am vollkommenen Glück. Die meisten seiner Bekannten, die durch seine Tips reich geworden waren, verloren ihr Geld wieder, wenn sie aufhörten, auf ihn zu hören. So warnte Cayce sechs Monate vor dem großen Börsenkrach von 1929, dem „schwarzen Freitag", alle Freunde aus der Wall Street vor einem Kurssturz und gab ihnen den Rat, alle Aktien möglichst schnell zu verkaufen. Die meisten hörten nicht auf ihn und waren nach der schlimmsten Börsenkrise dieses Jahrhunderts pleite.

Cayce sagte nicht nur die beiden Weltkriege voraus, sondern auch die genauen Daten ihres Beginns und Endes. Schon 1935, als noch kein Politiker Verdacht schöpfte, prophezeite er bereits den Zusammenschluß Deutschlands und Österreichs, später die Allianz mit Japan. Unvorstellbar zu dieser Zeit, als Japan ständig seine Freundschaft mit den Vereinigten Staaten beteuerte.

Edgar Cayce war der erste, der schwere Rassenunruhen in den USA vorhersagte, und zwar schon in den zwanziger Jahren. Er prophezeite den Tod zweier Präsidenten während ihrer Amtszeit (1945 Franklin D. Roosevelt und 1963 John F. Kennedy) und sagte voraus, daß die Todesfälle zeitlich mit Rassenunruhen, Krawallen und Arbeitskämpfen zusammenfallen würden.

Ein besonders wichtiges Thema war für Cayce die Natur mit ihren gewaltigen Kräften und dem katastrophenhaften Aufbäumen ihrer Gewalten. Erdbeben, Vulkanausbrüche und Fluten, Hochwasser, Wirbelstürme und Dürren – dazu hatte der „Schlafende Prophet" sehr genaue Vorhersagen und, was noch wichtiger ist, er sprach auch über die Hintergründe dieser Naturkatastrophen.

> Edgar Cayce war der erste, der schwere Rassenunruhen in den USA vorhersagte, und zwar schon in den zwanziger Jahren.
> Seine Auffassung von der Polverlagerung steht in Einklang mit jüngsten wissenschaftlichen Forschungen.

Er war sich sicher, daß hochzivilisierte Kulturen untergegangen waren, ganze Kontinente wie Atlantis, Mu und Lemuria. „*Der Mißbrauch der Naturkräfte durch den Menschen ist die Ursache der ersten Katastrophe gewesen und der Verstoß des Menschen gegen die göttlichen Gesetze hat sich auf die Naturgesetze ausgewirkt.*"

Die Geschichten über solche sagenhaften untergegangenen Kontinente wurden von der Wissenschaft zu allen Zeiten belächelt, aber inzwischen mehren sich die Stimmen derer, die, jedenfalls theoretisch, eine solche Erdverschiebung nicht ausschließen können. Ich werde später noch genauer darauf eingehen. Cayce hatte eine für seine Zeit geradezu revolutionäre Vorstellung von der Urzeit unseres Planeten: „*Die äußersten nördlichen Gebiete waren damals die südlichen Gebiete, oder die Polargebiete wurden damals dorthin verschoben, wo sie tropischere oder subtropische Gebiete einnahmen. Der Nil floß in den Atlantischen Ozean. Die heutige Sahara war ein bewohntes Land und sehr fruchtbar. Das heutige mittlere Gebiet der USA oder das Mississippibecken lag damals ganz im Ozean. Nur das Plateau gab es und die Regionen, die heute Teile von Nevada und Utah sind, und Arizona bil-*

dete den größeren Teil dessen, was wir als die Vereinigten Staaten kennen. Das Gebiet entlang der Atlantikküste bildete die Außengebiete, damals das Tiefland von Atlantis. Die Anden und die Pazifikküste Südamerikas nahmen damals die äußeren westlichen Gebiete von Lemuria ein. Der Ural und die Gebiete nördlich davon wurden in tropisches Land verwandelt. Die Wüste in der Mongolei war damals das fruchtbare Gebiet. Die Ozeane waren damals umgekehrt. Sie tragen nicht mehr ihre alten Namen."

Cayces Auffassung von der Polverlagerung steht in Einklang mit jüngsten wissenschaftlichen Forschungen. Obwohl solch spektakuläre Gedanken wie versunkene Kulturen und untergegangene Kontinente immer noch nicht in der Lehrmeinung diskutiert werden dürfen, ist theoretisch jedenfalls eine dermaßen gewaltige Landverschiebung möglich. Kaum jemand zweifelt heute noch daran, daß der amerikanische Kontinent in früher Urzeit mit Afrika und Europa zusammenhing.

Wenn wir die oben aufgeführten Seheraussagen betrachten, dann fällt auf, daß sie – zumindest in den von mir ausgewählten Beispielen – erstaunlich treffgenau unsere Vergangenheit beschrieben haben. Was sagen sie über unsere Gegenwart aus? Gibt es Übereinstimmungen zwischen ihren Prognosen und dem tatsächlichen Zustand der Welt? Verraten sie uns, wohin sich die Geschichte der Menschheit entwickeln wird?

Im folgenden Kapitel möchte ich den Versuch wagen, Seheraussagen tatsächlichen Entwicklungen gegenüberzustellen. Begleiten Sie mich also auf einer Reise durch unsere heutige Welt – aus dem Blickwinkel gestriger Visionen.

3. Warnung
Alarmsignale – Die Trends der
Gegenwart

Was ich Ihnen auf den folgenden Seiten präsentiere, mag Ihnen nur zu vertraut erscheinen, wenn Sie täglich die Zeitung lesen oder im Fernsehen die Nachrichten verfolgen. Wenn wir den derzeitigen Zustand der Welt, um den es hier in diesem Kapitel geht, jedoch einmal nicht nur mit der gebotenen Betroffenheit betrachten, sondern mit den Vorhersagen verschiedenster Seher aus unterschiedlichsten Zeiten und Kulturkreisen vergleichen, also etwas Abstand zum Tagesgeschehen herstellen, dann wird das Ausmaß der vom Mensch verursachten Zerstorungen und die sich daraus ergebende Reaktion der Natur umso deutlicher. Ich hätte daher die Fakten dieses Kapitels durchaus ins vorige einbringen können, denn die Vorhersagen der Seher in puncto Umwelt und Naturkatastrophen sind in der Tat bereits eingetroffen. Die Frage, die sich stellt, ist lediglich, ob die gegenwärtigen Trends noch vom Menschen umgekehrt, also postiv verändert werden können, oder ob sie Vorboten einer bevorstehenden Apokalypse sind. Ich werde am Ende der Beweisaufnahme in diesem Kapitel versuchen, eine Antwort auf diese Frage zu geben.

Die Natur bäumt sich auf

„Die Natur wird Rache verlangen für den Menschen... Die Jahreszeiten werden sich ändern. Die Erde wird nur schlechte Früchte hervorbringen..."

Ob die hier zitierte Prophezeiung der Muttergottes von La Salette 1864 oder die indianischer Seher: Die Mehrzahl der Propheten, die Natur und Umwelt in „ihrem Repertoire" haben, warnen vor einer Veränderung der natürlichen Lebensbedingungen. Diese würde gewaltsam vor sich gehen und schuld daran habe der Mensch, der die Erde zerstört.

Überprüfen wir einmal, ob die angekündigten Naturumwälzungen – wie es vor allem die Indianer behaupten – bereits geschehen.

Erdbeben, Vulkanausbrüche, Hurrikane, Überschwemmungen – die Naturkatastrophen nehmen laut Statistik der Rückversicherungsgesellschaften von Jahr zu Jahr weltweit zu. Ist die Menschheit an dem Punkt angelangt, von dem die Seher sagen: Die Antwort der Natur auf all das, was der Mensch ihr angetan hat, werden Katastrophen sein? Oder wie es Martin Gashweseoma, Ältester der Hopi-Indianer, vor der UNO formulierte: *„Je weiter wir uns von den Anweisungen des Großen Geistes abwenden, desto mehr Zeichen werden wir in Form von Erdbeben, Fluten, Dürren, Feuern und Tornados sehen, denn die Natur wird zum Gegenschlag ausholen.“*

Der Informationsdienst der französischen Versicherungen berichtet, daß sich allein 1991 mehr als 100 Erdbeben, Vulkanausbrüche, Orkane und Überschwemmungen ereigneten, mehr als je zuvor in der Geschichte. Noch nie, seit Beginn der geschriebenen Geschichte, war der Tribut an Menschenleben und Naturwerten, an Kapital und Immobilien so hoch.

Die Hopi warnten (in ihrer Rede vor den Vereinten Nationen): *„Die Natur, die ersten Menschen und der Geist unserer Vorfahren geben euch laute Warnungen. Heute, am 10. Dezember 1992, seht ihr eine Zunahme von Überflutungen, Zerstörungen durch Hurrikane, Hagelstürme, Klimaveränderungen und Erdbeben, wie es unsere Prophezeiungen gesagt haben. Sogar Tiere und Vögel warnen uns mit Veränderungen in ihrem Verhalten, wie etwa das Stranden der Wale.“*

Gehen wir die einzelnen Katastrophenarten durch und überprüfen wir, wie wahrscheinlich ihr baldiges Eintreten ist.

Die Erde bebt wie nie zuvor

Die Zahl und Stärke der Erdbeben nimmt seit den 80er Jahren ständig zu. Das Erdbeben, das Anfang Juni 1994 Kolumbien mit über 6 Punkten auf der nach oben offenen Richterskala erschütterte, war von Feuerland bis Kanada spürbar. Mehr als Tausend Menschen kamen dabei ums Leben, und 16 Ortschaften wurden verwüstet, weil das Erdbeben gewaltige Erdrutsche und Überschwemmungen auslöste.

Seit der im Jahre 1988 eingeführten genauen Beobachtungen stellten Seismologen fest, daß in Japan die Erde täglich an verschiedenen Orten bebt. Dazu sagt der indianische Seher und Schamane vom Stamm der Chippewa, Sun Bear:

„Ich habe den Großen Geist darüber befragt, wohin führen all diese Veränderungen auf der Erde? Kann man diese Dinge überhaupt noch stoppen? Seine Antwort lautete: Es ist unwiderrufbar. Die Veränderung hat begonnen. Noch stärkere Erderschütterungen stehen euch bevor."

In der 99. Sure des Korans heißt es: *„Wenn die Erde in einem gewaltigen Beben erzittern wird und all ihre Bürde abgeworfen hat, wird der Mensch fragen: Was hat sie? Dann wird sie erzählen, was sie weiß, was der Herr ihr einflüstern wird."*

Das schwerste Erdbeben in Japan 1993 tötete 45 Menschen, verletzte Hunderte und machte Tausende obdachlos, ganz abgesehen von Milliardenschäden für den asiatischen Wirtschaftsriesen.

Seismologen aus San Francisco sind daraufhin nach Japan geflogen und haben die Erdkruste im Bereich von Tokio untersucht. Sie sind zu einem schockierenden Ergebnis gekommen: Die Wissenschaftler fanden heraus, daß sich aller Wahrscheinlichkeit nach innerhalb der nächsten fünf Jahre ein Erdbeben in der Größenordnung von 10 Punkten auf der nach oben offenen Richterskala ereignen kann. Ein Beben dieser Stärke ist seit der Einführung geologischer Erdbebenmessungen noch niemals aufgetreten und über die Auswirkungen eines solchen Megabebens kann man nur spekulieren. Die Stadtväter von Tokio zumindest sind mit dieser Prognose überfordert. Sie haben zwar begonnen, die Pfeiler der Stadtautobahnen zu verstärken und die statischen Sicherheitsauflagen zu verschärfen, aber ob diese Maßnahmen ausreichen, kann derzeit niemand abschätzen.

Japan sitzt also auf einem Pulverfaß. Aber nicht nur Japan – oder Kalifornien. Ganz nah vor unserer Haustür liegen ebenfalls tektonische Verwerfungen.

Als im Herbst 1997 in Mittelitalien die Erde bebte, Tausende obdachlos machte und die Basilika San Francesco in Assisi zerstörte, sahen viele darin eine Warnung. Erdbeben waren auf einmal nicht mehr weit weg an der amerikanischen Westküste, sondern direkt vor unserer Haustür. „Rom ist in

Gefahr", titelte die Zeitung „Il Messaggero", Ausläufer eines schweren Bebens in Süd- oder Mittelitalien könnten die römischen Kulturdenkmäler zerstören. Auf einmal fiel den unbeschwerten Römern die Warnung des Nostradamus wieder ein, der prophezeit hatte, daß um das Jahr 2000 das Kolosseum in Rom einstürzen werde.

„Die große Katastrophe liegt noch vor uns", weissagt heute einer, der kein Seher ist, sondern beruflich mit Erdbeben zu tun hat: Franco Barberi, Chef des italienischen Zivilschutzes. Etwa alle 18 Jahre, so rechnet er vor, werde Italien von einem Beben über der Stärke sechs auf der Richterskala betrofffen, zuletzt 1980 bei Neapel mit 3000 Toten. Gefährdet sind nach Barberi 45 Prozent des Landes, rund 65 Prozent der Häuser und 24 Millionen Menschen. Bei einem schweren Beben werden das Ausmaß der Schäden und die Zahl der Toten „beeindruckend" sein.

> „Die große Katastrophe liegt noch vor uns" weissagt einer, der kein Seher ist, sondern beruflich mit Erdbeben zu tun hat: Franco Barberi, Chef des italienischen Zivilschutzes.

Auch andernorts rumort es im Erdinneren. Dabei sind nicht nur die sogenannten Erdbebengürtel – das pazifische Becken, Südeuropa, der Nahe Osten und Südostasien – betroffen, sondern mehr und mehr auch Gebiete, die bislang als sicher angesehen wurden: 1990 schreckte ein 5,2-Beben Großbritannien auf. Ebenfalls um diese Zeit bebte die Erde in Liaoning, einer Provinz in der Mandschurei, in der noch nie eine Erschütterung gemessen wurde. Wissenschaftler weisen darauf hin, daß sich die Zahl der Erdbeben seit 1950 alle zehn Jahre verdoppelt hat.

Die Gefahren, die sich daraus ergeben, haben sich in den letzten Jahrzehnten ebenfalls multipliziert. So stehen heute etliche Atomkraftwerke in erdbebengefährdeten Gebieten. Und in Nevada entsteht derzeit Amerikas Gorleben: das weltgrößte Endlager für nuklearen Abfall. Ich werde später ausführlich darauf eingehen.

Im Juli 1992 erschütterten Erdstöße zwischen 6,5 und 7,4 auf der Richterskala Südkalifornien. Zwar richteten die Beben keinen großen Schaden an, weil sie in den ländlichen Gebieten stattfanden, aber zahlreiche amerikanische Geologen und Seismologen warnten nach der Auswertung der ersten Daten davor, daß dieses Doppelbeben in der Mojave-Wüste „die letzte Warnung" vor dem in Kalifornien seit langem gefürchteten „The Big One" gewesen sei. Dieses Superbeben, das die beiden Millionenstädte San Francisco und Los Angeles bedroht, sei um so wahrscheinlicher, sagten die Wissenschaftler, weil sich durch das Doppelbeben 1992 eine neue, weitaus größere Spalte in der Erdkruste gebildet habe. Diese erstreckt sich quer über die vier bestehenden Erdspalten in Kalifornien.

No-Eyes vom Stamm der Chippewa warnt: *„Man wird Erdbeben in Gegenden erleben, wo bisher noch nie von seismischen Aktivitäten berichtet wurde. Aktive Vulkane werden gewaltig speien, während in ruhenden Bergketten und alten überwachsenen Kratern neue Aktivitäten ausbrechen. Als der Mount St. Helen ausbrach, war das eine schockierende Überraschung für alle, sogar für erfahrene Geologen. Wir werden jedoch Dutzende solcher mächtiger Überraschungen in Zukunft erleben. "*

Nach übereinstimmenden Seher-Aussagen werden als Folge der massiven Erdumbrüche große Teile der heutigen Erdoberfläche verschwinden. Unabhängig davon werden einzelne Teile jetzt versunkener Stätten wieder über dem Meeresspiegel zu liegen kommen.

In diesem Zusammenhang ist eine Richtigstellung angebracht: Daß Edgar Cayce prophezeit habe, daß die Erdveränderungen im Jahre 1998 ihren Höhepunkt erreichen werden, ist ein Mißverständnis vieler zeitgenössischer Autoren. Er sprach nur davon, daß zwischen 1958 und 1998 physische Veränderungen auf dem gesamten Globus auftreten würden (Reading vom 19. Januar 1934, 3976-15), die zum Untergang Japans und Kaliforniens, zur Überflutung Nordeuropas und einem Polsprung führten.

Cayce sagte (in der vom Autor verfaßten Übersetzung): *„Die Erde wird im westlichen Teil Amerikas aufbrechen. Ein großer Teil Japans wird im Meer versinken. Der nördliche Teil Europas wird sich innerhalb eines Augenzwinkerns verändern. Neues Land wird an der Ostküste Amerikas erscheinen. In den Trockenzonen werden Vulkane ausbrechen. Es wird zu einer Verschiebung der Pole kommen, so daß die Gebiete, die bisher kalt oder halbtropisch waren, zu tropischen Zonen werden. "*

Dieser Polsprung werde graduell eintreten und nicht, wie viele Interpreten behaupten, als kataklysmisches Ereignis. Den einzigen direkten Bezug, den der amerikanische Seher zum Jahr 1998 herstellte, lautet (aus seinem Reading vom 22. September 1939, 1602-3): 1998 werde es eine Reihe von

Erdaktivitäten geben, die durch die seit 1958 andauernden Veränderungen hervorgerufen würden und auch auf die erhöhte Energie der Sonneneruptionen zurückzuführen seien. Den Zeitpunkt des Polsprungs gab Cayce an anderer Stelle, nämlich am 11. August 1936 (Reading 826-8), für die Jahre 2000 oder 2001 an.

Edgar Cayce prophezeite in anderen Sitzungen auch, daß drei amerikanische Städte – Los Angeles, San Francisco und New York – zerstört werden. Ich persönlich bezweifle das Eintreten der Vorhersagen Cayces. Im ersten Kapitel habe ich dargelegt, daß Seher keine Daten und Zahlen als Vision empfangen, es sei denn sie wenden die Zyklentheorie an, die von der ewigen Wiederkehr der Ereignisse überzeugt ist – wie die Maya, die Hindus, Nostradamus, Velikovsky und andere – oder sie begeben sich in Trance und empfangen Botschaften von sogenannten geistigen Wesen (früher bezeichnete man einen solchen „Empfänger" als Medium, heute als channel, engl. Kanal). In diesem Fall kommen durchaus Zahlenbotschaften durch. Cayce gehörte zu dieser letzten Gruppe: Er empfing in Trance sogenannte Durchsagen von seiner „Entity", also „Wesenheit". Da viele dieser Durchsagen sich bisher bewahrheitet haben – wie ich im zweiten Kapitel zeigte –, andere seiner Angaben aber in den Jahreszahlen verkehrt lagen, sind zumindest Zweifel an der Richtigkeit seiner Datierung angebracht.

> Visionen sind Trends, die sich wahrscheinlich erfüllen werden, wenn sich die gegenwärtigen Energien nicht verändern...

Für mich sind Cayces Prophezeiungen – wie die aller Seher – aus seiner Zeit heraus geboren, und das war die Zeit des Schwarzen Freitags und des Zweiten Weltkriegs, der Atombombe und Millionenopfer. Außerdem muß solchen endzeitlichen Visionen immer entgegengehalten werden, was in den Aussagen vieler Seher auftaucht: Die Zukunft ist nicht in Fels gehauen und in Gesetzestafeln gemeißelt. Sie ist offen, es gibt viele Möglichkeiten. Die Visionen sind Trends, die sich wahrscheinlich erfüllen werden, wenn sich die gegenwärtigen Energien nicht verändern. Wer die Menschen in den laut Cayce bedrohten Gebieten kennengelernt hat, der weiß, welch beeindruckender Energiesprung sich dort vollzogen hat: Aus den Materialisten der 80er Jahre sind mehr und mehr umweltbewußte und naturliebende Menschen geworden. Kurz: Ich glaube, diese Menschen haben das Energiefeld in Kalifornien und Europa auf eine Weise verändert, die einen Kataklysmus überflüssig macht. Daß allerdings ein Wachrütteln der übrigen Millionen von Unveränderten stattfinden kann, schließt auch die Wissenschaft nicht aus.

> Im Jahre 1937 erlitt ein kleiner Junge namens Joe Brandt im kalifornischen Fresno bei einem Reitunfall einen Schädelbruch. Während er bewußtlos im Krankenhaus lag, hatte er eine Reihe von Visionen, die er später den Ärzten mitteilte. Joe sah sich in Los Angeles, „einer Stadt voller komisch aussehender Autos und hübscher Mädchen mit wirklich kurzen Röcken und Hosen. Die Männer trugen Ohrringe oder hatten ganz kurz geschnittene Bärte. Sie gingen alle wie in einem Tanzschritt. Die Luft roch nach Schwefel und war leicht nebelig. Auf den Filmplakaten sah ich verführerische Blondinen mit meterlangen nackten Beinen." Plötzlich spürte Joe die Erde beben, sah wie Los Angeles in diesem Superbeben unterging. Als Joe sich voller Grauen von diesem Bild lösen wollte, erschienen Vulkaneruptionen in Kolumbien und Venezuela, er sah den Ätna ausbrechen und Sizilien zerstören, und Sturmfluten die Küsten von Japan, Hawaii, England und den USA überschwemmen.
>
> Dann schaltete sich wieder eine Vision über Kalifornien dazwischen. Joe sah einen Privatfunker an seinem Funkgerät und hörte die verzweifelten Worte des Mannes: „This is California. We are going into the sea. Get to the mountains, Nevada, Colorado, Arizona, Utah: This ist California. We are going into the sea!"

Die Überschwemmungen nehmen zu

Seit einigen Jahren treten regelmäßig im Winter die Flüsse Mitteleuropas über die Ufer. Allein in Köln waren bei der Flutkatastrophe zum Jahreswechsel 1993/94 über hunderttausend Bürger betroffen. Der Schaden lag in Milliardenhöhe.

In der Schweiz standen nach Jahrhundert-Regenfällen und darauf folgenden Erdrutschen ganze Ortschaften in den Bergregionen unter Wasser. Der Luganer See überflutete alle umliegenden Ortschaften und schockierte die verwöhnten Schweizer, die plötzlich in ihrem sichergeglaubten Paradies von den Naturgewalten angegriffen wurden.

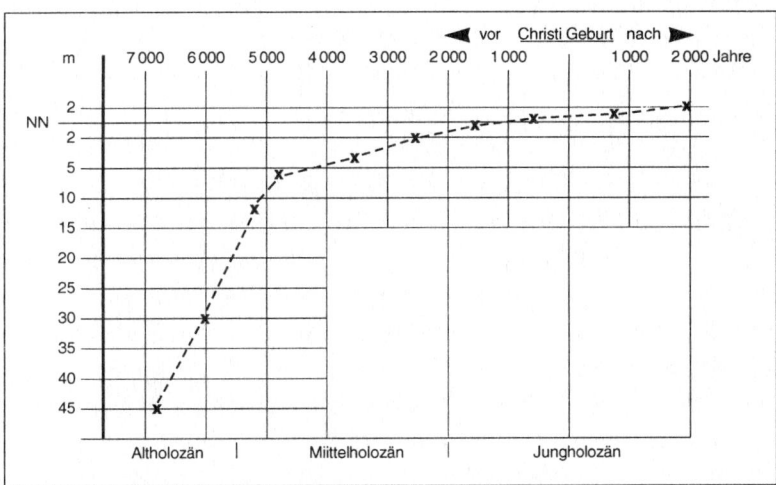

Vermutlicher Anstieg des Meeresspiegels seit der letzten Eiszeit

„Asien ertrinkt", titelten die Tageszeitungen Anfang August 1998, als Sommerstürme und Monsunregen Bangladesh, Korea, Japan und China überfluteten. Der drittgrößte Fluß der Welt, der 6000 Kilometer lange Jangtse in China, trat über seine Ufer, durchbrach Dämme und Uferbefestigungen und machte Millionen zu obdachlosen Flüchtlingen.

Der amerikanische Pastor David Wilkerson, dessen detaillierte, 1973 empfangenen Endzeitvisionen allerdings starke Ähnlichkeit mit denen Edgar Cayces ausweisen, warnt: *„Es wird immer häufiger Überschwemmungen, Hagel, Wirbelstürme und Orkane geben. Mehr als ein Drittel der USA wird man... zum Katastrophengebiet erklären müssen."*

Sturmflutartige Regenfälle verursachten nicht nur Milliardenschäden in Europa, sondern auch in anderen Teilen der Erde. Nur ein Beispiel: Wochenlange Regenfälle verursachten Ende Juli 1993 im Mittelwesten der Vereinigten Staaten die bisher schwerste Flutkatastrophe dieses Jahrhunderts. Kilometerweit traten die Flüsse Mississippi und Missouri über ihre Ufer. Die traurige Bilanz: 50 Tote, Notstand in sieben Bundesstaaten, nahezu 40 000 Häuser beschädigt. 1,5 Millionen Hektar unfruchtbares Farmland, 123 Milliarden Dollar Sachschaden. Die durch den „El Niño" 1997/98 verursachten Katastrophen werden uns noch besonders im nächsten Kapitel beschäftigen.

Der bereits zitierte Seher Sun Bear warnt: *„Was ich sehe, sind zahlreiche Über-flutungen der Küste, schwere Hurrikane und andere Stürme, die viele Küsten-länder der Erde und selbst Binnenländer heimsuchen wer-*

Sun Bear warnt: Was ich sehe, sind zahlreiche Überflu-tungen der Küste, schwere Hurrikane und andere Stürme, die viele Küstenländer der Erde und selbst Binnenländer heimsuchen werden...
Das alles wird sowohl zu einem weltpolitischen als auch ökonomischen Chaos führen, das bereits begonnen hat.

den. Ich sehe weltweite Wasserverknappung, die noch zur Versteppung beiträgt, von der große Teile des Globus bereits betroffen sind. Ich sehe Insekteninvasionen unge-ahnten Ausmaßes, weil wir zu stark Gift gesprüht haben und ihre natürlichen Feinde ausgerottet haben. Ich sehe Industrieunfälle, die die Umwelt vergiften. Ich sehe neue Seuchen, über die Menschen keine Macht haben. All das wird zu einem weltweiten politischen und ökonomischen Chaos führen, das bereits begonnen hat und Schuld am Tod vieler Dinosaurier (Sun Bear meint hier alte politische Systeme, Institutionen, Großfirmen etc., Anm. d. Verf.) *trägt. Aus dem Chaos kann Krieg hervorgehen. Doch die Menschen, die zu einem natürlichen Denken gefunden haben, die gelernt haben, wie sie die Erd-mutter und all ihre Kinder umarmen können, werden am richtigen Platz sein und überleben."*

Obwohl es auf den ersten Blick unlogisch scheint, erhöhen sich im Gefolge solcher Regenkatastrophen auch Dürren. Aber der Regen verteilt sich seit einigen Jahrzehnten immer unregelmäßiger auf der Erde, und Gebiete, die wenigstens ein- oder zweimal im Jahr noch mit Niederschlägen rechnen durften, trocknen völlig aus.

Die Dürrekatastrophen in Afrika gehören schon zu den Standardnach-richten im Sommer, aber das Ausmaß dieser extremen Hitzewellen nimmt ständig zu. Auch im Mittelmeerraum treten in den letzten Jahren wiederholt extrem trockene Sommer auf, die hier zu bedrohlicher Trinkwasserknapp-heit und der Gefahr von Wald- und Flächenbränden führen.

Der Boden verdorrt

„Wenn die heißen Winde über das Land blasen, werden sie die Erde in Staub-becken verwandeln. Sie werden auch unterirdische Quellen und Brunnen zum Verdampfen bringen und riesige Krater über das ganze Land verteilt ent-stehen lassen... Diese trockenen Winde werden die Feuchtigkeit von der Ober-

fläche der fruchtbaren Tiefebenen aufsaugen und eine schreckliche Erosion nach sich ziehen."

Dies ist die Vision der blinden No-Eyes vom Stamm der Chippewa, wie sie von Mary Summer Rain Ende der 80er Jahre aufgeschrieben wurde. Wie sieht demgegenüber die Wirklichkeit aus?

Nicht nur die Trockenzonen dieser Erde, auch die Vereinigten Staaten werden von der Dürre heimgesucht. 1988 erlebten große Teile des Mittleren Westens die größte Trockenperiode seit 87 Jahren. Ein Jahr später litten Teile dieser Regionen unter schrecklichen Sandstürmen. Die Folge: Viele Viehzüchter mußten die Stückzahl ihrer Herden reduzieren, denn die trockenen Landstriche konnten nicht mehr alle Tiere ernähren.

Zitat aus einem Bericht der Enquete-Kommission des Deutschen Bundestages zum Thema „Vorsorge zum Schutz der Erdatmosphäre":
Die bodennahe, global gemittelte Atmosphärentemperatur in zwei Metern Höhe hat sich in der Zeit von 1880 bis 1990 von - 0,4 auf + 0,6° C erhöht.

Bedingt durch diesen Wassermangel schieben sich die Wüsten ständig weiter in fruchtbares Land. An den Randzonen der Sahara zum Beispiel breitet sich die Wüste jedes Jahr um schätzungsweise 1,5 Millionen Hektar weiter aus. Das entspricht 170 Hektar in der Stunde. Im Sudan wuchs innerhalb der letzten 15 Jahre die Wüste um 100 Kilometer nach Süden. Aber auch in den anderen trockenen und halbtrockenen Zonen der Erde sind nach Schätzungen des United Nations Environment Program (UNEP) 80 Prozent des produktiven Landes von der Verwüstung betroffen. Die UNEP schätzt, daß die Wüsten der Welt, die sich heute auf ungefähr acht Millionen Quadratkilometer erstrecken, in den nächsten Jahren auf das dreifache der heutigen Ausdehnung anwachsen werden. Besonders kritisch beurteilt die UNEP diese Situation deswegen, weil diese trockenen und halbtrockenen Zonen ein Drittel der Landfläche der Erde ausmachen und 700 Millionen Menschen dort leben.

Eine weitere Folge der überhandnehmenden Trockenheit in vielen Regionen dieser Welt ist die Zunahme von Flächenbränden. Betroffen davon sind vor allem die Randzonen der Wüsten wie Südkalifornien und der Mittelmeerraum. Allein die Flächenbrände Anfang November 1993 in Südkalifornien zerstörten 60 000 Hektar Land und unzählige Privathäuser. Die Brände des Sommers 1998 veranlaßten die Zeitschrift „Stern" zu der Überschrift „Die Welt in Flammen". Hier das Ausmaß des Weltenbrandes: In

Florida, Mittelamerika und Kanada verbrennen jeweils mehrere hundert-tausend Hektar Wald, im australischen Bundesstaat New South Wales 400000 Hektar. Am Amazonas sind bis Juli bereits fünf Millionen Hektar Tropenwald vernichtet, im Regenwald Indonesiens zwei Millionen, während gleichzeitig in Italien, Griechenland und Zypern die kargen Wälder in Flammen aufgehen und in Sibirien große alte Baumbestände dem Feuer zum Opfer fallen.

„Jahr für Jahr brennen auf der Erde zirka 50 Millionen Hektar Wald und 200 bis 500 Millionen Hektar Savanne", faßt Johann Georg Goldammer den Trend zusammen. Diese Fläche entspricht der Größe Indiens. Goldammer ist Leiter der Abteilung Feuerökologie am Mainzer Max-Planck-Institut für Chemie und zugleich Chef der Arbeitsgruppe Waldbrand bei den Vereinten Nationen.

Die Savannen der Tropen und Subtropen, die weltweit eine Fläche von etwa 2,6 Milliarden Hektar einnehmen, brennen bereits heute zu einem großen Teil in Intervallen von einem bis drei Jahren.

Die Vulkane speien Feuer

Vulkanausbrüche nehmen seit zehn Jahren ständig zu. Sehen wir uns dazu einmal kurz die Geologie der Erde an: Der Kern der Erde ist 15 Millionen Grad heiß. Nur eine 100 Kilometer dünne Schicht schützt uns vor dieser Höllenhitze. An vielen Stellen ist diese verhältnismäßig dünne Kruste durchlöchert. Diese Löcher heißen Vulkane. In ihnen bricht sich das heiße Magma einen Weg nach draußen.

Es gibt derzeit auf der Erde etwa 1300 potentiell aktive Vulkane und 700, die in zeitlichen Abständen immer wieder ausbrechen. Dem mehrere tausend Grad heißen Gemisch aus Gas und flüssigem Gestein widersteht nichts. Es wird mit einer Geschwindigkeit von 575 Stundenkilometern aus dem Krater geschleudert. Wenn es dann, oft 20 bis 50 Kilometer entfernt, wieder auf die Erde prasselt, ist es immer noch 350 Grad heiß.

Das mußten zum Beispiel die 12 000 Einwohner der Antillen-Insel Montserrat im Sommer 1997 erfahren. Nach dem Ausbruch nur eines der dortigen Vulkane starb die Vegetation. Folgen dieser Ausbrüche sind jeweils eine Kettenreaktion an Umweltveränderungen: Winzige Steinpartikel mit

Glasresten, Bimsstein, heißem Dampf und Schwefelsäuretropfen werden emporgeschleudert und verteilen sich über große Gebiete. Es kann Monate dauern, bis sich diese Partikel wieder aus der Erdatmosphäre abgesetzt haben. Die Temperaturen sinken in den Gebieten dieses Fallouts.

Erst in der Nacht vom 13. auf den 14. Januar 1997 grollte Europas größter Vulkan, der Ätna auf Sizilien. Danach ergoß sich Lava aus dem 3200 Meter hohen Krater in zwei Strömen den Berg hinab. Diesmal lief es noch glimpflich ab – wie auch 1990, als man den Strom des 1500 Grad heißen, flüssigen Gesteins von der bedrohten Stadt Catania weg in unbewohntes Gebiet umgeleitet hatte.

Ein eindringliches Beispiel ist auch der Ausbruch des Mount Pinatubo auf den Philippinen am 15. Juni 1991. Dieser Ausbruch war der Beginn einer zunehmend gewalttätigen wochenlangen Serie weiterer Eruptionen. Zwei Städte mußten evakuiert werden. Ein US-Stützpunkt wurde aufgegeben. In einem Umkreis von 30 Kilometern bedeckte eine dicke Schicht grauer Vulkanasche Straßen und Dörfer wie ein Leichentuch. Gebäude wurden durch Geröllklumpen zerstört. Autos blieben im grauen Schlamm stecken. Der Pinatubo spuckte Rauch über 25 Kilometer hoch in die Atmosphäre und beeinträchtigte damit sogar das Wetter in unseren Breiten.

Der Mount Pinatubo ist Teil einer Kette von Vulkanen, die „der Ring des Feuers" genannt wird. Dieser Ring erstreckt sich von den Küstenregionen Nord-, Mittel- und Südamerikas über die Pazifikinseln bis zu den Küstenregionen von Rußland, Japan, den Philippinen, Indonesien und Neuseeland. Vulkanologen errechneten, daß im Bereich dieses Feuerrings in den nächsten fünf Jahren im Durchschnitt zwischen 50 und 60 Vulkane jährlich ausbrechen werden. Die Wissenschaftler sind weiterhin darüber beunruhigt, daß sich neben den bereits existierenden neue Vulkane öffnen. So brachen zum Beispiel vor der Küste der US-Bundesstaaten Washington und Oregon in den letzten Jahren mehrere neue Vulkane aus. William Chadwick, Vulkanologe aus Oregon: *„Die Stellen, wo der Meeresboden 1981 noch ebenmäßig war, sind heute übersät mit Vul-*

Eine Kette von Vulkanen, der sogenannte „Ring des Feuers" erstreckt sich von den Küstenregionen Nord-, Mittel- und Südamerikas über die Pazifikinseln bis hin zu den Küstenregionen von Rußland, Japan, den Philippinen, Indonesien und Neuseeland.

Vulkanologen haben errechnet, daß im Bereich dieses Feuerrings in den nächsten fünf Jahren zwischen 50 und 60 Vulkane jährlich ausbrechen werden.

Bis jetzt hat sich ihre Prognose erfüllt.

kanen, die eine Höhe bis zu hundert Metern und einen Umfang bis zu einem Kilometer erreichen."

Chadwick weist auf einen weiteren Unruheherd im Pazifik hin, den Mount Kilauea auf Hawaii. Seit seiner Eruption im Jahre 1983, die 180 Häuser zerstörte, ist dieser Vulkan dauernd höchst aktiv und bedroht das Umland mit gefährlichen Ausbrüchen.

Bereits 1953 sprach ein Kahuna-Medizinmann aus Hawaii davon, daß zwei Vulkane zur gleichen Zeit ausbrechen würden, wenn die Veränderungen der Erde bevorstünden. Dies geschah 1984, als sowohl Mauna Kea als auch Kilauea zur gleichen Zeit Feuer spuckten.

Auch in Europa sind wir vor Vulkanausbrüchen nicht sicher: Der Vesuv kann jeden Tag ausbrechen – mit der Sprengkraft von Tausenden von Atombomben...
Die größte Gefahr droht derzeit jedoch in Mexiko. Der Popocatepetl ist unheimlich aktiv, gibt ständig Schwefelgase ab, kann jeden Tag ausbrechen. In seiner Nähe liegt Mexico City, die größte Stadt der Welt.

Eine der heiligen Prophezeiungen der Indianer besagt, daß eine Zeit naht, in der „Kleine Schwester" sprechen und „Großer Bruder" antworten wird. Wenn diese Ereignisse eintreten, beginnt die Zeit der „Großen Reinigung", die Erneuerung der Erde. Am 18. Mai 1980 begann „Kleine Schwester" zu sprechen: Ein großer Tel des Mount St. Helens im US-Bundesstaat Washington wurde durch eine gewaltige Eruption in die Luft gerissen, über den ganzen Nordwesten verstreute sich Vulkanasche und 67 Menschen starben.

Der zweite Teil der indianischen Prophezeiung lautet: *„Wenn Großer Bruder antwortet, wird das Land vom Ozean weggeschwemmt werden."*

Mit „Großer Bruder" bezeichnen die Indianer den Mount Rainier in Alaska, dessen Ausbruch nach neuesten Ergebnissen der Seismologen bald bevorsteht. Schon 1986 hatten sich dort zwei neue Krateröffnungen gebildet.

Selbst vor unserer eigenen Haustür sind wir vor Vulkanausbrüchen nicht sicher. 1992 begann der Ätna Feuer zu spucken und die Menschen zu bedrohen. Fast ein halbes Jahr lang strömte täglich eine Million Kubikmeter Lava aus einem Nebenkrater des 3340 Meter hohen Vulkanriesen und bedrohte die 8000 Einwohner der Gemeinde Zafferana in Sizilien.

Der amerikanische Seher Edgar Cayce warnte, daß die Zeit der großen Erdumwälzungen beginne, wenn der Vesuv in Italien und der Mount Pelee auf der karibischen Insel Martinique im selben Jahr ausbrechen würden. Auch eine gleichzeitige Eruption des Ätna und der Vulkane im Südpazifik können nach Cayce diese Rolle als Vorboten großer Desaster spielen.

Auch in Deutschland rumort es. In der Eifel hat seit dem letzten Ausbruch vor 9000 Jahren erkaltete Lava eine Märchenlandschaft aus Kratern, Seen und fruchtbaren Hügeln geschaffen. *„Für uns Geologen sind diese 9000 Jahre nur ein verschwindend geringer Zeitraum"*, sagt Professor Ulrich Christensen vom Institut für Geophysik in Göttingen. Christensen installierte 1998 210 Meßstationen in der Vulkaneifel, die vom Niederrhein über Belgien und Luxemburg bis nach Ostfrankreich reichen. *„Wir horchen ins Erdinnere, wollen erfahren, ob wieder heiße Magma aufsteigt."* Zur Zeit steigt die Glut um einen Meter pro Jahr.

Die größte Gefahr droht derzeit jedoch in Mexiko. So warnt Professor Hans-Ulrich Schmincke von der Universität Kiel: *„Der gefährlichste Vulkan der Welt ist für mich der Popocatepetl. Er gibt ständig Schwefelgase ab, ist unheimlich aktiv, kann jeden Tag ausbrechen. Man stelle sich vor: In seiner Nähe liegt Mexico City, die größte Stadt der Welt."* Und sein US-Kollege Stanley Williams sieht die Gefahr vor unserer Haustüre: *„Der Vesuv ist genauso gefährlich. Er kann jeden Tag ausbrechen – mit der Sprengkraft von Tausenden von Atombomben."*

Wenn weltweit gleichzeitig mehrere Vulkane zum Ausbruch kämen, warnen Vulkanologen, könnten diese Staub- und Gaswolken nicht nur einen „nuklearen Winter" auslösen, sondern den Fluorchlorkohlenwasserstoffen als Katalysatoren dienen, die dann die bereits beschädigte Ozonschicht zerstören könnten.

Die Stürme tosen

„Extrem starke Winde werden über das Land toben, ohne Rücksicht auf die Toten, die sie auf ihrem Weg zurücklassen. Tornados werden an Häufigkeit zunehmen und in gewissen Gegenden eher zur Regel als zur Ausnahme werden. Orkane werden die Küstenregionen mit vermehrter Wucht und Zerstörungskraft treffen."

Wiederum soll diese Aussage von No-Eyes, Seherin der Chippewa-Indianer, der Wirklichkeit gegenübergestellt werden: In den vergangenen zehn

Jahren zahlten die Versicherungen weltweit mehr als 80 Milliarden Mark für Sturmschäden – das ist zehnmal mehr als in den 60er Jahren.

Für den Chefmeteorologen der Münchener Rückversicherung, Dr. Gerhard Berz, sind diese Zahlen nur der Anfang. *„Bei den heutigen Stürmen"*, so Berg, *„handelt es sich erst um die Vorboten einer wirklich katastrophenhaften Entwicklung. Die Klimaforschung kann neue Befunde vorlegen, die Bedrohliches auch für Europa zeigen. Das letzte Jahrzehnt zum Beispiel war mit Abstand das wärmste seit dem Beginn meteorologischer Messungen. Die Festlandgletscher schmelzen ab, die Alpengletscher haben nur noch die Hälfte des Volumens, das sie noch vor hundert Jahren hatten."*

Sturmschäden haben in den letzten 30 Jahren ganz enorm zugenommen. Lag der volkswirtschaftliche Schaden 1960 noch bei ca. 8 Milliarden US-Dollar, so waren es Mitte der 90er Jahre schon weit über 50 Milliarden US-Dollar. Nur ein Bruchteil dieser Summen war durch Versicherungen abgedeckt.

Außerdem steigen die Meeresspiegel, Verdunstung und Luftfeuchtigkeit nehmen zu. Dadurch verstärken sich Treibhauseffekt und Energiegehalt der Atmosphäre; die Folgen sind intensivere Tiefdruckwirbel über den Meeren, sowie stärkere Gewitter, Hagelschäden, Tornados und Überschwemmungen.

Die viel zu milden und trockenen Winter der letzten acht Jahre haben die Bildung kontinentaler Kältehochs in Europa abgeschwächt. Dadurch konnten atlantische Orkantiefs ungehindert weit nach Mitteleuropa vordringen. Eine Folge dieser Entwicklung waren die Orkanserien 1990 und 1993. Der Meteorologe befürchtet als Effekt der Kombination von zunehmender Sturmstärke, steigendem Meeresspiegel und absinkenden Küstenzonen Sturmfluten katastrophalen Ausmaßes. *„Eine Reihe kleiner Inselstaaten sind in ihrer Existenz bedroht"*, so Berz.

Die Manitoba in Kanada haben eine Vorausschau, die wir von dem Medizinmann „The Sly Ole Fox" überliefert bekamen: *„Ich war schon immer an indianischen Prophezeiungen interessiert, und ich habe eine von den Manitoba Indianern gehört, die ich mit euch teilen möchte. Es scheint, daß die Indianer dort oben wußten, daß der weiße Mann in ihr Land kommen würde wie eine Heuschreckenplage. Man würde den weißen Mann oft warnen, gut zu seinem roten Bruder und zu Mutter Natur zu sein. Man würde ihn auffordern, sich zu verändern, denn wenn er sich nicht änderte, würde der Schöpfer viele Naturkatastrophen verursachen, über die der weiße Mann* *keine Kontrolle hätte. Gewaltige Winde würden über die Prärie fegen und alles mitreißen. Die Indianer würden sich zusammenschließen, um sich gegenseitig zu helfen. In den Bergen würde die Erde rutschen und am Meer würden Erdbeben das Land aufreißen. Die Erde wird sich verändern. Gewaltig große Tiere werden zurückkehren. Das Land des Eises und des Schnees wird wärmer, und Grönland wird wieder grün sein. Die Indianer werden wieder die Herren ihres eigenen Landes sein. Während ich in Kanada war, sprach ich mit einigen nördlichen Cree und Chipewyan. Sie sagten, das Treibeis veränderte sich und im Packeis geschähe etwas Neues. Sie konnten es nicht erklären, doch es sei eine Veränderung eingetreten.* " Ich werde im nächsten Kapitel auf diese Veränderung des Polareises zurückkommen.

Auch in anderen Teilen der Erde wurden die Menschen in den letzten Jahren von Wirbelstürmen heimgesucht. Ein spektakulärer Fall war der Wintersturm am 13. März 1993, der in den USA, in Kanada und in der Karibik mindestens hundert Todesopfer forderte, oder der vom Februar 1998, der die Südstaaten der USA heimsuchte. Auf den Philippinen und in Bangladesch fordern Wirbelstürme jedes Jahr Hunderte von Todesopfern und schädigen die sowieso schon sehr schwache Wirtschaft empfindlich.

Das Wetter spielt verrückt

Schon im Jahre 200 prophezeite die Hellespontische Sybille: *„Wenn Gott dann die Zeiten geändert, Winter zum Sommer gemacht, gehen alle seine Worte in Erfüllung."* Im Jahre 315 schreibt Lactantius: *„Die frühere Gesetzmäßigkeit von Sommer und Winter ist vermengt."* Der Seher Mühlhiasl sagt 1825: *„Wenn man Sommer und Winter nicht mehr auseinanderkennt, dann ist's nimmer weit."*

Befinden wir uns in der Phase der Klima- und Erdveränderungen? Wenn wir uns die Fakten ansehen, scheint es so: Jeden Tag gibt es in den Medien neue Berichte über Wetterkapriolen, Wärmerekorde, unvorhergesehene Kälteeinbrüche und Überschwemmungen. 1998 übertrafen die Monatsdurchschnittswerte alle bisherigen Rekorde seit Beginn der Wetteraufzeichnungen. Das Wetter scheint aus den Fugen geraten zu sein.

Der durch den Treibhauseffekt bedingte Klimawandel wird z.B. Deutschland nach Expertenansicht in den nächsten Jahrzehnten wärmere Sommer und mildere Winter bringen. Das Weltklima befindet sich in einer Umbruchsphase; auch Phänomene wie „El Niño" könnten häufiger auftreten. Nach Berechnungen des Potsdamer Instituts für Klimaforschung ist in Deutschland in den nächsten Jahren mit weniger Niederschlag zu rechnen.

Im Januar 1998 schreiben die deutschen Zeitungen: Die Biergärten in München machen Rekordumsätze, in den Parks und Gartenanlagen blühen die Weidenkätzchen, und der Krokus läßt die Knospen platzen. Auf den Balkonen und Terassen sitzen die Menschen im T-Shirt und tanken Sonne, das Thermometer zeigt 16 Grad Celsius im Schatten. Nebenan in England rast ein Sturm mit 140 Stundenkilometern über das Land und überflutet die Küstengebiete. Im Seebad Blackpool kommen Brecher mit über 30 Metern Höhe herein. Dreitausend Kilometer südlich sind die Dattelpalmen mit Eis glaciert, und Jerusalem ist ein Wintermärchen im Schnee.

Sieht man nach Westen, erblickt man ein anderes Bild: Im Norden der USA und im Osten Kanadas bricht die Zivilisation zusammen: Schnee, Eis und klirrende Kälte von unter 30 Grad minus verwandeln Autos in Eisblöcke, bringen die Stromversorgung zum Erliegen und das öffentliche Leben auf den Gefrierpunkt. In einigen Staaten wird der Notstand ausgerufen.

Schauen wir noch weiter um den Globus: In Tokio herrscht dichtes Schneetreiben und Chaos auf den Straßen, 1,5 Millionen Menschen können nicht zur Arbeit.

Das ist aber nur die Situation auf der nördlichen Halbkugel in jenen ersten beiden Wochen des Januar 1998. Im Süden schlägt „El Niño" zu. In Südamerika regnet es seit Wochen. Die Flüsse sind über die Ufer getreten. Mensch, Tier und Land versinken. In Zahlen: Allein in Peru steigen im Dezember die Niederschläge um 2000 Prozent. Ähnliches gilt für die östlichen Teile Afrikas. 250 000 Flutopfer in Somalia können nur aus der Luft mit Nahrungsmitteln versorgt werden.

Was ist „El Niño"? Peruanische Fischer haben dieses Wasserströmungsphänomen so benannt, weil sie es immer zur Weihnachtszeit, der Zeit des Christkinds, bemerkten. Alle drei bis fünf Jahre erwärmt sich das Wasser des Pazifiks an der südamerikanischen Küste um ca. drei Grad. Die normalerweise durch beständig über den Ozean wehende Passatwinde aufrechterhaltene Welt-Wetter-Lage wird massiv gestört. Das führt zu verheerenden Wetterkatastrophen.

Das genaue Gegenteil finden wir bei unserem Wetterbericht vom Januar 1998 im Südosten der Erdkugel: China, Australien, Indonesien und der gesamte südostasische Bereich stöhnt unter der Hitze. Nur mit großem Aufwand gelingt es den Feuerwehrmännern Sydneys, die Walze des brennenden Buschwerks, die sich durch die Außenbezirke frißt, vor dem Übergreifen auf die Olympiastadt zu hindern. In Papua-Neuguinea kann die Bevölkerung nur mit internationalen Hilfslieferungen überleben, nachdem die Dürre ihre Ernte vernichtet hat.

„Wetter-Chaos", „Das Wetter spielt verrückt", „Der Wetter-Terror" titeln die Zeitungen und Zeitschriften. 1997 war weltweit das wärmste Jahr seit

Warm- und Kaltzeiten zwischen 5000 v. Chr. und 1000 n. Chr.	
5000 v. Chr.	Warmzeit
3000 v. Chr.	Kaltzeit
2500 v. Chr.	Warmzeit
2000 v. Chr.	Kaltzeit
1500 v. Chr.	Warmzeit
1300 bis 500 v. Chr.	Kaltzeit
Um Christi Geburt	Warmzeit
500 n. Chr.	Kaltzeit
1000 n. Chr.	Warmzeit

Beginn der Klimaaufzeichnungen im vergangenen Jahrhundert. Die Durchschnittstemperatur stieg um fast 0,5 Grad auf 16,9 Grad Celsius weltweit. Wenn wir uns vor Augen führen, daß unser Planet ein äußerst empfindlicher Organismus ist, dann können wir uns vorstellen, daß ein Plus von 0,5 Grad leicht einer Erhöhung der menschlichen Körpertemperatur von den normalen 37 Grad auf über 37,5 Grad entspricht. Die Erde hat Fieber. Und das schon lange: Fast alle der wärmsten Jahre, die je registriert wurden, fanden seit 1982 statt. 1989, 1990, 1991 und 1994 waren davon die wärmsten Jahre überhaupt.

Die Wissenschaft weiß, warum. Professor Hans-Joachim Schellnhuber, Direktor des Potsdam-Instituts für Klimaforschung, erklärt: „*Diese Entwicklung paßt ins Bild des verstärkten Treibhauseffekts. Ziemlich sicher ist daraus menschlicher Einfluß abzulesen. Hauptursache: der Ausstoß von Kohlendioxyd.*" Urheber dieser ständig steigenden Luftverpestung sind Autos, Industrie, Öl- und Gasheizung.

Da sich die Staatsmänner der Welt auf dem Umweltgipfel im japanischen Kyoto im Januar 1998 nicht auf eine drastische Senkung des Kohlendioxyd-Ausstoßes einigen konnten, muß daher nach Ansicht von Klimaforschern in den nächsten Jahren mit einem Temperaturanstieg von 1,5 Grad gerechnet werden. Dies führt dann, so die Experten, zu einer der beiden Konsequenzen: Erwärmung oder Abkühlung.

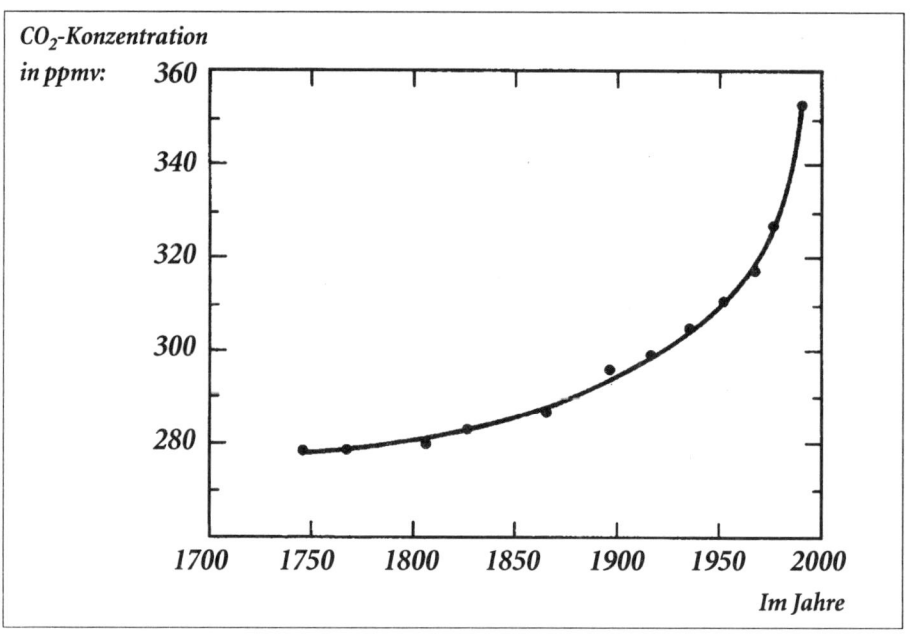

Die Veränderung der CO_2-Konzentration in der Atmosphäre seit dem 18. Jahrhundert

Die Befürworter der Erderwärmungstheorie glauben, daß sich die Erde durch den Treibhauseffekt (die Wärme kann nicht mehr abziehen, weil das Kohlendioxyd in der Erdatmosphäre wie eine Warmhaltefolie wirkt) so aufheizt, daß die Meere schneller verdunsten, sich also mehr Niederschlag bildet und dadurch Fluß- und Küstenregionen überschwemmt werden. Die Winter würden dann in Mitteleuropa feuchter und die Sommer trockener. Deutschland hätte mediterranes Klima, heimische Pflanzen könnten nicht überleben.

Die Vertreter der Abkühlungstheorie glauben, daß die durch den Treibhauseffekt – den leugnet mittlerweile fast kein Wissenschaftler mehr – ansteigenden Niederschläge und das durch die allgemeine Erwärmung abschmelzende Eis der Arktis den Golfstrom vom Kurs abbringen. Dadurch würde das warme Wasser Mitteleuropa nicht mehr erreichen. In Deutschland würde es trotz globaler Erderwärmung arktisch kalt.

Welche der beiden Theorien auch eintreffen mag, über eines ist sich die Wissenschaft einig: Der Treibhauseffekt wird unser Klima und damit auch unsere Vegetation nachhaltig verändern. Und mehr noch: Er kann zu Katastrophen führen. Bereits eine Erderwärmung um vier Grad Celsius, so errechnete der britische Forscher Paul Simons, reiche aus, um wesentliche Teile der polaren Eisdecken zu schmelzen und dadurch den Wasserspiegel der Ozeane deutlich ansteigen zu lassen. Nahezu eine Milliarde Menschen lebt weltweit in der Nähe von Küsten und Flüssen. Wären sie gefährdet? Schon heute verursachen Überschwemmungen 40 Prozent aller von Naturkatastrophen verschuldeten Todesfälle. Um herauszufinden, was konkret ein Temperaturanstieg um vier Grad bedeuten würde, haben Wissenschaftler drei Millionen alte Fossilien und Pollen untersucht. Das Ergebnis: Damals war die Erde drei bis vier Grad Celsius wärmer als heute. Die Wälder reichten bis zur arktischen Küste Grönlands. Der Meeresspiegel lag 35 Meter höher als heute.

Andere Forscher aus Amerika und Europa haben in den vergangenen Jahren Bohrkerne 3000 Meter tief in das Eis Grönlands getrieben und gewannen dabei einen Überblick über die Klimaentwicklung der letzten 250000 Jahre. Was sie herausfanden, klingt beunruhigend: Beim Übergang von Eis- zu Warmzeiten war das Klima jeweils äußerst instabil. Innerhalb von wenigen Jahrzehnten änderte sich die Jahresdurchschnittstemperatur um bis zu zehn Grad Celsius. Professor Heinz Miller, Leiter der deutschen Arbeitsgruppe bei den Eiskernbohrarbeiten in Grönland, hält es durchaus für möglich, daß wir uns derzeit in einer solchen unstabilen Zwischeneiszeit befinden, die wir möglicherweise sogar selbst verschuldet haben. Die 8000 Jahre relativer Klimastabilität, die wir bisher erlebt haben, könnte damit zu Ende gehen. Das heißt: Hitze und Dürre auf der einen Seite des Globus, Kälte und Niederschläge auf der anderen Seite – mit Stürmen und Überschwemmungen.

Britische Versicherungen verlangen bereits Zusatzprämien von Unternehmen, deren Betriebs- und Verwaltungssitze sich nicht mindestens fünf

Meter über dem Meeresniveau befinden. In Holland gibt es Katastrophenpläne für den Fall, daß die Deiche den Fluten nicht mehr standhalten.

Eine weitere unbestrittende Konsequenz des Treibhauseffekts ist die Zunahme von Stürmen. Zwischen 1988 und 1992 verwüsteten insgesamt sechs Hurrikane Teile der Karibik und der angrenzenden südöstlichen US-Bundesstaaten. In Nordeuropa suchten Jahrhundertstürme die Küstenregionen heim.

Eine ähnlich alarmierende Bilanz läßt sich im Südosten des Globus ziehen: Dürre- und Trockenperioden in Australien, China und weiten Teilen Südostasiens haben in den 90er Jahren im Vergleich zu früheren Zeiträumen deutlich zugenommen.

Starke Klimaverschiebungen kennt die Erde seit ihrer Geburt. Zahlreiche Eis- und Hitzezeiten haben sich in ihrer Geschichte abgewechselt. Die letzte Eiszeit endete zwar vor 10 000 Jahren, doch folgten Perioden mit einem starken Abfall der Durchschnittstemperaturen, wie die als „Kleine Eiszeit" bekannte Periode zwischen 1430 und 1860. Seitdem leben wir in einer „Kleinen Warmzeit", die aber recht schnell zu einer „Heiß-Zeit" werden kann.

Daß das Klima sich auch ziemlich rasch ändern kann, bewiesen jüngste Beobachtungen. Von 1920 bis 1960 hatten wir ein mildes, beständiges und vorhersehbares Klima. Seit 1960 ist diese Stabilität empfindlich gestört: Extreme Zunahmen von Dürren und Überschwemmungen, sprunghafte Klimaveränderungen innerhalb der Jahreszeiten, Wüstenwanderungen, Versteppungen und Abnahme des Polareises deuten auf eine globale Erwärmung hin.

Klimaforscher versuchen seit über zehn Jahren verstärkt, dem Modell der Klimaanlage unseres Planeten auf die Spur zu kommen. Den Wissenschaftlern des MPIM, des deutschen Klimarechenzentrums und des Metereologischen Instituts der Uni Hamburg gelang 1992 der Durchbruch: Sie stellten ein komplexes Klimamodell dar, mit dem sich globale Veränderungen in den nächsten Jahren vorhersagen lassen.

Das Modell einer Klimaanlage ist sehr treffend. Wie bei einem Kühlschrank findet der Wärmeaustausch durch ein zirkulierendes Medium statt, in diesem Fall Wasser, genauer: das Salzwasser der Ozeane. Die Pumpe, die diese Klimamaschine in Gang hält, ist eine überraschend kleine, aber überaus empfindliche Zone im Nordatlantik, in der Gegend von Island. Durch die Effekte der globalen Aufwärmung – den sogenannten Treibhauseffekt – prallt verstärkt warme Luft auf den kalten Puffer über dem Nordatlantik. Der Wasseraustausch dort wird künftig schwächer. In dieser „Wetterküche Europas" werden sich deshalb in nächster Zeit immer stürmischere Fronten bilden. Über dem Nordatlantik entscheidet sich die Zukunft unseres Klimas. Diese Reflexzone zwischen Meer und Atmosphäre kann dafür sorgen, daß Gletscher schneller abschmelzen, sich Verdunstung und Niederschläge über den Ozeanen dramatisch erhöhen und dadurch der Salzgehalt des Meerwassers sinkt. Eine scheinbar harmlose Änderung, doch damit wird der Austausch von Tiefenwasser im Meer verhindert. Um beim Bild der Klimaanlage zu bleiben: Der Kreislauf bricht zusammen, es kommt zum Klima-Infarkt.

Möglicher Effekt: Die Tiefenpumpe verschiebt die Klimazonen in Mittel- und Nordeuropa um bis zu 1500 Kilometer nordwärts. Ohne diese Warmwasserheizung würde dort das gleiche Klima wie in Alaska herrschen. Mit diesem Modell sind die Vorhersagen einer weltweiten Klimaverschiebung erstmals wissenschaftlich untermauert worden.

In der Prognose geht das MPIM von einem Endzustand von 2,5 Grad Celsius erhöhter Erdtemperatur innerhalb der nächsten zehn Jahre aus. Das würde allerdings nicht nur zu einer Verschiebung der Klimazonen führen, sondern auch verschärfte Wetterextreme hervorrufen. Zyklone und Flutkatastrophen werden dann auch in Europa zum Alltag gehören. Die Temperaturkontraste zwischen Land und See werden sich verschärfen. Der Meeresspiegel kann bis zu fünf Meter steigen. Das alleine würde ausreichen, um zahllose Küstenstriche zu überfluten und Städte unbewohnbar zu machen. Einige Prognosen besagen, daß man möglicherweise bis zu 60 Prozent der heutigen Bevölkerung Floridas umsiedeln muß. Weltweit leben mehr als 30 Prozent aller Menschen in Küstenregionen und wären bei einem stärkeren Anstieg des Meeresspiegels unmittelbar betroffen.

Vor uns die Sintflut? Falls die globale Erwärmung weiter fortschreitet, ist ein Ansteigen des Meeresspiegels die zwangsläufige Folge. Flutkatastrophen gehören dann zum Alltag.

Fassen wir zusammen: Daß sich die Erde derzeit aufbäumt, scheint mit den oben genannten Beispielen und Zahlen ausreichend belegt. Die Seher, vor allem die der naturverbundenen Indianer, haben vor diesen Entwicklungen gewarnt, weil sie glauben, daß das derzeitige Ansteigen der Zahl von Naturkatastrophen vom fahrlässigen Menschen verursacht wurde. Dieser Auffassung schließen sich inzwischen auch Naturwissenschaftler und Umweltschützer an. Damit es nicht zu endzeitlichen, apokalyptischen Zuständen kommt, ist daher ein Umdenken und eine Verhaltensänderung aller notwendig. Ich werde darauf im nächsten Abschnitt eingehen. Vorher möchte ich allerdings noch einige Beispiele menschlicher Allmachtsphantasien nennen, die leicht zu Naturkatastrophen führen könnten.

Katastrophen von Menschenhand?

Nach den in den 40er, 50er und 60er Jahren durchgeführten Atombombenversuchen steigert sich der Mensch in jüngster Zeit noch weiter und höher in seinem Allmachtsrausch. Wissenschaftliche Großprojekte, deren Auswirkungen der Mensch gar nicht überblicken kann, werden ohne Rücksicht auf Verluste durchgezogen werden.

Das erste dieser Projekte ist die auf den Weg zum Jupiter geschickte Weltraumsonde Galileo, die mit 22,5 Kilogramm Plutonium an Bord durchs All fliegt. Hans-Peter Thietz zitiert dazu in seinem Buch „Crashtime" den amerikanischen Geheimdienstler Milton William Cooper, der schreibt:

„Wenn Galileo im Dezember 1999 letztendlich aus der Umlaufbahn auf den Jupiter abstürzt, wird die Sonde ihre Ladung ins Zentrum bringen. Der unglaubliche Druck, dem sie dort ausgesetzt ist, wird eine Reaktion auslösen, die exakt der gleicht, die entsteht, wenn man eine Atombombe durch einen Implosionszünder zündet. Das Plutonium wird in einer atomaren Reaktion explodieren, wird die Atmosphäre des Jupiter, die aus Wasserstoff und Helium besteht, entzünden und wird einen Stern entstehen lassen, der schon den Namen ‚Luzifer' erhalten hat. Die Welt wird es als ein Zeichen von großer religiöser Bedeutung interpretieren."

Grund dieses planetarischen Großversuchs ist nach Cooper der Versuch, eine zweite Sonne zu schaffen, die eine mögliche neue Eiszeit verhindern solle. Da man aber keinerlei Vorstellung davon hat, was diese Mega-

Explosion an Folgen nach sich ziehen wird, ist es in der Tat ein Spiel mit dem kosmischen Feuer. Thietz schreibt:

„*Wir müssen … daran erinnern, daß wir es ja hier nicht mit voneinander unabhängigen Planeten zu tun haben, von denen jeder nur für sich allein irgendwo im Weltraum angeordnet wäre, sondern mit einem ausgewogenen planetarischen System; die kleinste Störung kann zu unabsehbaren Folgen führen. Noch dazu, weil wir die in diesem System wirkenden Kräfte noch bei weitem nicht ausreichend kennen, daß wir von manchen der bestehenden System-Beziehungen vermutlich bisher keinerlei Ahnung haben. Und dann ist eine Gruppe von Menschen so anmaßend, in Erdnähe insgeheim eine zweite Sonne zünden zu wollen!*"

Russische Weltraumwissenschaftler planen ein ganz anderes Experiment: Im Laufe des Jahres 1999 wollen sie einen Satelliten in die Erdumlaufbahn schicken, der einen Spiegel entfaltet, mit dessen Hilfe die Städte in Sibirien auch nachts taghell angestrahlt werden. Der Spiegel, der später einmal mit Dutzenden weiterer Spiegel zusammengekoppelt werden soll, ist hundertmal heller als der Mond. Auftraggeber ist der russische Konzern Energia, der mit diesem Projekt Strom sparen will. Westliche Wissenschaftler warnen vor den unübersehbaren Folgen dieses künstlichen Mondes auf Natur und Mensch. Aber noch im Herbst 1998 beharrte die russische Raumfahrtbehörde darauf, diesen neuen Mond wie geplant zu installieren.

Das dritte Projekt dieser Kategorie wird seit 1997 heftig in den Medien diskutiert: In einer abgeschiedenen Region Alaskas, nordöstlich von Anchorage, erstreckt sich ein kilometergroßes Feld von Antennen, das nach offiziellen Angaben der Aurora-Erforschung dienen soll. Dieses HAARP-Projekt (Highfrequency Active Auroral Research Project = aktives Hochfrequenz-Projekt zur Aurora-Erforschung) will gewaltige Energiemengen von 10 bis 100 Milliarden Watt in die obersten Schichten der Atmosphäre, besonders die sogenannte F-Schicht der Ionosphäre in 200 Kilometern

Wissenschaftliche Großprojekte, deren Auswirkungen wir gar nicht überblicken können, werden ohne Rücksicht auf Verluste durchgezogen. Ein Beispiel: Wenn die mit 22,5 kg Plutonium bestückte Weltraumsonde Galileo im Dezember 1999 wie geplant auf den Jupiter stürzen wird, wird sie ihre Ladung ins Zentrum bringen. Das Plutonium wird die Atmosphäre des Jupiter entzünden und einen neuen Stern entstehen lassen. Da nicht vorhersehbar ist, was diese Mega-Explosion für Folgen haben kann, ist es in der Tat ein Spiel mit dem Feuer...

Höhe, schicken. Neben den völlig ungeklärten Folgen für die Ionosphäre ist vor allem die Rückreflexion von Wellen mit einer extrem niedrigen Schwingung (ELF – Extreme Low Frequency) auf die Erde Gegenstand zahlreicher Diskussionen. Mit ELF-Feldern können die elektrischen Gehirnströme des Menschen beeinflußt werden. Es wird inzwischen offen diskutiert, daß hinter HAARP also keine harmlose Erforschung der Polarlichter steht, sondern ein Großversuch, wie man mit ELF Armee und Bevölkerung eines ganzen Landes orientierungs- und willenlos machen kann, Kriegsstimmung erzeugen oder Krankheiten auslösen kann.

Aber mehr noch: Experten gehen davon aus, daß mithilfe von HAARP Erdbeben und sogenannte „kalte Explosionen" ausgelöst werden können, die eine Zerstörung wie eine Wasserstoffbombe verursachen können (allerdings ohne Radioaktivität). Und daß mit diesen Versuchen die Ionosphäre so stark geschädigt werden könnte, daß schädliche kosmische Strahlung nicht mehr abgeschirmt werden könnte, was dann zu extremen Klimaschwankungen oder sogar einem Polsprung führen kann.

Ein viertes gefährliches Projekt wird derzeit in Nevada gebaut. Dort entsteht Amerikas Gorleben: das weltgrößte Endlager für nuklearen Abfall. Sein radioaktives Inventar entspricht dem von 2,3 Millionen Atombomben. Am Osthang des Yucca Mountain in der Wüste Nevadas, unweit des früheren Atomversuchsgeländes und nahe der Ebene von „Crater Flats", einem Gebiet mit Schlackenkegeln von sieben erloschenen Vulkanen, hat eine mächtige Schildvortriebsmaschine den Tunnel zur nuklearen Gruft bereits angelegt. 7,8 Kilometer im Berg soll der Strahlenmüll aus 110 US-Atomkraftwerken endgelagert werden. Und zwar so, daß 10 000 Jahre lang keine radioaktiven Substanzen entweichen können. Kritiker fragen schon jetzt: Wie sollen langlebige Spaltprodukte wie Technetium mit einer Halbwertzeit von 211 100 Jahren oder Neptunium mit einer Halbwertzeit von 2,14 Millionen Jahren dort sicher sein?

Harry Swainston, der stellvertretende Justizminister Nevadas, glaubt, das Endlager sei eine Falle für Nevada und den Rest der Welt, aus der sich niemand retten könne – jedenfalls nicht auf der nördlichen Erdhalbkugel. Aber Swainstons Warnungen stoßen bei der Bundesregierung in Washington auf taube Ohren: Knapp drei Milliarden Dollar wurden bereits verbohrt, weitere 10 Milliarden sind von den Betreibern der Atomkraftwerke bereitgestellt.

Dabei ist die Nähe zu den erloschenen Vulkanen nicht die einzige Gefahr. Im Juni 1992 bebte die Erde in einer Stärke von 5,2 unter dem Little Skull Mountain, und der liegt neben dem als Endlager vorgesehenen Yucca Mountain. Russ Dyer, Vizechef des „Yucca Mountain Project", sieht darin keine Bedrohung. Er meint, das Beben sei nicht schlimm gewesen, *„einige Fenster gingen zu Bruch, und in den Wänden gab es Risse".* Jerry Szymanski, bis 1992 Chefgeologe des Projects, sieht das anders: Er warnt, daß das Great Basin Nevadas, in dem der Yucca Berg liegt, ein sogenanntes Bruchschollengebiet sei, in dem sich Gesteinsschichten gegeneinander schieben und reiben. Der U.S. Geological Survey hat festgestellt, daß sich allein im Yucca-Mountain 33 Erdbeben-Verwerfungen befinden. Szymanski befürchtet daher, daß aus dem Berg ein atomarer Geysir werden könnte: Ein Erdbeben tief unter dem Berg könne Spalten und Risse zusammenpressen und dabei heißes Wasser nach oben ins Endlager spritzen, begleitet von Gasen wie Methan und Kohlendioxyd. Dort werde sich das Wasser in Dampf verwandeln und wie ein Druckkochtopf schließlich den Berg zum Explodieren bringen. Schon heute, so Szymanski, habe Magma die Erdkruste unter den Vulkanen von Crater Flats emporgewölbt. In 25 Kilometer Tiefe sei das Gestein bereits geschmolzen. *„Die Vulkane zeigen, daß es unter dem Endlager eine heiße Zone gibt, die brodelt und kocht."* Der Mensch veranstaltet hier ein gigantisches Spiel mit dem Feuer.

Der bereits zitierte Seher Jakob Lorber sagte dazu: *„Und so ist es schon möglich, daß mit den Zeiten die Menschen große Dinge erfinden und also auch auf die Natur der Erde so einzuwirken anfangen können, daß diese am Ende ordentlich leck werden muß. Die Folgen davon werden freilich keine angenehmen sein und werden als eine sichere Strafe des schlecht verwendeten Willens erscheinen..."*

Der Mensch zerstört die Umwelt

„Jedes Biosystem, das unser Leben trägt – Luft, Wasser, Erde – steckt schon jetzt in Schwierigkeiten", sagt Joe Seidel, der Bevölkerungsexperte des Washingtoner World Watch Instituts. Die Indianer sagen in ihren vielen Prophezei-

ungen, von denen ich einige bereits zitiert habe, diese Entwicklung sei die Schuld der Menschen: Wir hätten die Erde gedankenlos ihrer Schätze beraubt, sie verschmutzt und vergiftet, ihre Konturen geschliffen, ihre Flüsse kanalisiert und sie mit Schwermetallen, Asbest, Dioxin und Radioaktivität geimpft.

Ob diese Behauptung den Tatsachen entspricht, soll in diesem Abschnitt anhand jüngster Zahlen und Statistiken untersucht und dann eine Schlußfolgerung daraus gezogen werden.

Die Müllhalde wird immer größer

Betrachten wir die Tatsachen: Eines der größten Probleme unserer Wohlstandsgesellschaft ist der Müll. Wir produzieren mehr Abfall, als wir verbrennen oder wiederverwerten können.

In der Schau des alten Pfarrers Thomas heißt es dazu: *„Die Welt wird ärmer an Dingen und reicher an Abfall. Die Berge ausgedienter Dinge wachsen, die Abfallberge wuchern zwischen den Häusern, türmen sich über die Häuser hinaus. Was an Abfall, Schmutz und Schutt aufgetürmt ist, wird keine kommende Zeit ausräumen können.*

Es gibt Mächte, vor denen Gußeisen zu Staub zerfällt. Es ist weder der Wurm, noch die Fäulnis, noch der Rost. Was jetzt zerfällt, ist aus Glas, aus Stein, aus Erz.

Dem Überfluß an Unnötigem wird ein Mangel an Nötigem gegenüberstehen. Es wird Häuser geben, in denen die Speisen bis zur Decke aufgehäuft sind. In denselben Häusern werden die Leichen bis zur Decke gestapelt sein. Das Geld ohne Himmelsmutter, ohne zweiköpfige Reichsadler und ohne zweischwänzigen Leu wird nichts wert sein. Hochhäuser und Massensiedlungen werden leerstehen."

Ein Vergleich der im Jahre 1992 angefallenen Müllmengen ergab, daß in der Bundesrepublik Deutschland pro 1000 Einwohner jährlich 400 t Hausmüll und 187 t Sondermüll anfielen, während es in einem durchschnittlichen Entwicklungsland nur ca. 120 t Hausmüll und ca. 2 t Sondermüll waren.

Wenn wir den Müll, der in einem Jahr in der Bundesrepublik anfällt, in einen Güterzug laden wollten, bräuchten wir 1,5 Millionen Güterwagen, und der Zug würde ein Viertel der ganzen Erdkugel umspannen. Diese enorme Abfallmenge verursachen nur die Deutschen alleine, insgesamt ein Prozent der Erdbevölkerung.

Der indianische Seher Sun Bear warnt in einer Prophezeiung: „*In meinen Träumen sah ich hochaufgetürmte Müllberge in den Straßen, die elektrische Versorgung war völlig eingestellt wegen der Stürme, Erdbeben und Wasserrohrbrüche.*"

Die Amerikaner werfen pro Jahr etwa 16 Milliarden Windeln auf den Müll, zwei Milliarden Kugelschreiber und dreihundert Millionen Autoreifen. In der gesamten Abfallmenge findet sich genügend Aluminium, um alle drei Monate die gesamte Lufthandelsflotte der Vereinigten Staaten neu aufzubauen. Aber der Müll enthält nicht nur wertvolle Rohstoffe, sondern auch giftige Substanzen, die unser aller Leben gefährden. In der Bundesrepublik geht von mindestens 4000 Müllhalden die potentielle Gefahr aus, durch Grundwasservergiftung unsere Nahrungskette zu schädigen und dadurch Krankheiten und Allergien auszulösen.

Das Trinkwasser wird knapp

Auf der Erde gibt es etwa 1400 Millionen Kubikkilometer Wasser. 97 Prozent davon ist Salzwasser, drei Prozent Süßwasser. Die Polkappen und die Gletscher der Erde speichern 77 Prozent dieses Reservoirs an trinkbarem Wasser, 22 Prozent lagern unter der Erdoberfläche als Grundwasser. Die Menge des sichtbaren Oberflächenwassers wie in Flüssen und Seen beträgt hingegen nur 0,33 Prozent des Gesamtsüßwasserbestands.

Diese Zahlen machen klar, daß das Trinkwasser auf der Erde zu unseren größten Schätzen gehört – und daß es knapp ist. Allein die 80 Millionen Erdenbürger, um die die Menschheit jährlich anwächst, verbrauchen eine Wassermenge, die der von Rhein, Rhone und Euphrat zusammen entspricht. Die weltweite Nachfrage hat sich in den vergangenen 40 Jahren verdreifacht, die Reserven haben sich dagegen durch Verschmutzung des Grundwassers um ein Drittel vermindert. Schon heute gibt es für 1,4 Milliarden Menschen in 80 Ländern kein ausreichend sauberes Trinkwasser mehr. Bis zum Jahr 2025, so warnte im März 1998 Außenminister Klaus Kinkel, drohe zwei Dritteln der Weltbevölkerung das Wasser knapp zu werden. In den Vereinigten Staaten zum Beispiel sinkt der Grundwasserspiegel jedes Jahr um etwa 46 Zentimeter, in manchen Gebieten sinkt er sogar um bis zu drei Meter pro Jahr ab.

In Indien sterben in jeder Minute drei Kinder unter fünf Jahren an Durchfall, verursacht durch infiziertes Wasser. Mehr als zwei Drittel der Gewässer Indiens sind vergiftet. 98 Prozent der Abwässer Chinas werden den Flüssen ungeklärt zugeleitet. 80 Prozent der Menschen in den Entwicklungsländern verfügen über keinerlei Kläranlagen. Wasserknappheit und Verseuchung des Wassers töten 25 000 Menschen pro Tag! Weltweit verfügen nur 29 Prozent der Bewohner ländlicher Gebiete überhaupt über sauberes Trinkwasser. Sogar in den Großstädten und Städten haben nur 75 Prozent der Menschen trinkbares Wasser. Es gibt heute mindestens 33 Großstädte in den Vereinigten Staaten, in denen das Wasser nicht mehr trinkbar ist.

Nach Berechnungen des United Nations Environment Program (UNEP) nimmt die Zahl der Menschen, die nicht über sauberes Trinkwasser verfügen, in einem Zeitraum von fünf Jahren um 100 Millionen zu und die derjenigen ohne sanitäre Einrichtungen um 400 Millionen. Die von der UNEP errechneten Kosten für die Versorgung mit sauberem Wasser für alle Menschen dieser Erde sind unbezahlbar: Innerhalb eines Jahrzehnts müßten zwischen 300 und 600 Milliarden Dollar dafür aufgebracht werden.

Der Lakota-Seher Looking Horse schreibt dazu: „*In unseren uralten Anweisungen heißt es, daß das Ende der Welt naht, wenn die Bäume von oben her sterben. Das ist, was heute mit den Ahornbäumen geschieht. Dann, so heißt es weiter, würde eine Zeit kommen, in der kein Korn wachsen und nichts mehr im Garten blühen würde, man das Wasser nicht mehr trinken könnte...*"

Um die letzte Jahrhundertwende schreibt Sepp Wudy, der Knecht vom Frischwinkel und einer der bekanntesten bayerischen Seher dazu: „*Du hast das Essen vor dir und darfst es nicht essen, weil es dein Tod ist, und du hast Wasser im Grandl und darfst es nicht trinken, weil es auch dein Tod ist. Aus dem Osser kommt noch eine Quelle, da kannst du trinken.*"

Geradezu unvorstellbar war es für einen einfachen Bauernknecht Ende des 19. Jahrhunderts, daß die Wasserläufe, Bäche, Brunnen und Quellen einmal kein trinkbares Wasser mehr führen sollten – deshalb ist eine solche Prophezeiung erschreckender als viele der dramatischen Kriegsvorhersagen aus allen Epochen. Denn für einen bayerischen Knecht dieser Zeit ist es ebenso unmöglich, daß es einmal keinen Wald mehr geben soll, wie daß die Brunnen kein trinkbares Wasser mehr führen.

Hauptverschmutzer des Grundwassers sind Schädlingsbekämpfungs- und Unkrautvernichtungsmittel, radioaktiver Müll, Giftstoffe, Schwermetalle, Öl und andere kohlenwasserstoffhaltige Brennmaterialien. 50 000 Giftmüllkippen in Deutschland bedrohen unser Grundwasser.

Viele dieser Schmutzstoffe finden ihren Weg durch den Boden in tiefe, wasserführende Schichten, während das Trinkwasser selbst noch frei von Verseuchung zu sein scheint. Ebenso gelangt über die Luft sogenannter „saurer Regen" in den Boden. Dieser Regen enthält Salpeter- und Schwefelsäuren, die von den Kraftwerken, Fabriken und Kraftfahrzeugen freigesetzt werden. In Skandinavien ist die Grundwasserverschmutzung durch sauren Regen bereits so weit fortgeschritten, daß Trinkwasser an manchen Orten so stark säurehaltig ist, daß die Verwendung untersagt wurde. 2000 der schwedischen Seen sind vom sauren Regen geschädigt, in 900 Seen leben überhaupt keine Fische mehr. Im Nachbarland Norwegen sind 80 Prozent der Seen und Ströme in der südlichen Landeshälfte entweder tot oder kritisch erkrankt. Im Nordosten der Vereinigten Staaten ist der Regen manchmal 100 000 bis zu einer Million mal saurer als Leitungswasser. Durch solche Niederschläge wird auch der Säuregehalt in Flüssen und Seen erhöht, manchmal so stark, daß der Fischbestand gefährdet ist. In Schottland sind schon 50 Seen davon betroffen, in Kanada über 700. Stickstoffzusammensetzungen, die im sauren Regen enthalten sind, gelten als Schlüsselsubstanzen, die das Algenwachstum in den Meeren fördern.

Neben dem Grundwasser ist vor allem das Oberflächenwasser verschmutzt. Flüsse in Südamerika wie der Bogota in Kolumbien sind so stark mit industriellen Abwässern und Abfällen verseucht, daß Chemiker einen hohen Anteil von Quecksilber, Kupfer und Arsen gemessen haben, und daß der Verdacht besteht, die dort angestiegene Zahl der Krebserkrankungen sei eine direkte Folge des verschmutzten Wassers.

Die Meere verschmutzen

Am auffallendsten ist die Verschmutzung des Meeres. Der Thunfisch im Mittelmeer ist wie all die anderen eßbaren Fische ein Beispiel hierfür: In Thunfischen wurde hundertmal mehr Quecksilber festgestellt als im Wasser, in dem sie schwimmen. Sie speichern das Gift und vergiften damit die Menschen, die wiederum das Wasser vergiftet haben. Besonders die Muscheln sind Indikatoren für die Verseuchung der Küstengewässer, denn auch sie ziehen Schmutz und Gifte an und speichern sie. In ihnen haben Meeresbiologen einen hohen Grad von Blei, Cadmium, Zink, Kupfer, Nickel, Plutonium, Cäsium und Kohlenwasserstoffen gemessen.

Industrie und Tourismus sind die größten Meeresverschmutzer. Die spektakulärsten sind jedoch die Öltanker. Wenn sie auseinanderbrechen, dann bricht ein riesiges Ökosystem zusammen. Ende der achtziger Jahre sorgte der spektakuläre Unfall des Tankers „Exxon Valdez" in der Prince Williams Straße an der Südküste Alaskas für Schlagzeilen: über 40 Millionen Liter Öl flossen dabei aus. Fast 2000 Kilometer der Küste wurden dabei verschmutzt. 33 000 Vögel starben, fast 1000 Otter, über 100 Seeadler und unzählige Fische. 12 000 Helfer arbeiteten monatelang, um wenigstens einen Teil der Folgeerscheinungen dieser Katastrophe zu beseitigen und noch etwa 10 Millionen Liter Öl wieder aufzufangen. Die Kosten für diese Reinigungsaktion beliefen sich auf 1,3 Milliarden Dollar.

Heute – zehn Jahre nach dem Unglück – sind immer noch Fische deformiert, sterben immer noch Robben an Leber- und Nierenversagen. 1994 wurde den Fischern der Gegend wenigstens gerichtlich die offizielle Wiedergutmachung garantiert – die Rekordsumme von 25 Milliarden Mark!

Ungefähr 2,4 Millionen Tonnen Öl fließen aus unzähligen kleinen Quellen ständig dem Meer zu. Dazu kommen etwa 70 000 Tonnen, die durch Unglücksfälle ins Meer laufen.

Die Luft ist verpestet

In vielen Gebieten der Erde gibt es keine saubere Luft mehr. Fast in allen Metropolen finden sich hohe Konzentrationen von Schadstoffen in der Luft. Schon heute sind Städte wie Mexico City, Bangkok, Los Angeles, Jakarta und viele der europäischen Hauptstädte für ihre Bewohner zum Gesundheitsrisiko geworden.

Weltweit wird die Atmosphäre jede Sekunde mit 1000 Tonnen Kohlendioxyd verpestet.

Aber auch viel aggressivere Gase quälen uns weltweit – Unfälle in chemischen Fabriken entlassen Giftwolken, in Indien wie in der Schweiz, in den

USA, in Großbritannien und in Deutschland. Im Smog mancher Großstädte empfiehlt man Kindern und alten Menschen, zu Hause zu bleiben, und immer mehr allergische Reaktionen und Erkrankungen der Atemwege werden auf verpestete Luft zurückgeführt.

Der bayerische Seher Sepp Wudy hatte dazu schon vor knapp hundert Jahren eine Vision, zu einer Zeit also, als höchstens mal eine vorbeifahrende Dampflokomotive ein paar schwarze Schwaden in die Luft stieß. Der Knecht vom Frischwinkel, der Zeit seines Lebens nur die klare Waldluft geatmet hat, sagt:

„Die Luft frißt sich in die Haut wie ein Gift. Leg alles an, was du an Gewand hast, und laß nicht das Nasenspitzel herausschauen. Setz dich in ein Loch und wart, bis alles vorbei ist, lang dauert's nicht, oder such dir eine Höhle am Berg." (um 1895)

Das Ozon, das uns in Bodennähe oft so quält, fehlt im Schutzmantel der Atmosphäre. Diese großflächigen Verdünnungen des Ozonschildes haben in den letzten Jahren sprunghaft zugenommen. Im September 1992 erreichte das Ozonloch am Südpol mit 23 Millionen Quadratkilometern die Größe von ganz Nordamerika. Heute ist es bereits viermal so groß. Blinde Kaninchen in Südchile, Hautkrebs in Neuseeland, erblindete und deformierte Fische, Schafe und Pferde und eine weltweit zunehmende Aggressivität des Sonnenlichts sind die ersten Auswirkungen unseres immer mehr zurückweichenden kosmischen Schutzschildes. Die Folgen der erhöhten UV-Strahlung sind gravierend: Das Pflanzenwachstum wird verlangsamt, die Planktonproduktion im Meer ist um 15 Prozent zurückgegangen, aber auch der Mensch ist bereits ein Opfer der Verdünnung der Ozonschicht geworden. Durch die erhöhte Sonneneinstrahlung altert die menschliche Haut schneller, das Immunsystem wird geschwächt, die Häufigkeit von Linsentrübungen der Augen und Hautkrebs nimmt rapide zu.

> Es wird erwartet, daß sich die Emission der Treibhausgase in den kommenden fünfzig Jahren weltweit etwa verdoppeln wird...

Das Ozonloch, das anfangs nur über dem Südpol festgestellt wurde, hat inzwischen zahllose Ableger bekommen: Auf der südlichen Erdhalbkugel sind Chile, Argentinien, Australien, Neuseeland und Indonesien besonders betroffen, aber inzwischen dünnt sich die Ozonschicht auch über der Nordhalbkugel aus. Das Zentrum dieses europäischen Ozonlochs liegt zwischen England und Schweden. Betroffen davon ist allerdings ganz Nordeuropa.

Wird diese Entwicklung nicht aufgehalten, prognostizieren Umweltwissenschaftler extreme Auswirkungen. Die Nahrungskette im Meer könnte zerstört werden, durch großflächige Verkümmerung von Nutzpflanzen sind starke Ernteeinbußen zu erwarten, das Artenspektrum von Flora und Fauna wird sich deutlich verändern, und nicht zuletzt wird auch der Mensch darunter leiden müssen. Wegen der erhöhten Strahlengefahr wird er sich immer weniger in seinem ursprünglichen Lebensraum, der freien Natur, aufhalten können. In Australien und Neuseeland ist die Hautkrebsgefahr schon heute so groß, daß man sich an manchen Tagen nur noch eine halbe Stunde unter freiem Himmel aufhalten darf.

Durch die Milliarden Tonnen CO_2, die weltweit aus Kraftwerken und Motoren in den Äther geblasen werden, entsteht der sogenannte „Treibhauseffekt": Das Sonnenlicht, das bis zum Erdboden durchgedrungen ist, wird durch diese Schicht aus Wasserdampf und Kohlendioxyd teilweise zurückgehalten und erwärmt die unteren Schichten der Atmosphäre. Das führt zu einem gefährlichen Anstieg der Durchschnittstemperaturen. Dadurch schmelzen die Polkappen mehr und mehr ab, und der Meereswasserspiegel steigt. Extreme Klimaveränderungen werden außerdem die Folge sein, stärkere und langandauernde Niederschläge, Stürme in den Küstenregionen und Dürrekatastrophen in den Trockenzonen, sogar anhaltende Überschwemmungen ganzer Landstriche wie Florida und die Niederlande. In den Vereinigten Staaten würde eine derartige Überschwemmung mehr als elf Millionen Menschen direkt betreffen. Weltweit leben 30 Prozent aller Menschen innerhalb einer 50 Kilometer breiten Zone, die an Meere grenzt. Städte, die umgesiedelt werden müßten wie New York, New Orleans, Miami, Los Angeles, London, Tokio, Kalkutta, Jakarta, Schanghai oder Rio de Janeiro, sind allerdings zu groß, um sie ins Hinterland umzusiedeln.

Das Ende der Atomreaktoren?

Nach den Aussagen eines Instituts für Wirtschaftsprognosen wird für das Ende des Jahrtausends erwartet, daß durch die steigende Temperatur auf der Erde auch der Bedarf an Klimaanlagen steigen wird, was den Bau von

Kraftwerken notwendig machen wird. Da die natürlichen Ressourcen Erdöl und Erdgas innerhalb der nächsten Jahre ausgebeutet sein werden, bauten die Industrienationen in den vergangenen Jahren auf Atomenergie.

Die Kernkraft ist für die meisten von uns immer noch ein unverständliches Phänomen, besetzt mit Angst und Hysterie. Es hat zwar immer natürliche Radioaktivität gegeben, und eine Untersuchung der amerikanischen Akademie der Wissenschaften kommt zu dem überraschenden Ergebnis, daß allein diese natürliche Radioaktivität in den USA jährlich 5000 tödliche Krebserkrankungen verursacht. Aber heute kommt die steigende Bedrohung durch atomaren Müll, durch Restbestände harter Strahlung aus Atombombenversuchen und Unfällen in Kernkraftwerken hinzu. Nur die größten Katastrophen sind uns in Erinnerung: Kyschtyn im Jahre 1957, Three Mile Island 1979 und Tschernobyl 1986, aber Hunderte von kleinen Störungen und Freisetzungen von Radioaktivität sind bereits zu unserem Alltag geworden. Die Gefahr droht vor unserer eigenen Haustüre, nicht nur durch Hunderte von Kernkraftwerken, sondern auch durch unsachgemäß stillgelegte Atommeiler, durch Atommülldeponien und Wiederaufbereitungsanlagen und untergegangene Atom-U-Boote.

Albert Einstein hat die Gefahr für die Menschheit so dargestellt: „*Die entfesselte Kraft des Atoms hat alles verändert außer unser Denken, und so treiben wir auf eine noch nie dagewesene Katastrophe zu: ein neues Denken ist also unerläßlich, wenn die Menschheit überleben soll.*"

Ein paar erschütternde Beispiele aus der Zeitgeschichte:
- Die Rentierherden der Lappen sind durch die Katastrophe von Tschernobyl völlig zerstört worden.
- Wiederaufbereitetes Plutonium ist der Grundstoff für Atomwaffen; es vervielfacht das gesamte Volumen von radioaktivem Abfall 150mal.
- In Nevada sind 1200 Hektar Land im Gebiet der früheren oberirdischen Atombombenversuche radioaktiv verseucht.
- Das Plutonium, das bis 1990 in die Nordsee geleitet wurde, reicht aus, um bei 250 Millionen Menschen Krebs zu verursachen.

Vielleicht wird dieser fatale Trend nun – zumindest in Deutschland – durch den geplanten Ausstieg aus der Atomenergie gestoppt.

Der Regenwald wird abgeholzt

Der tropische Regenwald wird bis zum Jahre 2000 um die Hälfte reduziert sein. Der Worldwide Fund of Nature hat ausgerechnet, daß jedes Jahr etwa 124 000 Quadratkilometer des tropischen Regenwaldes gerodet werden. Neben der unverantwortlichen Aufheizung der Atmosphäre und des sinnlosen Raubbaus an Holz wird damit auch eine der wertvollsten Apotheken der Menschheit vernichtet. Forscher gehen davon aus, daß in der exotischen Flora der Regenwälder Tausende von Wirkstoffen vorhanden sind, die zur Bekämpfung von Krankheiten wichtig sein könnten. In den letzten zwanzig Jahren dieses Jahrhunderts werden durch diese Brandrodung 50 000 verschiedene Arten im Jahr ausgerottet, über hundert täglich. Das United Nations Development Program besagt, daß die globalen Auswirkungen des brennenden Regenwaldes nur mit den katastrophalen Schäden eines Atomkriegs vergleichbar wären.

Die Wälder sind die Lunge der Menschheit, und ohne sie wären wir einem langsamen Erstickungstod preisgegeben. So dramatisch wie in Südamerika und Südostasien wird nicht überall auf der Welt der Wald vernichtet, aber in den großen Rodungsgebieten Kanadas, der USA und Nordeuropas bestehen wenigstens großangelegte Wiederaufforstungsprogramme. Das extremste Beispiel hier stellt China dar, das ein Gebiet von 200 000 Quadratkilometern – das entspricht der Größe Indiens – völlig entwaldet hat. Dieses Land ist in den letzten 30 Jahren zur Wüste verkommen. Hochwasser, Dürre und Lebensmittelknappheit bedrohten die dort ansässigen Menschen. Seitdem hat China dort das größte Wiederaufforstungsprogramm der Welt gestartet. Doch überall auf der Welt wird nur mit schnell wachsendem Nutzholz wieder aufgeforstet, gut für schnellen Profit, aber nicht ausreichend für die Sauerstoffversorgung dieser Welt.

Doch auch in Europa wird der Wald bedroht. Das Phänomen des Waldsterbens hat seit seiner Entdeckung in den 70er Jahren nichts von seiner Aktualität verloren, es ist nur stiller darum geworden. Aber der Wald in Europa ist krank, er stirbt langsam, aber stetig.

Ein alter Hindumönch berichtet von einer Weissagung, die seinem Volk geschenkt wurde, und in der es heißt, daß die Veränderungen der Erde mit dem Sterben der Bäume beginnen.

Deutschland und seine unmittelbaren Nachbarn schneiden im europäischen Vergleich besonders schlecht ab. Die Bundesrepublik ist das Land mit den größten Waldschäden. Im tschechischen Erzgebirge sind 80 Prozent der Bäume tot oder schwer geschäigt. Deutschland liegt weltweit an sechster Stelle der Negativstatistik des Schadstoffausstoßes durch Automobile und die Industrie.

Aber wenn die Harmonie eines solch komplexen Ökosystems erst einmal gestört ist, ist es fast unmöglich, es wieder zu reparieren. In der Landwirtschaft werden Schädlingsbekämpfungsmittel inzwischen in einem solchen Ausmaß eingesetzt, daß über 400 Insektenarten völlig immun gegen diese Gifte sind. Sie können sich ungehindert verbreiten und richten – wie die Borkenkäfer – irreparable Schäden in Millionenhöhe an. Außerdem verlieren wir gute Acker- und Waldgebiete an gigantische Bauprojekte. Allein in den USA werden jährlich 1,2 Hektar Land für Autobahnen und Industrieanlagen verbaut.

Der wohl berühmteste bayerische Seher, der Mühlhiasl, der seine Prophezeiungen etwa 1810 abgab, sah ebenso die hemmungslose Bauwut wie das – für damalige Zeiten völlig undenkbare – Waldsterben voraus: *„Alle Grenzraine werden umgeackert und die Hecken ausgehaut. Dann schaut den Wald an! Er wird Löcher haben wie des Bettelmanns Rock."*

Der Stormberger oder Starnberger, ein Seher aus der gleichen Epoche, sagt um 1815: *„Schwarze Straßen werden gebaut. Es kommt die Zeit, wo die alten Awenter (Gräben und Böschungen) abgeräumt werden. Große Herren werden in den Wald kommen und alles inspizieren und messen. Es werden durch die Wälder weiße Straßen gemacht, daß man es eine Meile weit sehen kann."*

Die Bevölkerungszahl explodiert

Die Menschheit wächst so schnell wie nie zuvor: Pro Sekunde nimmt die Weltbevölkerung um drei Menschen zu. Es drohen Hunger-Weltkriege, unregierbare Monster-Städte und ein Umweltinferno.

Im Jahre 1800 lebten etwa eine Milliarde Menschen auf der Erde. Diese Zahl verdoppelte sich bis zum Jahre 1930, und dann wieder bis 1975. Die nächste Milliarde, die sechste, steht uns 1999 ins Haus. Bleibt die aktuelle

Geburtenrate auf ihrem heutigen Stand, wird sich die jetzige Zahl bis zum Jahre 2020 auf zwölf Milliarden verdoppelt haben.

Tim Wirth, Sonderberater der US-Regierung für „Globale Fragen", erklärt: *„Kriegen wir die Geburtenrate nicht in den Griff, wird die Zerstörung der Umwelt und die politische wie wirtschaftliche Instabilität größer und größer. Und alles, was wir auf der Welt erreichen wollen, wird sich rasch in Nichts auflösen."*

Die United Nations Population Found und die World Bank kamen auf der Weltkonferenz zur Bevölkerungsentwicklung im September 1994 in Kairo zu folgendem Ergebnis: Globales Ziel aller Verantwortlichen in den nächsten Jahren muß es sein, die explosive Bevölkerungszunahme zu verlangsamen oder zum Stillstand zu bringen. Industriestaaten und Entwicklungsländer müssen gemeinsam Mittel und Wege finden, um einem weltweiten Kollaps vorzubeugen.

Es gibt unterschiedliche Prognosen für das Wachstum der Weltbevölkerung, aber selbst vorsichtige Schätzungen sagen für das Jahr 2050 eine Zunahme auf ca. 8 Milliarden Menschen voraus.
Zum Vergleich: 1995 lebten 5,7 Milliarden Menschen auf der Erde.

Rund 90 Prozent dieser Bevölkerungsexplosion ereignen sich in den sogenannten Entwicklungsländern. Bereits im Jahre 2025 werden 85 Prozent der Erdbevölkerung auf der südlichen Halbkugel leben. Schon jetzt ist die Hälfte der Menschen in diesen Gebieten jünger als 20 Jahre. Dazu ein paar Beispiele: Gut 450 Millionen Menschen leben derzeit in Lateinamerika, in rund 30 Jahren werden es 760 Millionen sein. Allein in Brasilien wird sich die Kopfzahl von derzeit 160 Millionen auf 195 Millionen im Jahre 2000 erhöht haben. China nimmt jährlich um rund 16 Millionen Menschen zu. Indien wird von derzeit 864 Millionen auf 1,44 Milliarden im Jahre 2025 anwachsen. Hauptproblem dieser Bevölkerungszunahme wird die Versorgung mit Wasser und Nahrungsmitteln sein. Bereits heute können in Indien 37 Prozent der Bevölkerung nicht ausreichend ernährt werden.

Die Nahrungsmittel werden knapp

Das World Watch Institut (WWI) warnt davor, daß nicht nur durch das rasende Bevölkerungswachstum, sondern auch durch den weltweiten Rückgang der Ernteerträge in Zukunft Hungersnöte zur Tagesordnung gehören werden. Lester Brown vom WWI: *„Warnsignale, die auf eine Apokalypse*

2025 hinweisen, mehren sich. Wir leben in einer Zeit des Umbruchs unseres Planeten. Während die Hoffnung auf zügiges Wirtschaftswachstum in den Industriestaaten verblaßt, hält die Nahrungsmittelproduktion nicht mehr Schritt mit der Menschenzunahme."

In der in Washington veröffentlichten Studie „Vital Signs 1993" heißt es, daß die Lebensmittelproduktion pro Person seit mehreren Jahren ständig sinkt. *„Besonders bei den drei wichtigsten Ernährungsquellen der Welt – der Viehzucht, dem Getreideanbau und der Fischerei – erwarten wir unlösbare Schwierigkeiten."*

Der bereits zitierte Lester Brown ergänzt: *„Das Wachstum in den Getreidezonen ist praktisch seit 1980 zum Stillstand gekommen, die bewässerte Anbaufläche pro Einwohner geht seit 1971 zurück, und der Fischfang stagniert seit 1989."*

So wurden 1992 über acht Prozent weniger Getreide geerntet, obwohl seit 1950 der Gebrauch des Kunstdüngers um sieben Prozent gestiegen ist.

Die Fleischproduktion kommt nach Meinung des Instituts nicht mehr mit dem ständig steigenden Verbrauch mit, besonders in den Industrieländern. Tierzucht per Fütterung scheint ein Luxus zu sein, den wir uns auf dieser immer enger werdenden Welt nicht mehr leisten können, wenn wir nicht die Ärmsten der Armen verhungern lassen wollen. Der große Fleischkonsum in den Industrienationen stellt eine ungeheure Verschwendung dar. Durchschnittlich müssen sieben pflanzliche Kalorien verfüttert werden, um eine einzige „veredelte" tierische Kalorie zu erhalten. Würden wir alles Getreide, das wir weltweit ernten, direkt verzehren und nicht an Tiere verfüttern, gäbe es keinen Mangel auf dieser Erde. So setzen wir für ein Kilo Schweinefleisch drei Kilo Getreide ein, für ein Kilo Rindfleisch zehn Kilo Futtergetreide und für ein Kilo Hühnerfleisch sogar zwölf Kilo.

Während früher Fisch zu den Grundnahrungsmitteln vieler Länder gehörte, explodieren jetzt die Preise dafür. Der Grund ist der weltweit stagnierende Fischfang und die steigende Nachfrage. Fisch ist inzwischen mindestens so teuer, wie das beste Fleisch.

Der Fischfang geht seit 1989 weltweit zurück, weil die großen Fangflotten enormen Raubbau betrieben haben. Besonders erschreckend ist die Unterversorgung mit trinkbarem Wasser. Bereits heute müssen 1,4 Milliarden Menschen ohne sauberes Trinkwasser auskommen, für 2,2 Milliarden gibt es keine Abwasserentsorgung. Der Nahe Osten und Nordafrika sind, so schreibt das Center for Strategic and International Studies in Washington, bereits gegen Ende dieses Jahrhunderts von einer absoluten Wasserknappheit bedroht.

Hinzu kommt, daß diese Menschenflut Rohstoffe aller Art brauchen wird. 70 Prozent aller Bewohner der Dritten Welt müssen zum Kochen und Heizen auf Holz zurückgreifen. Nach Schätzungen der UNO-Landwirtschaftsorganisation FAO sind bereits 1987 von den rund 1,7 Milliarden Kubikmetern Holz, die in den Tropenländern verbraucht wurden, 86 Prozent verfeuert worden. Die UNO hat errechnet, daß dies zu 79 Prozent der Grund für die Entwaldung dieser Erde ist.

Erschwert wird die Nahrungsmittel- und Wasserversorgung dadurch, daß immer mehr Menschen der Dritten Welt in die Ballungsgebiete ziehen, weil sie dort auf Arbeit und Brot hoffen. Im Jahr 2000 wird etwa ein Sechstel der Weltbevölkerung in rund 400 Städten mit mehr als einer Million Einwohner leben.

Die Verstädterung der Welt

Sogar ein bayerischer Seher wie der Mühlhiasl hatte Visionen über solche Stadtgeschwüre – für die Menschen im Jahre 1810 so unvorstellbar wie für uns ein Leben in einer anderen Galaxie: *„Dann werden Häuser gebaut, nichts wie Häuser, Schulhäuser wie Paläste, aber zuerst für die Soldaten. In den Städten bauen sie Häuser, hohe Häuser, und davor kloane Häusl wie Impenstöcke (Bienenstöcke) oder Pilze, eins am anderen, schneeweiße Häuser mit glänzenden Dächern. "*

Die Rangfolge der zehn größten Städte der Welt hat sich deutlich verändert: Beleg für das dramatische Anwachsen der Ballungsräume in der Dritten Welt. So werden die heutigen Megastädte wie New York, London, Tokio, Los Angeles, Paris, Rio de Janeiro und Buenos Aires zur Jahrtausendwende von Mexico City, Shanghai, Kalkutta, Bombay und Jakarta weit überholt werden. Allein in Mexico City werden in fünf Jahren, wenn der Zuzug unvermindert andauert, über 25 Millionen Menschen leben.

Dazu muß man wissen, daß es in der Umgebung des Mühlhiasls nur Stroh- oder Schindeldächer gab. Und der Seher beschreibt auch den Untergang, gerade dann, wenn die Menschen den Gipfel ihrer Bauwut erreicht haben: *„Wenn alles baut, nix wie baut wird, überall wird gebaut, ganze Reihen wern baut. Der Gäuboden prangt mit schneeweiße Häuser. Die Leut richten sich ein, als ob sie nimmer fort wollten. Aber dann wird abgeräumt."* Und noch ein anderes Vorzeichen sieht der Mühlhiasl, eine eher modische Variante: *„Die Bauernsleut werden sich gewanden wie die Städtischen und die Städtischen wie die Narren."*

Das klingt sehr vertraut, jedenfalls für jeden, der die hektisch-verrückten Metropolen in den USA und Asien kennt.

Diese Städte werden zu unregierbaren Megamonstern verkommen, wie der Großraum Mexico City mit seinen 20 Millionen zum Beispiel heute schon zeigt. Die in diesen Metropolen angelandeten Wellen von Flüchtlingen werden zur Verslumung der Zentren noch weiter beitragen. Allein in China wird sich die Stadtbevölkerung in den nächsten 25 Jahren auf 700 Millionen verdoppeln.

Dieses Problem wird freilich nicht auf die Dritte Welt beschränkt bleiben. Denn die Wohlstandsoasen in Westeuropa und Nordamerika werden immer mehr zu den begehrten Zielen von Millionen von Flüchtlingen, Asylbewerbern und illegalen Einwanderern – den sogenannten Armutsnomaden. Bereits 1792 faßte der britische Wirtschaftstheoretiker Thomas Maltus diese Entwicklung zusammen: *„Die Macht des Bevölkerungszuwachses ist ungleich größer als die Macht der Erde, für den Unterhalt des Menschen zu sorgen."*

Selbst wenn die Erdbevölkerung nicht in dem bisherigen katastrophalen Ausmaß und Tempo weiterwachsen würde, gäbe es ernste Nahrungsprobleme. Entsprechend eines Berichts des World Watch Instituts werden bereits heute mehr Nahrungsmittel gebraucht, als erzeugt werden. In den USA, einem der Hauptnahrungslieferanten, wurden 1988 zum Beispiel 196 Millionen Tonnen Weizen erzeugt, tatsächlich aber 206 Millionen verzehrt.

Das liegt daran, daß in den USA seit 1950 die Hälfte des fruchtbaren Ackerbodens durch Besiedelung, Erosion, Verwüstung und Überweidung verlorenging, allein 20 Quadratkilometer täglich durch Besiedlung. Im Jahre 1990 waren 75 Prozent der Humusschicht, die die ersten Siedler einst in Amerika vorgefunden hatten, ruiniert.

Die Rohstoffe gehen zur Neige

„Gleichgültig, ob sie noch vierzig oder sechzig Jahre reichen oder durch die rasante Entwicklung Chinas und der Länder der Dritten Welt nur fünfundzwanzig oder dreißig Jahre, wir befinden uns bereits mitten in den militärischen Endverteilungskämpfen um die fossilen Restressourcen des Planeten Erde", schreibt der Journalist und Abgeordnete im Europäischen Parlament Hans Kronberger in seinem 1998 erschienenen Buch „Blut für Öl. Der Kampf um die Ressourcen". *„Es ist erstaunlich"*, fährt Kronberger fort, *„wie die Spannungsfelder um die Wende des 19. zum 20. Jahrhundert denen des Überganges vom 20. ins 21. Jahrhunderts ähneln."* Kronberger nennt die Erdölfelder des Nahen und Mittleren Ostens, das Kaukasusgebiet und die Staaten nördlich und südlich der Sahara und prognostiziert: *„Das ganze Umfeld der kaukasischen Erdöl- und Erdgasfelder schwärt wie eine eitrige Wunde, die jederzeit zur Blutvergiftung des gesamten Erdballs führen kann. Mitten im Spannungsfeld zwischen Rußland und China verdichtet sich der Druck bis an die Grenzen der Explosionskraft. Erste Funken sprühten bereits von Berg-Karabach bis Tschetschenien, von Tadschikistan bis Georgien, von Aserbaidschan bis Kasachstan. Eine Detonation könnte die Anrainerstaaten nicht unberührt lassen, ja, letzten Endes wäre die ganze Welt betroffen. Es ist fraglich, ob die schlafenden Riesen Rußland und China auf Dauer zusehen werden, wie ihre elementarsten Interessen vor ihrer Haustüre von Dritten (den globalen Ölmultis, Anm. d. Verf.) wahrgenommen werden. Mit an Sicherheit grenzender Wahrscheinlichkeit ist auszuschließen, daß die Restressourcen der Erde friedlich verteilt werden. Die Gier und die Jagd nach Rohstoffen steht fast immer hinter Kriesenherden, ohne daß man diese Ursachen auf Anhieb erkennt."*

Der Metallverbrauch in unserer Zivilisation ist gigantisch gestiegen: Wurden beispielsweise Mitte des 18. Jahrhunderts ca. 8 000 t Zinn verbraucht, waren es Mitte der 80er Jahre unseres Jahrhunderts schon ca. 350 000 t im Jahr.
Bei Kupfer fällt die Steigerung im gleichen Zeitraum noch gravierender aus: Hier stieg der Verbrauch von ca. 8 000 t auf ca. 9 000 000 t jährlich.

Nach einer Prognose des „Club of Rome" gehen die folgenden Rohstoffvorräte in der genannten Zeit zur Neige: Erdgas in 32 Jahren, Kupfer in 30 Jahren, Erdöl in 25 Jahren, Blei in 20 Jahren, Zink in 17 Jahren, Zinn in 11 Jahren, Silber in 10 Jahren und Gold in 5 Jahren.

Krisen, Kriege und Konflikte

Viele der großen Seher warnen vor einem Dritten Weltkrieg zur Jahrtausendwende. Ich werde darauf im nächsten Kapitel ausführlich eingehen. Nationalismus und Fundamentalismus sind tatsächlich auf dem Vormarsch, der Weltfrieden in weiter Ferne.

Um die Probleme der Überbevölkerung und der Unterernährung zu lösen, treffen sich seit zwanzig Jahren die Staatschefs der wichtigsten Industrienationen zu einem jährlichen Wirtschaftsgipfel. Die Themen sind dabei immer gleich geblieben, aber die Weltlage hat sich immer mehr verschlechtert.

Zum Beispiel: Allein in den Ländern der Europäischen Union suchen etwa 15 Millionen Menschen Arbeit, die Arbeitslosenquote liegt bei 10 Prozent. Weltweit sieht es noch schlimmer aus, denn über eine Milliarde Menschen, ein Fünftel der Weltbevölkerung, lebt unterhalb der Armutsgrenze, das heißt, sie haben weniger als einen US-Dollar pro Tag zum Leben. 700 Millionen in der Dritten Welt suchen Arbeit. Rund 75 Millionen kommen jedes Jahr als Fremdarbeiter in andere Länder. Mehr noch, eine Studie des US-Instituts „Population Action International" zeigt, daß weltweit 125 Millionen Menschen nicht in ihrem Heimatland leben. Immer mehr – so die Studie – flüchten vor Krieg, Unterdrückung und Armut. Der größte Wanderungsstrom bewegt sich von Südostasien, Lateinamerika und Osteuropa in die USA. Diese moderne Völkerwanderung ist zum globalen Konfliktherd unserer Zeit geworden und hat den alten Ost-West-Konflikt – der nach dem Untergang des Kommunismus beendet war – ersetzt. Oder, wie es der Direktor des US-Geheimdienstes CIA formulierte: *„Wir haben den großen Drachen erschlagen, leben aber statt dessen in einem Dschungel der verschiedensten hochgiftigen Schlangen."*

Dieser Sprengstoff explodiert bereits heute in Auseinandersetzungen zwischen Einwanderern und nationalistischen Bewegungen, die in Amerika, in Japan und Europa gleichermaßen zu finden sind. Diese *„alten Geister"*, vor denen bereits Nostradamus und der indianische Schamane Sun Bear warnten, sorgen zusätzlich für Konflikte innerhalb der Staaten.

„Das Wiedererstarken gewisser politischer Ansichten in Deutschland, die an Hitler erinnern, sehe ich mit Sorge. Denn unter einer repressiven Regierung wird

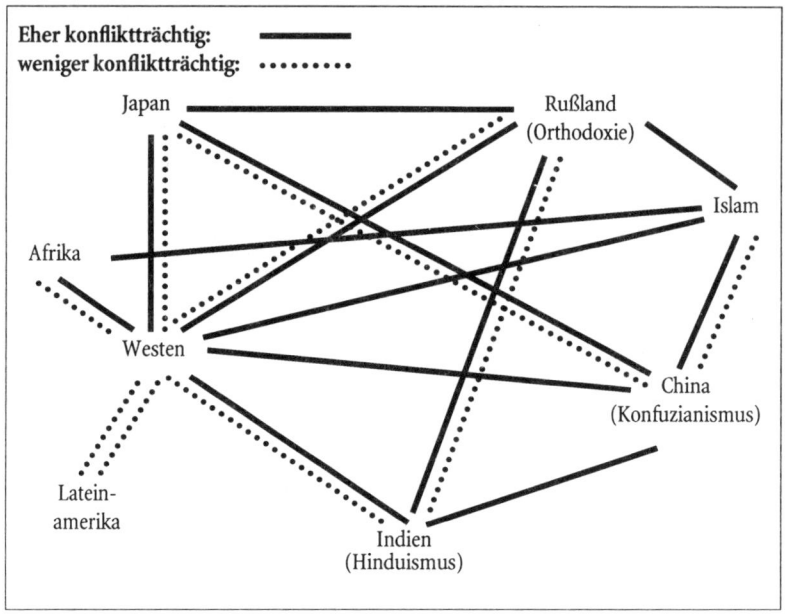

Weltpolitik und Kulturkreise: Potentielle Bündnisbildungen
Gemeinsame Interessen – für gewöhnlich ein gemeinsamer Feind aus einer
dritten Kultur – können zu Kooperationen zwischen Ländern verschiedener
Kulturkreise führen.

*das Überleben in Deutschland in der Zeit der Großen Reinigung weitaus
schwieriger."* (Sun Bear)

Und in der Tat marschieren sie wieder, die Alt- und Neufaschisten,
erbrechen ihre üblen Parolen und sorgen dafür, daß in Deutschland und
Europa die Schreckensmeldungen über neue Greueltaten nicht enden. Da
werden Ausländer gejagt und Juden bedroht, Politiker und Journalisten
eingeschüchtert und der Bürgerkrieg geprobt. Da wird – wie in Italien – der
alte Faschismus wieder glorifiziert oder – wie in Rußland – ein neuer
geschaffen.

Gerade in Rußland, das am Rand eines wirtschaftlichen Zusammen-
bruchs und innenpolitischer Spannungen steht, ist die Gefahr aus der
rechtsextremen Ecke besonders explosiv. Der 48jährige Wladimir Wol-
fowitsch Schirinowski versteht es am besten, die Ängste seiner Landsleute
zu mobilisieren. Er fordert *„ein Rußland in den Grenzen zu Beginn des*

Jahrhunderts", inklusive Finnland und Polen, *„von der Adria bis Wladiwostok".* Er schreit: *„Amerika, gib uns Alaska zurück!"* und sieht in Adolf Hitler sein Vorbild, im Unterschied zu diesem will er einen *„National-Sozialismus mit menschlichem Gesicht"*, aber wie Hitler fühlt er sich als „Geographie-Experte", auf den Landkarten die größte Faszination ausüben. Noch ist Schirinowski nicht gewählt, sollte er jedoch größeren Einfluß gewinnen, dann könnte er tatsächlich das Gesicht Europas auf grausame Weise verändern.

Ein zweiter Radikaler ist der Vorsitzende der Nationalbolschewistischen Partei Rußlands, Eduard Limonow. Er sagte im Juni 1998 in einem Interview mit der deutschen Wochenzeitung „Die Woche": *„Die Menschen brauchen Krieg... Einige Jahre werden wir mit der Zurückgewinnung unseres Gebietes beschäftigt sein, danach mit seiner Vergrößerung... Unsere Revolution wird Europa erschüttern. Auch dort gibt es viele Unzufriedene. 15 Prozent der Franzosen wählen bereits Le Pen. Das sind unsere Leute... Unsere wahren Verbündeten sitzen im Osten, unsere asiatischen Brüder... Wenn es uns gelingt, Orthodoxie und Islam zu versöhnen, bedeutet das den Untergang des Westens."*

Bei diesen politischen Fanatikern fällt es nicht schwer, sich an die Prophezeiungen der Johannes-Apokalypse und der christlichen Seher vom „Antichristen" zu erinnern. Allgemein wird diese Gestalt, die zum Übergang ins nächste Jahrtausend als Auslöser eines letzten, apokalyptischen Weltkriegs gilt, als Herrscher eines mongolischen Großreichs, das Chinesen und arabische Völker in sich vereinigt, gesehen. Ob diese Person Schirinowski, Limonow oder Saddam Hussein ist? Sogar Muammar al Ghaddafi hat noch Anspruch auf den tragischen Titel „Gegengott".

Nostradamus prophezeit in einem Brief an Heinrich II., *„daß die Völker der ehemaligen Sowjetunion... sich von der linken Partei losschlagen und zur rechten wenden. Doch dann wird nach dem großen Hund ein noch größerer Bluthund auftauchen, der alles in Schutt und Asche legt."*

Der große Hund könnte Stalin sein, wer ist der *„noch größere Bluthund"*? Wie immer sind wir bei den Aussagen des französischen Sehers auf Vermutungen und Spekulationen angewiesen.

Daß der Bluthund aus Rußland kommt, das steht zu befürchten, denn die Historiker sind sich einig, daß das riesige eurasische Reich derzeit einem Pulverfaß gleicht. Wie Robert Harris in seinem Roman „Aurora" (1998) sehen die Historiker einen Vergleich zwischen dem Deutschland der Weimarer Republik und dem heutigen Rußland: *„Erstens, da ist ein großes Land, das sein Imperium verloren hat, im Grunde einen Krieg* (den Kalten Krieg, Anm.d.Verf.) *verloren hat, sich aber nicht vorstellen kann, wie das passieren konnte – also glaubt es, daß ihm jemand einen Dolchstoß in den Rücken versetzt hat* (der frühere KPdSU-Gneralsekretär Michael Gorbatschow und der Westen, Anm.d.Verf.)... *Zweitens, Demokratie in einem Land, das keinerlei demokratische Tradition hat... die Leute haben das ganze Diskutieren satt, sie wollen eine starke Linie, irgendeine Linie. Drittens: Grenzprobleme – massenhaft Volksangehörige leben plötzlich in anderen Ländern, behaupten, dort unterdrückt zu werden. Viertens: Antisemitismus – man kann Marschlieder der SS an jeder Straßenecke kaufen. Bleiben noch zwei Punkte... Wirtschaftlicher Zusammenbruch... und Hitler. Noch haben sie ihren Hitler nicht gefunden. Aber wenn es soweit ist – dann sollte die restliche Welt auf der Hut sein."*

Überall in Europa, seit 1994 auch in Japan, verschärfen die Nationalisten den in den nächsten Jahren weiter zunehmenden Konflikt zwischen Arm und Reich, Süd und Nord.

Der Nord-Süd-Konflikt

Ein Konflikt, der von den Industrieländern immer weiter geschürt wird: Der Norden beutet die Entwicklungsländer nach wie vor aus, während im Süden 600 Millionen Menschen hungern. Dazu ein Beispiel: Kaffee, nach Erdöl das größte Exportgut der Dritten Welt, ist heute preiswerter als vor 10 Jahren. Die Reichen sparen auf Kosten der Ärmsten. 1,7 Milliarden Menschen in Afrika und Südasien, also fast ein Drittel der Weltbevölkerung, bringen es heute nicht einmal auf einen Anteil von 2 Prozent am Welthandel. 1970 entfielen auf beide Regionen zusammen immerhin noch 5 Prozent.

Die Folge: Die Schulden der Entwicklungsländer wuchsen in den letzten 20 Jahren von 500 auf mehr als 1500 Milliarden Dollar an. Der Trend wird sich weiter bestätigen. Allein 1991 erhielten diese Länder 55 Milliarden Dollar Entwicklungshilfe, mußten aber dreimal soviel an Zinsen zurückzahlen. Ergebnis: Vermehrte Plünderung von Rohstoffen und Regenwäldern sowie weitere Verarmung.

Auch das zweitgrößte Problem der Erde, die Umweltverschmutzung, wird von den Industrienationen nicht gelöst, sondern im Gegenteil ständig verschärft. Seit 1989 haben diese Staaten mit einem Ausstoß von 3,5 Milliarden Tonnen FCKW dazu beigetragen, daß das Ozonloch bis zum Jahr 2000 um 30 Prozent größer werden wird als heute. Auch hier liegt Sprengstoff für den Nord-Süd-Konflikt: Für den globalen Öko-Infarkt tragen die Industrieländer die Hauptverantwortung. Sie verbrauchen vier Fünftel der Ressourcen und sind nicht willens, Opfer für die gemeinsame Umwelt zu bringen.

Schließlich gibt es noch einen dritten Sprengsatz im Nord-Süd-Konflikt. Die Industriestaaten haben in den letzten 30 Jahren die Länder der Dritten Welt hochgerüstet und verbieten ihnen jetzt den Gebrauch dieser Waffen. Schon heute stehen Staaten wie Israel, Pakistan, Iran, Irak, Indien, Nordkorea, Argentinien und Brasilien an der Schwelle der Nuklearwaffentechnik. Sollten die Entwicklungsländer dieses Verbot mißachten, kann sich, weil der Norden sich „moralisch" zur Intervention verpflichtet fühlt, jeder kleine Konflikt zu einer weltweiten Krise ausdehnen. Der Beinahkrieg mit dem Irak Anfang 1998 ist dafür ein Beispiel.

In den Ländern der Dritten Welt werden diese Sprengstoffe durchaus wahrgenommen. Der Protest gegen das Diktat des reichen Nordens wird immer lauter. In Südostasien wird bereits heute offen der Glaubenssatz des Westens angegriffen, daß Wohlstand und Demokratie die beiden Seiten derselben Medaille seien. Die islamischen Fundamentalisten beklagen immer lauter, daß der Norden nichts gegen den Kollaps im Süden tut. Die Völker der Dritte-Welt-Länder werden zunehmend fanatisiert. Der amerikanische Historiker Francis Fukuyama, der 1989 mit seinem Buch „Das Ende der Geschichte" Aufsehen erregte, schreibt, daß nach dem Ende der klassischen Unterteilung zwischen Kommunismus und Kapitalismus der auf religiösem Fundamentalismus gegründete Nationalismus die einzige tragfähige Ideologie sei. Fukuyama sieht darin die größte Bedrohung für die Industrienationen.

Der Konflikt Nord-Süd spielt sich freilich nicht nur global ab, sondern zieht sich bis in die Städte der Industrieländer. Los Angeles zum Beispiel, die erste Dritte-Welt-Metropole der Ersten Welt, erlebte im Mai 1992 einen Vorgeschmack dieses ideologischen Krieges. Bei Rassenunruhen ging ein ganzes von Schwarzen bewohntes Viertel, South Central L.A., in Flammen auf, nur wenige Blocks hinter dem Finanzzentrum.

Aus diesen Sprengstoffen lassen sich Bomben bauen, deren Sprengkraft in Millionen TNT nicht mehr zu messen sind. Aus der neuen Völkerwanderung, der Aufrüstung der Dritten Welt, deren Ausbeutung, Umweltzerstörung und einem Anwachsen fundamentalistischer Ideologien entstehen Spannungen und Krisenherde, die bereits an vielen Orten der Welt zu offenen Konflikten und Kriegen geführt haben.

Seit Beginn der neunziger Jahre werden weltweit 43 Kriege geführt, so viele wie nie zuvor zur gleichen Zeit. Fast alle diese Kriege finden in Ländern der Dritten Welt statt. Die Hoffnung auf eine neue friedliche Weltordnung nach dem Endes des Kalten Krieges hat sich leider nicht erfüllt. Im Gegenteil, während in den fünfziger Jahren zwischen 10 und 15 Kriege gleichzeitig stattfanden, ist diese Zahl pro Dekade durchschnittlich um zehn gestiegen. Wie viele Menschen dabei zu Tode gekommen sind, weiß man nicht genau. Schätzungen gehen davon aus, daß in den mehr als 200 Kriegen seit 1945 mindestens 40 Millionen Menschen starben, Abermillionen aus ihren Siedlungen vertrieben wurden und als Flüchtlinge Schutz in Nachbarländern suchten.

Das weltweite Flüchtlingsproblem

Das UNHCR, das Flüchtlingswerk der Vereinten Nationen, schätzt, daß sich zur Zeit 20 Millionen Menschen weltweit auf der Flucht befinden. Die Kriege, die heute zwischen verfeindeten Staaten stattfinden, sind überwiegend grausame Bürgerkriege, die sich an ethnischen Konflikten und sozialen Spannungen entzünden. Opfer dieser innerstaatlichen Kriege sind vor allem unschuldige Zivilisten, Frauen, Kinder und Alte. In den neunziger Jahren kommen, so der Befund der „Arbeitsgemeinschaft Kriegsursachenforschung" der Hamburger Universität, auf einen getöteten Soldaten zehn tote Zivilisten.

Der Zukunftsforscher Hans Holzer befragte 1971 eine Reihe von Sehern in Amerika und Großbritannien nach

Nach amerikanischen Studien bewegen sich die weltweiten Flüchtlingsströme in folgende Richtungen:

11% in die Karibik, nach Mittel- und Süd-Amerika,

15% nach Asien und den Mittleren Osten,

21% nach Nord-Amerika,

17% nach Europa,

3% nach Australien,

33% nach Afrika.

Aussichten für einen möglichen Krieg. Die Ergebnisse seiner Statistik sind verblüffend. Die Mehrheit der Seher prophezeite:

◆ Der Krieg wird zwischen den USA und China ausbrechen.

◆ Rußland wird Alliierter der USA sein.

◆ Atom- und biologische Waffen werden eingesetzt werden, aber nur in begrenzter Zahl.

◆ China wird den gesamten Orient dominieren, im Nahen Osten werden viele kleinere Schlachten geschlagen.

◆ Europa wird sich den Alliierten anschließen.

◆ Alaska und Grönland werden wichtige strategische Gebiete sein.

◆ China wird den Krieg verlieren, aber unter großen Verlusten des Westens.

Interessanter- und beruhigenderweise sind diese Vorhersagen der amerikanischen und britischen zeitgenössischen Seher mit denen der deutschen und österreichischen Volksseher nicht vereinbar, denn diese glauben an ein ganz anderes Kriegsgeschehen, wie wir im nächsten Kapitel noch sehen werden.

Der islamische Fundamentalismus –
eine Revolte gegen den Westen

Die Revolte des islamischen Fundamentalismus gegen den Westen und seine Weltordnung hat schon begonnen, 1,2 Milliarden Gläubige stehen in der Armee des Halbmondes und werden nach den Worten des Koran mit revolutionärer Energie mobilisiert.

Zu den islamischen Staaten zählen einige der reichsten Länder der Welt. Wirtschaftliche Macht hat sich in diesem Jahrhundert mit dem Selbstbewußtsein der Menschen verbunden, unter dem Banner des Propheten einen Heiligen Krieg gegen die Ungläubigen führen zu müssen. Revolutionäre Moslems wirken als Oppositionsgruppen oder Untergrundkämpfer in Nordafrika, im Nahen Osten und Südostasien.

„Der Islam wird die Bewegung des 21. Jahrhunderts werden," prophezeite Hassan el-Turabi, der im Sudan die erste islamische Republik auf afrikanischem Boden proklamierte. Nach dem Feuerspeier Khomeini, der als

Urvater des wiederbelebten strengen Moslemtums gilt, haben seine Enkel neue und gefährliche Ziele ins Auge gefaßt. Keine Weltreligion verbreitet sich derzeit so schnell wie der Islam. 46 Länder der Erde bezeichnen sich als islamisch, in vielen ist der Islam Staatsreligion. Sollte der Druck, vor allen Dingen auf die ärmeren islamischen Länder, weiter wachsen, könnte es sein, daß 700 Jahre nach den Kreuzzügen die arabischen Moslems zum Gegenkreuzzug antreten.

Der Djihad, also der Heilige Krieg des Islam gegen den Westen, findet überall statt. Der Terror der „Internationale militanter Islamisten" ist weltumfassend geworden, meldet die deutsche Presse im Herbst 1997. Die Organisatoren sind in London, Paris und Berlin residierende ehemalige Freiheitskämpfer. Ihr Geldgeber ist der saudische Multimillionär Osama bin Laden, auch geschrieben als Osama Ben Laden.

Der Anteil der verschiedenen Kulturkreise am Weltbruttosozialprodukt belief sich, bezogen auf die westliche Zivilisation, 1950 auf 64,1%, 1992 nur noch auf 48,9%.

Demgegenüber stieg der Anteil der islamischen Zivilisation im gleichen Zeitraum von 2,9% auf 11%.

Weil britische Gesetze im Gegensatz zu denen in andern EU-Staaten die Finanzierung von Terroranschlägen im Ausland nicht verbietet, wurde London für militante Fundamentalisten zum Zufluchtsort. Von hier aus organisieren die fanatischen Islamisten die logistische und finanzielle Unterstützung des Guerillakampfs in ihren Heimatländern, rekrutieren Nachwuchskämpfer, schalten sich in den organisierten Waffenschmuggel ein, gewähren verfolgten Kämpfern Unterschlupf oder beschaffen gefälschte Papiere. Von der britschen Metrople aus soll die „Dschamaa Islamija" den Anschlag auf einen Touristenbus vor dem Ägyptischen Nationalmuseum in Kairo vom 18. September 1997 geplant haben, bei dem zehn Menschen verbrannten, neun von ihnen waren Deutsche.

Von London aus soll auch die „Algerische Islamische Gruppe (GIA)" das Bombenattentat vom 19. Januar 1997 vorbereitet haben, bei dem in Algier 46 Menschen getötet und 60 verletzt wurden. Scheich Omar Bakri Mohammed, Anführer der islamischen Gruppe „al-Muhajiroun", veranstaltete im Juli 1997 einen Schauprozeß gegen den ägyptischen Präsidenten Hosni Mubarak auf dem Londoner Trafalgar Square, an dessen Ende Mubarak in Abwesenheit zum Tode verurteilt und symbolisch hingerichtet wurde. Zum Schluß rief der Scheich dem muslimischen Publikum zu: *„Nach islami-*

schem Recht ist Mubarak jetzt ein legitimes Angriffsziel. Wenn ein Muslim Mubarak morgen tötet, erfüllt er das Urteil dieses Gerichts."

Hort und zugleich Zielscheibe des fundamentalistischen Terrors ist auch Paris. Bereits im Sommer 1995 bombten die algerischen Fundamentalisten der GIA die Menschen der französischen Hauptstadt in Angst und Schrecken. Am 3. Dezmber 1996 zündeten sie in einem Metro-Waggon eine mit Nägeln gespickte Bombe und töten dadurch vier Passagiere und verletzten 91. Inzwischen hat die französische Regierung zwar den Terroristen den Krieg erklärt und bereits 261 von ihnen inhaftiert, aber solange noch der wichtigste Drahtzieher aus einer kleinen Hütte im afghanischen Hindukusch-Gebirge ungestört operieren kann, wird Westeuropa und auch die USA – der Bombenanschlag auf das World Trade Center in New York vom 26. Februar 1993 (sechs Tote, über 1000 Verletzte) war nur eine Warnung – weiter mit dem Dhjihad im eigenen Land rechnen müssen. Und dieser Mann heißt Osama bin Laden.

Der 42-jährige saudische Multimillionär (vom US-Außenministerium geschätztes Vermögen: 500 Millionen US-Dollar) mit der sanften Stimme unterstützt nach Erkenntnissen des amerikanischen Geheimdienstes CIA seit Jahren fundamentalistische Terrorgruppen von Algerien bis Afghanistan und gilt als der bedeutendste Finanzier des islamischen Terrorismus weltweit.

In der arabischen Welt ist er hochangesehen, vor allem deswegen, weil er als Kriegsfreiwilliger nicht nur mehr als sieben Jahre lang mit den afghanischen Freiheitskämpfern gegen die sowjetischen Besatzer gekämpft, sondern auch ein Netzwerk von Kämpfern aufzog und für diese Ausbildungscamps organisierte. Mehr als 70 000 Mudjahedin soll er auf diese Weise den afghanischen Rebellen zugeführt haben. Während des Golfkriegs 1991 rief er dann zum Heiligen Krieg gegen den Westen auf: *„Die zionistisch-christliche Allianz, welche die heiligen Stätten des Islam, Mekka und Medina, besetzt hält, hat sich gegen die Muslime verschworen. Israel und die USA sowie alle gemäßigten Regierungen, die mit diesen Mächten kollaborieren, sind zu bekämpfen."* Die saudische Regierung beschlagnahmte daraufhin Ladens Pass.

Laden setzte sich in den Sudan ab, wurde bald größter Wirtschaftsmagnat des Landes und holte Hunderte von ehemaligen afghanischen Freiheitskämpfern ins Land. Seit Anfang 1994 unterhält er im Nordsudan drei Trainingscamps für Terroristen. Gefolgsleute der algerischen „GIA" (verantwortlich für viele Massaker an Dorfbewohnern – im Konflikt mit der Regierung, bisher über 100 000 Tote), der ägyptischen Gruppen „Gamaa-al-Islamiya" und „Al-Dhijad" (Anschlag von Kairo 1997 und weitere Attentate) sowie der libanesischen „Hisbollah" (auch vom Iran unterstützte Terror-Armee), der palästinensischen „Hamas" (seit 1993 84 israelische Attentatsopfer) und der „Abu-Nidal-Gruppe" (Attentate in 20 Ländern – insgesamt über 900 Tote und Verwundete) sollen seitdem hier ausgebildet werden.

Seit im Mai 1995 eine Resolution des UN-Sicherheitsrats den Sudan zwang, Laden auszuweisen, lebt er in Afghanistan in wechselnden Verstecken unter dem Schutz der erzfundamentalistischen, von Pakistan gesteuerten Taliban-Milizen (die übrigens mit den Ölmultis bereits einen Handel über die Ausbeutung der Ölquellen Afghanistans im Falle ihres Sieges im Bürgerkrieg abgeschlossen haben – die Politik der US-Regierung und der großen Ölfirmen läuft in diesem Punkt also diametral auseinander!). Der Versuch der Amerikaner im August 1998, ihn aus seinen Lagern herauszubomben, schlug fehl, und sein Einfluß ist ungebrochen. In den arabischen Medien wird er als „Held, der dem Islam Hilfe bringt" und „Speerspitze gegen den Westen" gefeiert – obwohl er bewiesenermaßen hinter dem Terror-Anschlag auf das World Trade Center (26.2.1993) stand, den Attentaten auf US-Truppen in Riad, Saudi-Arabien, 1995 (fünf Tote) und im Juni 1996 in Dahran (19 Tote) sowie den Sprengstoffanschlägen auf die amerikanischen Botschaften in Kenia und Tansania im August 1998 (mehr als 250 Tote, 5000 Verletzte).

Der deutsche Verfassungsschützer Peter Frisch warnt in der Zeitschrift „Der Spiegel": *„Von denen, die den Afghanistan-Krieg überlebt haben, ist ein Teil in Europa eingesickert, wahrscheinlich auch in Deutschland. Diese Leute sind zum Töten ausgebildet. Sie können wieder in Anspruch genommen werden. Wir sind sehr intensiv bemüht, herauszufinden, wie sie hereingekommen und wo sie geblieben sind."*

Der Vater aller Seher, Nostradamus, sagte für das Ende dieses Jahrtausends eine chinesisch-arabische Allianz voraus.

Andrei Amalrik, neben Solschenizyn einer der bekanntesten System-kritiker der Sowjetunion, warnte bereits in den siebziger Jahren vor einem Krieg zwischen China und einer „auseinanderbrechenden UdSSR".

Obwohl China in den letzten Jahren Gewalt eher gegen das eigene Volk richtet und sich nach außen als moderater Wirtschaftspartner beweisen will, gibt es Andeutungen, daß das menschenreichste Volk der Erde wieder zum Militärgiganten werden will. Das Verhalten des chinesischen Ministerprä-sidenten Li Peng im Juli 1994 bei seinem Staatsbesuch in Deutschland zeigte, daß die chinesische Führung eher auf Konfrontationskurs geht, als etwa in der Frage der Menschenrechte Zugeständnisse zu machen.

Staatschef Yang Shangkun äußerte sich in einer geheimen Rede vor Militärs: *„Feindliche Kräfte in der internationalen Arena könnten sich an Chi-na die Finger verbrennen, wenn sie sich nicht benehmen."* Er bezeichnete die chinesische Armee als ein „Tier mit Flügeln", das von keinem Feind der Welt besiegt werden könne.

Und tatsächlich scheint es China ernst zu meinen. Ein umfangreiches Auf-rüstungsprogramm wurde zur Stärkung der Kriegsmarine und Luftwaffe aufgestellt: Raketen aus Israel, Kriegstechnologie aus dem Iran, Rüstungs-experten aus Rußland, Kampfflugzeuge und Kriegsschiffe aus allen waffen-exportierenden Ländern. Das erste Ziel, das die neue chinesische Expan-sionspolitik ins Visier genommen hat, sind die Spratlys, eine Inselgruppe im südchinesischen Meer. Dort werden große Öl- und Erdgasvorkommen ver-mutet, und sie werden neben China von Brunei, Malaysia, den Philippinen, Taiwan und Vietnam beansprucht. Außerdem bekräftigt China seinen Anspruch auf das südchinesische Meer einschließlich der internationalen Schiffsrouten. Als Beweis für den schnellen Aufbau einer schlagkräftigen chi-nesischen Armee gelten die um 12,5 Prozent gestiegenen Rüstungsausgaben.

Edgar Cayce prophezeite vor fünfzig Jahren eine friedvollere Entwicklung: *„China? Fürwahr, dort lebt die Gemütsruhe, die sich nicht verdrängen läßt, die sich durch langsames Wachstum erhält – wie ein Strom, der durch die Lande fließt, durch die Zeiten –, die in Ruhe gelassen und nur durch das befriedigt wer-den will, was sie in sich trägt. China erwachte einst und schnitt sich das Haar ab! Fürwahr, dort wird eines Tages die Wiege des christlichen Glaubens stehen, wie er im Leben der Menschen anzuwenden ist. Das dauert jedoch nicht* *lange, nach menschlicher Zeitrechnung, aber nur einen Tag im Herzen Gottes. Denn morgen wird China wieder erwachen.*"

Der amerikanische Bibelforscher Kirk Nelson verglich aufgrund Cayces Aussage verschiedene Bibelstellen, unter anderem Daniel und Ezechiel, und kam zu dem Ergebnis: *„Diese Verse können interpretiert werden als eine bevorstehende Invasion des Nahen Ostens durch die Chinesen. Die Apokalypse spricht von einer Armee von 200 Millionen, die über den Euphrat (Irak) ins Heilige Land einfallen werden.*"

Fassen wir die verschiedenen Prophezeiungen zu einem möglichen nächsten Krieg zusammen, so fällt auf, daß sich hier nicht wie bei der Umweltkrise oder den bevorstehenden Naturkatastophen eine gemeinsame Basis finden läßt: Die einen sprechen von einem chinesischen Angriff auf den Nahen Osten, die anderen von einem russischen Überfall auf Westeuropa. Ich werde beides im nächsten Kapitel noch einmal kritisch beleuchten.

Der große Wirtschaftscrash ist vorprogrammiert

Weltweit sind immer mehr Menschen ohne Arbeit. Gleichzeitig wächst die Verschuldung – nicht nur der Staaten in der Dritten Welt – ins Unermeßliche. Konzepte für eine Weltwirtschaftsreform gibt es nicht.

„Ich sehe voraus, daß uns eine Zeit der Wirren, der Unordnung und auch gewaltiger wirtschaftlicher Probleme bevorsteht. Sowohl die Vereinigten Staaten als auch Rußland entledigen sich der Rolle, den Ländern der Dritten Welt Hilfe zu leiten. Sie haben nicht mehr die nötigen Mittel dazu. Kein anderer Staat besitzt sie noch." Diese Vision aus den 80er Jahren unseres Jahrhunderts stammt von Sun Bear, einem Schamanen vom nordamerikanischen Stamm der Chippewa.

Und die Realität? Die Ängste nehmen im Bereich der wirtschaftlichen Sicherheit weltweit zu – in den reichen Industrienationen deutlich stärker als in den Staaten der Dritten Welt. Die „Reichen" haben schlicht und einfach mehr zu verlieren, und in den Vorstellungen westlicher Konsumenten gibt es kaum eine größere Bedrohung als die Vorstellung, sich seinen Lebensstandard nicht mehr leisten zu können.

An der Schwelle zum 21. Jahrhundert spitzen sich die Probleme für die Wirtschaft zu. Wenn man aus der aktuellen Sicht etwas zurücktritt und zweihundert Jahre als geschichtliche Entwicklung der relativ jungen „Weltwirtschaft" betrachtet, wird vieles klarer. Mit der Industrialisierung Anfang des 19. Jahrhunderts begann ein sprunghaft anwachsender Wirtschaftsboom, der alle Länder dieser Erde erfaßte. Die Folge: Rasante technische Entwicklung, neue soziale Strukturen, Verstädterung und Raubbau der Ressourcen. Unter all diesen Auswirkungen des ersten globalen Wirtschaftsbooms haben wir heute zu leiden – die technische Entwicklung schreitet immer noch so rasant voran, aber sie hat uns Menschen und unsere wahren Bedürfnisse längst überholt, sie nimmt uns sogar inzwischen Arbeitsplätze weg. Die sozialen Strukturen sind auseinandergebrochen oder haben sich wenigstens stark verändert. Die Sicherheit der Großfamilie fehlt, der finanzielle Druck auf Kleinfamilien oder Singles wird immer stärker, Lebensziele fehlen oder werden in Frage gestellt, und angesicht von Umweltschäden, Klimakatastrophen und Kriegsgefahren breitet sich Depression aus.

Zwei Große Kriege stoppten kurzfristig das Überschlagen des Wirtschaftsbooms und nach dem Zweiten Weltkrieg mußte eine halbe Welt wieder neu aufgebaut werden. Deutschland erlebte ein „Wirtschaftswunder", aber dieses vermeintliche Wunder war glasklar vorausberechnet von den westlichen Alliierten. Schließlich wollten sie das Herz Europas nicht an den ideologischen Feind verlieren. Das deutsche Wunder war das Ergebnis eines Wirtschaftskampfes – hier Kapitalismus, dort Kommunismus. Wir wissen inzwischen, daß der Kommunismus verloren hat, aber gleichzeitig hat der Kapitalismus seinen Motor eingebüßt. Zuwächse und Profite wie in den goldenen Jahren des Wiederaufbaus und der hemmungslosen Ausbreitung sind heute nicht mehr möglich. Und in das sehr komplizierte und komplexe Getriebe der Weltwirtschaft ist einiger Sand geraten.

Mitte 1997 setzte der Zusammenbruch der asiatischen Boomregion ein: Aktienkurse stürzten ins Bodenlose, Wechselkurse halbierten sich, die Vermögen ganzer Volkswirtschaften wurden vernichtet. Fast über Nacht hatten die internationalen Finanzmärkte, die Spekulanten, aber auch die seriösen Händler und Investoren der Region das Vertrauen entzogen, weil sie sich nicht an die Spielregeln hielt. Im Kampf gegen die Abwertung ihrer Währung verbrauchten Thailand, Indonesien und Südkorea fast ihre gesamten Devisenreserven. Dann hingen sie am Tropf des Internationalen

Währungsfonds (IWF). Der IWF pumpte rasch über hundert Milliarden
Dollar in die einstigen „Tigerstaaten" und forderte drastische Sparmaß-
nahmen.

Seither reagieren die Weltbörsen nervös auf jede Nachricht aus Fern-
ost. Wenn die Anleger in den USA und in Europa ihr Geld zurückziehen, wäre
ein weltweiter Börsencrash unausweichlich – und zwar einer gegen den der
berühmte Schwarze Freitag vom Oktober 1929 wie die Pleite eines kleinen
Handwerksbetriebes wirkte. Die Menschen in Südostasien freilich spüren die

Unter den Auswirkungen des   schon jetzt bestehende wirtschaftliche Depression am
ersten globalen Wirtschafts-   eigenen Leib: Die Löhne fallen, die Preise steigen, ein
booms haben wir heute zu   Heer von Arbeitslosen entsteht.
leiden: Die technische Ent-   Ausgelöst wurde die Krise durch den zu rasanten Aufstieg:
wicklung schreitet zwar ra-   Allein in Südkorea, Taiwan, Hongkong und Singapur
sant voran, aber sie hat die   versechsfachte sich zwischen 1965 und 1995 das reale
Menschen und ihre wahren   Pro-Kopf-Einkommen, in Hongkong und Singapur über-
Bedürfnisse längst überholt.   traf es sogar bei weitem das der früheren Kolonialmacht
Inzwischen vernichtet sie   Großbritannien. Und die Regierungen und die mit ihnen
sogar Arbeitsplätze...   verbandelten Banken und Firmen investierten und spe-
kulierten und verschuldeten sich dabei über alle Maßen. Als Folge dieser
finanziellen Mißwirtschaft rutschte die Zahlungsbilanz der „Tigerstaaten"
immer tiefer in die Verlustzone. Gleichzeitig drängten die neuen Konkur-
renten China und Vietnam auf den Markt, die ihre Ware billiger herstellten.
Als sich dann Mitte der 90er Jahre auch noch die US-Wirtschaft erholte, wurden die an den US-Dollar gekoppelten Währungen der Tiger immer teurer.
Weil aber eine notwendige Abwertung der Währungen den eigenen Ami-
gosystemen geschadet hätte, wurde sie nicht in Angriff genommen. Damit
öffneten die Börsen den Wechselkursspekulanten Tür und Tor.

Nachdem es dann Mitte 1997 bis Anfang 1998 zum Crash kam, zog der
IWF die Daumenschrauben an: Banken durften Kredite nur noch nach
ökonomischen Gesichtspunkte vergeben, marode Banken mußten
schließen, aufgeblähte Konzerne abspecken. Ein Weltwirtschaftszusam-
menbruch ist dadurch zwar vermieden worden, aber in den Ländern
Südostasiens regt sich ob der restriktiven Politik scharfe Kritik am Westen.
Daß sich im Zuge dieser drakonischen Reformen und dank der nunmehr

günstigen Wechselkurse vermehrt US-Firmen in Asien einkaufen, vermehrt das Mißtrauen. Die USA würden in Asien als „Plünderer" angesehen, schrieb 1998 die japanische Wirtschaftszeitung „Nihon Keizai Shimbun". Die USA strebten eine „unverhohlene Finanzherrschaft" an. Ein bloßes Überstülpen westlicher Prinzipien auf die asiatische Wirtschaft werde zwangsläufig zu einem Anti-Amerikanismus führen. Daß die Japaner gegen die IWF-Politik Front machten, kommt nicht von ungefähr. Japanische Banken hatten in den Tigerstaaten Hunderte von Milliarden an Krediten vergeben. Einige Banken mußten nach dem Crash Konkurs anmelden.

Sollte dieser Negativ-Trend weitergehen, wäre auch Amerika betroffen: Rund 350 Milliarden Dollar amerikanischer Staatsanleihen sind in japanischer Hand. Sollten Japans Banken in Panik geraten und einen Teil dieser Gelder abziehen, wäre eine weltweite Finanzkrise die Folge.

Gefahr droht auch aus China: Kann es als *„Fels der sozialistischen Marktwirtschaft unbeschadet in der Brandung des asiatischen Finanztaifuns überleben?"* fragte Anfang 1998 die staatliche „Finanzzeitung" in Peking. China setzte vor dem Crash 70 Prozent seiner Ausfuhren auf den asiatischen Märkten ab. Die seither gedrosselte Ausfuhr hat bereits Millionen von Arbeitsplätzen gekostet.

Für den US-Ökonomen Paul Krugman war die asiatische Wirtschaftskrise vom Sommer 1997 nicht nur der Beginn eines weltweiten Widerstandes gegen den freien Handel. In der bereits zitierten Zeitung „Nihon Keizai Shimbun" schrieb er Anfang 1998: *„Es ist sogar möglich, daß die Globalisierung der Wirtschaft künftig nicht weiter voranschreitet, sondern einige Jahrzehnte stockt oder sich gar zurückentwickelt."*

Der weltweite Megakonzern

Multinationale Konzerne wuchern unübersichtlich und vernetzen sich weltweit mit Banken, Versicherungen und Regierungen. Zur Sicherheit beteiligen sie sich an möglichst vielen verschiedenen Produktionszweigen und verlegen die Produktion jeweils an den Standort, der wirtschaftlich der günstigste ist. Davon haben weder die Arbeitskräfte etwas noch das Land, in dem produziert wird. Denn die Rohstoffe, die sie dort kaufen, fallen zwangsläufig im Preis. Multis werden immer größer und auch immer weniger.

Sie schließen sich zusammen, kaufen kleine Betriebe auf oder beißen sie vom Markt. Am Schluß werden wenige, ja vielleicht nur ein Megakonzern übrigbleiben, und diese Gefahr wird heute selbst von Wirtschaftssachverständigen nur hinter vorgehaltener Hand beschrieben.

Bezüglich dieser Entwicklungen warnt die blinde Schamanin No-Eyes: „...*Es hat mit allen Gelddingen zu tun...Geldsachen, Handel, alles wird leiden hier...Viele Leute sind tief in ihrem Herzen unzufrieden und ratlos, für wen sie ihre Arbeit verrichten. Viele Arbeitsplätze sind nicht fair. Diese Arbeiter geben dem Boß alles, was sie können. Sie geben und geben. Sie bekommen nichts zurück. Sie hören auf zu arbeiten. Sie werden wieder arbeiten, wenn sie Dinge zurückbekommen. Viele Menschen werden die Arbeit niederlegen. Sie sind sehr wütend. Es wird überall so sein...*"

Die trügerische Aussicht, ein freier Welthandel verringere wirtschaftliche Risiken, wird in der Zukunft vielen Firmen zum Verhängnis werden. Die Märkte werden kleiner anstatt größer, und die lokalen Rezessionen werden auch nicht dadurch aufgefangen, daß man sich in möglichst vielen Teilen der Erde engagiert. Wer ein „wurzelloses" Wirtschaftsunternehmen plant, hat auf Sand gebaut. Multis als fliegende Bauchladenhändler, die nirgendwo ihren Sitz haben, nur dort immer sein wollen, wo der größte Profit lockt, werden schnell untergehen. Die Lockerung durch das GATT-Abkommen wird sich bald als Hemmnis für die freie Marktwirtschaft erweisen, und Protektionismus wird die Folge sein. Wirtschafts- und Handelskriege sind nicht ausgeschlossen.

Aus der relativ kurzen Geschichten der industriellen Entwicklung das Gesetz des ständigen Wachstums abzuleiten, ist kurzsichtig und überheblich. Aber natürlich müssen Wirtschaftler so denken, denn warum sollten ausgerechnet sie nicht in der Zeit hemmungslosen Wachstums leben? Die Profitsteigerung kommt an ihre Grenzen. Immer mehr Arbeiter werden durch Rationalisierung, Automatisierung und Roboterfertigung überflüssig – aber sie sind in Wirklichkeit immer noch sehr wichtig für die Industrie: Denn sie sollen es doch sein, die ihre Produkte kaufen. Aber als Arbeitsloser hat man keine besonders große Kaufkraft. Der Kollaps, den Karl Marx vor über hundert Jahren vorhergesagt hat, rückt immer mehr in vorstellbare Nähe.

Wirtschaft und Finanzmarkt sind so eng verbunden, daß man inzwischen kaum mehr Nahtstellen erkennt. Viele Industrien gründen eigene Banken, viele Banken beherrschen Konzerne, ja oft ganze Länder. Mexiko gehört eigentlich der Weltbank, aber wie soll man zwei Millionen Quadratkilometer nach New York schaffen? Eigentlich ist dieser Staat wie viele andere Entwicklungs- und Schwellenländer pleite, aber er wird nicht gepfändet. 100 Milliarden Dollar hat Mexiko an Auslandsschulden und es kann nicht einmal die Zinsen für diese gigantische Summe zahlen. Dafür bekommt das Land eben wieder neue Kredite und wieder neue und wieder – das ist ein weiteres Zeichen einer rasanten Sogentwicklung, an deren Ende eine Finanzkatastrophe stehen könnte, deren Ausmaß sich heute noch niemand vorstellen kann. Der Schwarze Freitag 1929 war dagegen sicher nur ein schlichtes Stolpern.

Der Geldmarkt: 900 Milliarden Dollar pro Tag

Weltweit nimmt die Finanzkrise rapide zu. Gab es früher noch harte Deckung für Währungen, sind diese Sicherheiten seit Jahrzehnten völlig verschwunden. Die Leitwährung des 19. Jahrhunderts war ein starkes Pfund, so sprichwörtlich sicher wie die Bank von England. Nach 1945 hat der Dollar diese Rolle übernommen und er wurde seitdem weicher und weicher. Viele Währungen werden heute nur noch durch Glaube und Gebete gestützt.

Der indianische Seher und Schamane Sun Bear sagte auf die Frage, wie es denn seiner Meinung nach um die Weltwirtschaft bestellt sei: *„Sie ist momentan sehr empfindlich; wenn nur irgend jemand hustet, dann ist sie völlig ruiniert."*

Der Geldmarkt hat sich zu einem globalen Insiderspiel entwickelt, in dem täglich gigantische Summen gehandelt werden, die meist nur noch als Daten existieren. Papierfluten sind durch elektronische Transaktionen ersetzt worden. Im Kapitalmarkt schwimmen Banken; Börsen und Anleger lassen sich von Strömungen treiben, und auch sie spekulieren immer mehr in einer virtuellen Realität. Der tägliche Geldumschlag beträgt etwa 900 Milliarden Dollar, mehr als weltweit gleichzeitig an Werten produziert oder als Dienstleistungen aufgewandt wird.

> Der tägliche Geldumschlag beträgt weltweit etwa 900 Milliarden US-Dollar. Das ist weit mehr als gleichzeitig an Waren produziert oder als Dienstleistungen aufgewandt wird.

Anders als die Banken sind Einzelpersonen nicht mit Daten zufrieden, wenn es um Kapital geht – sie brauchen schlicht Geld zum Anfassen und Ausgeben. Das globale ökonomische Wachstum hat die Menschen dieser Erde noch weiter von einander entfernt, und anhand einiger Zahlen läßt sich erkennen, wie steil das Nord-Süd-Gefälle wirklich ist. So stieg das Pro-Kopf-Inlandsprodukt in der Schweiz 1991 auf 36 300 Dollar, in Indien blieb es bei 360 Dollar stehen. Diese kargen Zahlen bedeuten, daß ein Durchschnittsschweizer hundertmal mehr Geld zur Verfügung hat als ein Durchschnittsinder. Und wie er leben über eine Milliarde Menschen auf diesem Planeten, die jährlich mit weniger als 370 Dollar überleben müssen. Das gilt als globale Armutsgrenze. Im Gegensatz zu den Staaten können diese Menschen keine Kredite aufnehmen, die sie nie wieder zurückzahlen müssen und für deren Zinsen sie einfach wieder neue Kredite in Anspruch nehmen können.

In seinem Buch „In Vorbereitung auf das 21. Jahrhundert" schreibt dazu der Historiker Paul Kennedy : *„Die Kraft und die Komplexität der Kräfte des Wandels sind enorm und einschüchternd; dennoch mag es noch immer intelligenten Männern und Frauen möglich sein, ihre Regierungen in die komplizierte Vorbereitung auf das vor uns liegende Jahrhundert zu führen. Stellt die Menschheit sich indessen diesen Herausforderungen nicht, so wird sie sich die Katastrophen, die vor ihr liegen könnten, ausschließlich selbst zuzuschreiben haben."*

No-Eyes, die berühmte Seherin vom Stamm der Chippewa, sagt dazu: *„Die Arbeit wird exportiert werden, dahin wo sie billiger ist. Immer weniger Menschen werden Arbeit haben. Nach der Rezession kommt die Depression. Das Geld wird knapp und die Banken, die noch übrigbleiben, werden es nur sehr schwer wieder verleihen. Die Unternehmen werde keine Kredite mehr erhalten, es wird nicht mehr gebaut, Immobilien werden an Wert verlieren."*

Schlußfolgerungen

Die verschiedensten Seher haben davor gewarnt, daß sich die Natur aufbäumen werde, wenn der Mensch sie weiter zerstört. Die kurze, schlaglichtartige Analyse, die ich auf den letzten Seiten zu leisten versuchte, brachte genügend Fakten und Tatsachen zutage, die belegen, daß eine Umkehr in unserer Behandlung der Natur dringend erforderlich ist, um den Trend der Klimaveränderungen und der Zunahme von Naturkatastrophen zu stoppen. Ein Umdenken in diese Richtung hat in den letzten Jahren zum Glück stattgefunden, was an zahlreichen internationalen Konferenzen zum Thema Umweltschutz, an der Aufgeschlossenheit der Öffentlichkeit gegenüber dieser Problematik und an der Anstrengung hochkarätiger Wissenschaftler aller Nationen, Lösungen zu finden, deutlich wird. Ich werde gleich darauf zurückkommen.

Die Betrachtung des Ist-Zustandes unserer Erde in diesem Kapitel zeigte auch, daß die schädlichen Entwicklungen der letzten 50 Jahre nichts mit einer Apokalypse oder einem bevorstehenden Weltuntergang zu tun haben, vor dem die meisten der neu erschienenen Seher-Bücher in düsteren Szenarien warnen. Denn die Umkehr ist möglich, wenn wir auch aller Wahrscheinlichkeit nach unsere bisherige Fahrlässigkeit in den nächsten Jahren mit Klimaschwankungen, Überschwemmungen, Sturmfluten, Bränden, ja sogar Erdbeben und Vulkanausbrüchen büßen müssen.

Hoffnung machen vor allem die, die vor fast 30 Jahren vor der Zerstörung unserer Umwelt gewarnt haben: die Wissenschaftler, die sich zum „Club of Rome" zusammenschlossen und in stets neuen Berichten ihre Forschungsergebnisse der Öffentlichkeit präsentieren. In ihrem Bericht aus dem Jahr 1995 mit dem Titel „Faktor Vier: Doppelter Wohlstand – halbierter Naturverbrauch" legen Ernst Ulrich von Weizsäcker und seine Kollegen ein Modell vor, das eine umweltschonende und dennoch profitversprechende Wirtschaftspolitik verspricht. Im Streben nach dem ständigen Zuwachs an Arbeitsproduktivität sehen die Wissenschaftler die eigentliche Gefährdung der Umwelt durch den Menschen und schlußfolgern: *„Uns bleibt nur eines: weniger Natur zu verbrauchen und mit dem Wenigen wirksamer zu arbeiten. Wir müssen eine Effizienzrevolution in Gang setzen, die dazu führt, daß wir die Naturgüter mindestens viermal besser nutzen als bisher. Das ist der Faktor vier. Er macht es möglich, daß wir trotz halbierter Naturnutzung den verteilbaren Wohlstand verdoppeln können."*

Weizsäcker und seine Kollegen zeigen auch, wie das funktioniert: Schon mit den heute vorhandenen Technologien lassen sich Produkte herstellen, die einen vielfach höheren Nutzen haben als herkömmlich produzierte Güter und dabei keineswegs teurer sind. Beispiele: Solarhäuser, die auch in sonnenarmen Regionen funktionieren und deren Energiekosten fast bei Null liegen; Sparautos, die mit einem Viertel der bisher benötigten Energiemenge fahren; Lampen, Ventilatoren und Klimaanlagen, die mit einem Bruchteil des bisherigen Stromverbrauchs auskommen, usw. Die Autoren nennen in ihrem 1995 erschienen Buch 50 Beispiele für effiziente, aber drastische Energiesparprodukte. Dazu gehört auch die Erhöhung der Transportproduktivität, wie zum Beispiel Videokonferenzen statt Geschäftsreisen, elektronische Post statt Briefe, Ausbau der öffentlichen Verkehrsmittel oder Abbau der langen Transportwege vom Rohstoff bis zum Endprodukt.

Allerdings, so warnen die Wissenschaftler, werden alle diese Anstrengungen nicht zum Erfolg führen, wenn es nicht gelingt, das rasende Anwachsen der Weltbevölkerung zu bremsen. Eine mittlere Schätzung der Vereinten Nationen sagt für das Jahr 2050 zehn Milliarden Menschen voraus (die niedrigste geht davon aus, daß die Menschheit nicht mehr weiter anwächst, die höchste rechnet mit 28 Milliarden).

Kann die Menschheit diese Probleme noch in den Griff bekommen? Wenn ja, dann dürfte es nach einigen unruhigen Jahren der Erdveränderungen zu dem von den Propheten geweissagten Goldenen Zeitalter kommen, auf das ich im letzten Kapitel näher eingehen werde. Wenn nein, dann könnte es apokalyptisch zugehen auf der Welt, vielleicht sogar mit einem Dritten Weltkrieg als dem großen Finale.

Was sagen die Seher? Wie beurteilen sie die Chancen der Menschheit? Wie sahen sie unsere unmittelbare Zukunft voraus?

4. Möglichkeiten
Die unmittelbare Zukunft

Aus der im letzten Kapitel ausgeführten Bestandsaufnahme kann man schließen, daß ein Umwelt- und Naturkollaps in den nächsten Jahren möglich, aber nicht unausweichlich ist. Davon sprechen nicht nur die Prophezeiungen der Indianer und der Volksseher, sondern auch die Prognosen der Wissenschaft. Da ich auf die vom Menschen verursachten massiven Erdveränderungen ausführlich eingegangen bin, brauche ich das hier nicht zu wiederholen.

Aber einer Frage müssen wir uns jetzt stellen, und das ist die nach einem möglichen Krieg. Denn einen solchen Dritten Weltkrieg haben zwar die Seher der nordamerikanischen Indianer, der Maya und Azteken und auch die zeitgenössischen Medien wie Edgar Cayce und andere weniger ins Kalkül gezogen, wohl aber die Mehrzahl der europäischen Propheten.

Dabei stoßen wir auf ein Problem: Es ist schwierig, die Prognosen und Prophezeiungen verschiedenster Personen aus unterschiedlichen Zeit-Epochen zu vergleichen. Diese visionären Menschen hatten nicht das gleiche Bildungsniveau: Die Skala reicht vom intellektuellen Wissenschaftler bis zum einfachen Bauern. Und dennoch haben verschiedenste Einzelseher wie z.B. der französische Arzt und Universalgelehrte Nostradamus oder der bayerische Brunnenbauer und Rutengänger Alois Irlmaier völlig ähnliche Aussagen für das Ende unseres Jahrhunderts vorausgesagt: Nämlich daß die Menschen bei Mißachtung des Gleichgewichts der Kräfte und bei Negierung einer zumindest minimalen Toleranz der Völker untereinander Gefahr laufen, in einem „großen Völkerringen" um die Weltherrschaft in einem Dritten Weltkrieg aneinanderzugeraten.

Eine Auswahl von Seherstimmen, die die Möglichkeit von drei Weltkriegen in diesem Jahrhundert vorhersagen, sei am Anfang unserer Untersuchung über die „mögliche nahe Zukunft" vorangestellt.

Prophezeiungen zum Dritten Weltkrieg

Erinnern wir uns an den Blinden Jüngling von Prag, der 1356 Kaiser Karl IV. die Zukunft voraussagte. Seine Vision ist besonders für die Ereignisse in der zweiten Hälfte des 20. Jahrhunderts interessant, da sie aufgrund des Herausgabe-Datums (1938) nicht nachträglich gefälscht sein können. Er prophezeite:

„Ein neuer Krieg wird ausbrechen, dieser wird der kürzeste sein. Die Menschen werden die Welt vernichten, und die Welt wird die Menschen vernichten. Und das Land Bayern hat viel zu leiden. Es wird alles so kommen, weil die Menschen Gott verlassen werden, und Gott wird sie verlassen und läutern. Wenn sie meinen, Gottes Schöpfung nachmachen zu sollen, ist das Ende da. Das Volk in Böhmen wird durch den Krieg vernichtet und alles im Lande wird verschüttet werden. Zweimal wird das Böhmerland gesiebt werden: das zweite Mal werden nur so viele Tschechen übrigbleiben, wie auf einer Hand Platz haben. Aber es wird nicht eher Friede in Europa sein, ehe nicht Prag ein Trümmerhaufen ist. Abermals zur Kirschblüte wird Prag vernichtet werden. Eine Sonne wird stürzen und die Erde beben... Die Rache kommt übers große Wasser. Wenn zum zweiten Male die Kirschen reifen, werden die Vertriebenen aus Böhmen traurig wieder zu ihren Herren, ihren Webstühlen und Feldern zurückkehren. Aber nur wenige werden es noch sein. Und diese Wenigen werden einander fragen: Wo hast du gesteckt und wo du? Die Bauern werden hinter dem Pflug mit der Peitsche knallen und sagen: Hier ist Prag gestanden. Über die Welt wird ein neues Zeitalter kommen, das man das goldene nennen wird."

Einer der prominentesten „Seher", der geniale Albrecht Dürer, berichtet von einem Traumgesicht, das er 1525 hatte, und das eine ungeheure, pilzförmige Wolke betraf, die sich über ruhiger Landschaft blitzartig erhob und ausbreitete, bis sie den ganzen Horizont verdunkelte. Unter dem Eindruck dieser Schreckensvision nahm der Maler sogleich Tusche und Papier fest zur Hand und hielt seine Vision fest.

Bei seiner Beschreibung der Gewalt, die da zum Himmel aufsteigt und wieder herabfällt, dachte Dürer an Wasser, wie es für seine Zeit völlig natürlich ist – trotzdem erscheint diese Vision als der erste prophetische Schimmer einer atomaren Katastrophe:

„Im 1525 Jahr nach dem Pfingsttag zwischen dem Mittwoch und Pfingsttag in der Nacht im Schlaf hab ich dies Gesicht gesehen, wie viel großes Wasser vom Himmel fiel. Und das erste traf das Erdreich ungefähr vier Meilen von mir mit einer solchen Grausamkeit mit einem übergroßen Rauschen und Zerspritzen und ertränkte das ganze Land. Aber da ich am Morgen aufstand malte ich es, wie ich es gesehen hatte. Gott wende alle Dinge zum besten.“

Mathias Lang, als Mühlhiasl zu Beginn des 19. Jahrhunderts bekannt gewordener Seher, sagt ebenfalls einen Dritten Weltkrieg voraus – wie immer in seiner altbayerischen Einfärbung:

„Auf der Straße von Cham über Stallwang nach Straubing kommen sie einmal heraus, die Rotjankerl... Franzosen sinds nicht, rote Hosen habens auch nicht an, aber die Roten sinds! Wenn sie kommen, muß man davonlaufen, was man kann, und als Mundvorrat Brot mitnehmen. Wer drei Laib Brot dabei hat, und beim Laufen einen verliert, darf sich nicht bücken darum: so eilig ist es. Und wenn man den zweiten verliert, muß man ihn auch hinten lassen, denn man kanns auch mit einem Laib aushalten, weil es nicht lange dauern wird. Die Berge werden ganz schwarz von Leuten – in einem Wirtshaus an einer Brücke werden viele Menschen beieinander sein, und draußen werden die Soldaten vorbeireiten.“

Vor dem Dritten Weltkrieg warnten Seher schon, als der erste noch nicht einmal ausgebrochen war. Gelegentlich sind es sehr allgemeine Prophezeiungen, die unter Umständen auch auf eine Umweltkatastrophe oder einen kosmischen Unfall schließen lassen könnten. Einer der wenigen Seher, die den Ersten und Zweiten Weltkrieg miterlebt haben, der Brunnenmacher von Freilassing, Alois Irlmaier, warnt vor dem nächsten Krieg und gibt sogar eine sehr deutliche Vorausschau auf seinen Ausbruch:

„Zwei Männer bringen einen dritten, einen Hochgestellten, um. Sie sind von anderen Leuten bezahlt worden. Der eine Mörder ist ein kleiner schwarzer Mann, der andere etwas größer, mit heller Haarfarbe. Ich denke, am Balkan wird es sein, kann es aber nicht genau sagen.

Dem Krieg geht voraus ein fruchtbares Jahr mit viel Obst und Getreide. Nach der Ermordung des Dritten geht es über Nacht los. Die Mörder kommen ihnen aus, aber dann staubt es. Ich sehe ganz deutlich drei Zahlen, zwei Achter und einen Neuner. Was das bedeutet, weiß ich nicht, eine Zeit kann ich nicht sagen. Anfangen tut der vom Sonnenaufgang. Er kommt schnell daher. Die Bauern sitzen beim Kartenspielen im Wirtshaus, da schauen die fremden Soldaten bei den Fenstern und Türen herein. Ganz schwarz kommt eine Heersäule herein vom Osten, es geht aber alles sehr schnell. Einen Dreier seh' ich, weiß aber nicht, sind's drei Tage oder drei Wochen. Von der Goldenen Stadt geht es aus. Der erste Wurm geht vom blauen Wasser nordwestlich bis an die Schweizer Grenze. Bis Regensburg steht keine Brücke mehr über die Donau, südlich vom blauen Wasser kommen sie nicht. Der zweite Stoß kommt über Sachsen westwärts gegen das Ruhrgebiet zu, genau wie der dritte Heerwurm, der von Nordosten westwärts geht über Berlin... Und dann regnet es einen gelben Staub in einer Linie. Die Goldene Stadt (Prag, Anm. d. Verf.) wird vernichtet, da fangt es an. Wie ein gelber Strich geht es hinauf bis zu der Stadt in der Bucht. Eine klare Nacht wird es sein, wenn sie zu werfen anfangen. Die Panzer fahren noch, aber die darin sitzen, sind schon tot. Dort, wo es hinfällt, lebt nichts mehr, kein Baum, kein Strauch, kein Vieh, kein Gras, das wird welk und schwarz. Die Häuser stehen noch. Was das ist, weiß ich nicht und kann es nicht sagen. Es ist ein langer Strich. Wer darüber geht, stirbt. Die herüben sind, können nicht hinüber und die drenteren können nicht herüber, dann bricht bei den Heersäulen herüben alles zusammen. Sie müssen alle nach Norden. Was sie bei sich haben, schmeißen sie alles weg. Zurück kommt keiner mehr."

Alois Irlmaier, der sowohl den Ersten als auch den Zweiten Weltkrieg miterlebt hatte, warnte vor dem nächsten Krieg mit einer sehr deutlichen Vorausschau auf seinen Ausbruch.

Irlmaiers weitere Aussagen zum Kriegsbeginn und zur von ihm gesehenen dreitägigen Finsternis werden im Verlauf dieses Kapitels zitiert. Auffallend ist, daß seine Vorhersagen in ähnlicher Form 1922 bei Franz (oder Josef, darüber streiten sich die Seher-Forscher) Kugelbeer, dem Flickschuster aus dem Vorarlberg, und bei der Bäuerin Emilia Auer (1883-1951) aus Tirol, bekannt unter dem Namen Katharina aus dem Ötztal, auftauchen. Nach dem Seher-Forscher Josef Stocker konnte Katharina jedoch die Vorhersagen Irlmaiers und Kugelbeers nicht gekannt haben. Hier ihre Vision:

„*Es kommt noch einmal ein Krieg. Ein dritter Weltkrieg! Anfangen tut es langsam. Zuerst werden die jungen Buben mit komischen Autos abgeholt. Sie singen und jauchzen noch zum Tal hinaus. Aber dann kommt eine harte Zeit. Daheim und für die Feldarbeit sind nur noch ältere Menschen und Weiberleut verfügbar. Die Not wird groß und größer. Und man sagt zueinander: ‚Es kann nicht mehr gehen, es geht nimmer', und es geht doch noch weiter. Es geht viel länger abwärts, als die Leute zuerst meinten. Dann plötzlich brichts. Die Leute sind auf dem Feld, es ist Spätsommer, das Korn schon reif, da kommen sie, ganze Horden schiacher* (häßlicher, Anm. d. Verf.) *Leute, und überfallen alles. Sie bringen um, was sie erwischen – es ist furchtbar! Die Haustüren werden eingeschlagen und alles kaputtgemacht. Sie morden und rauben, und sogar Einheimische aus dem Dorf laufen mit jenen und plündern genauso. Kinder, ihr müßt auf den Berg fliehen. Dort müßt ihr euch vorher etwas zum Essen verstecken und etwas zum Schlafen herrichten. Auf den Berg gehen diese plündernden Horden nicht hinauf! Springt ja nicht ins Dorf...*“

Vor dem Dritten Weltkrieg warnten eingige Seher schon lange, bevor der Erste Weltkrieg noch nicht einmal ausgebrochen war.

Auch der unbekannte Seher aus dem Elsaß, dessen Visionen uns dank der Feldpostbriefe des Andreas Rill aus dem Jahr 1914 erhalten sind, prophezeit einen Dritten Weltkrieg:

„*Die Besatzungen* (in Deutschland, Anm. d. Verf.) *lösen sich voneinander und ziehen ab mit der Beute des Geraubten, was ihnen auch sehr viel Unheil bringt, und das Unheil des dritten Weltgeschehens bricht herein. Rußland überfällt den Süden Deutschlands, aber kurze Zeit, und den verfluchten Menschen wird gezeigt, daß ein Gott besteht, der diesem Geschehen ein Ende macht. Um diese Zeit soll es furchtbar zugehen... Beim dritten Geschehen soll Rußland in Deutschland einfallen und zwar im Süden bis Chiemgau, und die Berge sollen von da Feuer speien, und der Russe soll alles zurücklassen an Kriegsgerät. Bis zu Donau und Inn wird alles dem Erdboden gleichgemacht und vernichtet. Die Flüsse sind alle so seicht, daß man keine Brücke mehr braucht zum Hinübergehen. Von der Isar an wird den Leuten kein Leid mehr geschehen, es wird nur Not und Elend hausen. Die schlechten Menschen werden zugrund gehen als wie wenns im Winter schneit, und auch die Religion wird ausgeputzt und gereinigt. Aber die Kirche hält den Siegestriumph...*

···

In Rußland werden alle Machthaber vernichtet. Die Leichen werden dort nicht begraben und bleiben liegen. Hunger und Vernichtung ist in diesem Lande zur Strafe für ihre Verbrechen.“

Der Elsässer Seher hat wie auch Irlmaier und andere die Jahre nach dem Zweiten Weltkrieg als den Zeitpunkt des Kriegsbeginns angegeben. Meiner Meinung nach verlieren die Visionen dadurch dennoch nicht an ihrer Brisanz. Irlmaier zum Beispiel gestand selbst gegenüber dem Autoren Conrad Adlmaier zu, daß er aus verschiedenen Vorzeichen die Jahreszahlen selbst errechnet habe. Dies deckt sich auch mit der im ersten Kapitel erläuterten Methodik der Vorhersagen: Der Seher erhält Bilder des Geschehens, aber keine Zeitangaben. Diese sind meist von den Sehern selbst oder von ihren Interpreten dazugedichtet worden.

Weit über den regionalen geographischen Rahmen hinaus – aber auch mit falschen Zeitangaben – geht der bereits erwähnte Eismeerfischer Anton Johansson. Er sagt eine Eroberung zuerst des Iran und der Türkei und dann des Balkans durch russische Truppen voraus, bevor die Streitmacht durch Ungarn, Österreich, Norditalien und die Schweiz gegen Frankreich marschiert. Von dort aus greift Rußland auch Spanien, England und Skandinavien an. Eine weitere Heeressäule fällt vom Osten her in Deutschland ein, wo ein Bürgerkrieg entsteht. Die USA sind durch Einfälle der Russen in Kanada gebunden. Neuartige Waffen führen zu riesigen Bränden und Orkanen, die ganze Städte, vor allem in den USA und den Mittelmeerländern, zerstören. England und die Nordsee-Anrainerstaaten fallen einer Sturmflut zum Opfer:

Ob Nostradamus oder Jeane Dixon: Kriegsvisionen gehören zu den wichtigsten und häufigsten Prophezeiungen der Seher. Die Zeitangaben sind allerdings meist erst später von den Interpreten dazugedichtet worden.

„Über allen Nordseestaaten lag Dämmerung. Kein Stern war zu sehen und vom Meer her wehte ein starker Wind... Die ganze englische Ostküste stand bis weit ins Land hinein unter Wasser... Dann gewahrte ich London. Hier schien die Katastrophe ihren Höhepunkt erreicht zu haben. Hafen und Kaianlagen waren völlig zerstört, unzählige Häuser eingestürzt, das Wasser von schwimmenden Wrackteilen bedeckt... Danach zwängten sich die Sturzwellen durch den Kanal und zerstörten dort auf beiden Seiten Hafen und Städte. Besonders schwer betroffen wurde Rouen, aber auch andere Städte der fran-

*zösischen Nordküste litten stark... Auch große Teile Hollands, Belgiens und der
deutschen Nordseeküste wurden schrecklich heimgesucht. Zu den Städten,
die besonders große Schäden aufwiesen, gehörten Antwerpen und Hamburg.
Letztere bekam ich zu sehen, und mir schien, sie haben nach London am
schwersten gelitten..."*

Die Kriegsvisionen gehören zu den wichtigsten und häufigsten Prophezeiungen der Seher, von Nostradamus bis zur amerikanischen Hellseherin
Jeane Dixon, die für die Jahre 1999 bis 2004 einen atomaren amerikanisch-
europäischen Krieg mit der Sowjetunion vorhergesehen hat, für 2005 bis
2020 gar einen amerikanisch-chinesischen Atomkrieg. Anlaß der Konflikte
und Mittelpunkt sollte beide Male der Nahe Osten sein.

Nach Jeane Dixon, die allerdings – wie wir oben bereits sahen – oft in
ihren Prognosen irrte, wird ein schweres Erdbeben Ende der neunziger
Jahre im Vorderen Orient der Auslöser eines Einfalls der Araber in Israel sein.
Wenn die Energie beider Seiten erschöpft ist, werden Staaten der ehemaligen Sowjetunion den gesamten Nahen Osten besetzen.

Die USA werden sich nach Jeane Dixon zuerst aus diesem Konflikt her-
aushalten, weil sie gerade mit schweren wirtschaftlichen und innenpoliti-
schen Problemen zu kämpfen haben. Zur Jahrtausendwende erst werden die
USA zusammen mit ihren westlichen Verbündeten im Nahen Osten angreifen und die sowjetischen Armeen nach schweren Verlusten zurückwerfen.

Danach würde China die geschwächten USA angreifen – und nach diesen Kriegen, die nach Mrs. Dixon bis ins Jahr 2020 dauern sollen, wird es keine einzige Supermacht mehr geben. Dann sollte eine friedliche Zeit beginnen, ein neues und glückliches Millennium für die Menschheit.

Der Cherokee-Seher und Schamane Rolling-Thunder schreibt:
*„Es wird eine Nacht geben, in der ein Drittel des Himmels blutrot leuchten wird.
Kurz vor dem nächsten großen Krieg. Und es wird darin keine Sieger geben, das
wissen wir. Zudem sagen uns unsere Prophezeiungen, daß ein Tag kommen
wird, da die Sonne im Westen aufgehen wird. Dann werden die Flutwellen die
Erde überschwemmen und es wird wieder eine so große Flut geben wie die, von
der eure Bibel berichtet. Doch dieses Mal werden es Feuer und Wasser. Nur ganz
wenige Orte werden bleiben, an denen Menschen überleben können. Es wird
einige Überlebende geben, aber nicht viele."*

Der amerikanische Seher Edgar Cayce prophezeite dagegen für die Jahre 1995-1999 bürgerkriegsähnliche Konflikte in Rußland mit danach folgenden Flüchtlingsströmen gegen Westen und eine Ausdehnung des Islam in den Mittelmeerraum mit kriegerischen Mitteln.

Alle diese Ankündigungen sprechen eine deutliche Sprache. Nach unseren im ersten Kapitel aufgestellten kritischen Kriterien fallen die oben zitierten Seher nicht in eine der „Wiederholungs"-Kategorien: Ihre Aussagen sind nicht von der biblischen Apokalypse geprägt, noch sind sie bloße Warnungen zur Umkehr. Sie bestechen durch ihre Detailbeschreibungen. Sie zeigen freilich ein Bild der Zukunft, das aus Angst oder eigenem angstvollen Erleben heraus geboren ist. Dennoch können wir es nicht vorschnell als Panikmache abtun: Auch ein negatives Bild der nächsten Jahre hat eine Chance, Wirklichkeit zu werden, wenn wir uns nicht entscheiden, einen anderen Weg zu gehen. Sehen wir uns also dieses „worst case scenario", die schlimmste aller Möglichkeiten, an, damit wir wissen, wo die Gefahrenherde liegen und wie wir sie umgehen können.

Der Ablauf der Ereignisse – Eine Gesamtübersicht

Aufgrund verschiedenster Seher-Visionen und prophetischer Niederschriften ist es möglich, einen umfassenden Überblick über die bevorstehenden Ereignisse zu gewinnen. Obwohl die „visionären Zukunfts-Fakten" keineswegs immer deckungsgleich sind, gibt es aber doch unzweifelhaft überraschende, sich wiederholende und übereinstimmende Voraussagen. Der Computerexperte Stephan Berndt hat zu diesem Zweck eine Datenbank mit über 5000 einzelnen Vorhersagen, die von 250 seherischen Quellen stammen, angelegt, und diese in einer „Prophezeiungs-Analyse" ausgewertet. Er hat sein Forschungsergebnis 1997 in dem Buch „Prophezeiungen zur Zukunft Europas" vorgelegt. Diese einzigartige Zusammenschau sei jedem, der sich näher mit der Problematik des Dritten Weltkriegs auseinandersetzen will, ans Herz gelegt.

Ich stimme Berndt zu, daß trotz subjektiver Färbung des Gesehenen und trotz der Schwierigkeit, Detailvisionen des einen und erlebte Gesamtschau des anderen zu koordinieren, ein Grundmuster der möglichen „Geschichte der nächsten Zukunft" erkennbar ist. Allerdings glaube ich, daß man berücksichtigen muß, daß die Gesichte der visionären Menschen dem Stand ihrer Bildung und der jeweiligen Zeit, in der sie lebten, entsprechen. Zusätzlich müssen die persönlichen Umstände der Seher bedacht werden, wie ich dies bereits im ersten Kapitel versucht habe.

Es soll nun versucht werden, die übereinstimmenden Fakten in einen Plan des Ablaufs der Dinge zusammenzufassen. Bevor wir ins Detail gehen, möchte ich das Ergebnis schon einmal kurz umreißen.

Die Seher erwarten

◆ eine Vorkriegsphase, die klimatisch, wirtschaftlich und politisch typisch ist und

◆ einen neuen Nahostkrieg, der die Zerstörung Manhattans zur Folge hat.

◆ Als nächstes werden warnende Vorzeichen am Himmel erscheinen.

◆ Der eigentliche Kriegsbeginn soll im Spätsommer erfolgen. Es soll ein kurzer Dritter Weltkrieg werden, der ungefähr drei Monate dauert.

◆ Während der kriegerischen Auseinandersetzungen soll ein Himmelskörper erscheinen, der eine dreitägige Finsternis auslöst und den Weltkrieg beendet.

Sehen wir uns die gerade beschriebene „Reihenfolge des Ablaufes" jetzt genauer an:

Die typische Vorkriegsphase

Analysieren wir zunächst die vorausgesagte Zeitspanne, die einem möglichen Weltkrieg unmittelbar vorangeht. In dieser Phase sind von der Mehrzahl der Seher massive Klima- und Erdveränderungen und wirtschaftliche und politische Krisen vorhergesagt worden.

Klima- und Erdveränderungen

Konzentrieren wir uns auf die direkt vor Kriegsausbruch bestehende Wetterlage: Es werden Wetter-Anomalien beschrieben, die durchaus und geradezu typisch den Veränderungen im Rahmen eines „El-Niño-Jahres" entsprechen:

„Wenn aber nur ein kurzer Winter war...dann glaubt niemand an Frieden."
(Der westfälische Schieferdecker Hermann Kappelmann 1800)

„...daß dem Kriegsausbruch ein zeitiges und sehr schönes Frühjahr vorangehe..." (Aus dem 1701 erschienenen Buch „Abhandlung über die himmlische Ernennung, von einem Ungenannten, der durch Gesichte erleuchtet wurde", zitiert nach Wolfgang Johannes Bekh)

„...wenn die Schlüsselblumen frühzeitig aufblühen" (1800, Hermann Kappelmann)

„...ein so schönes Frühjahrswetter, daß im April die Kühe schon im vollen Grase gehen." (Der Schäfer Wessel Dietrich Eilert aus der Nähe von Dortmund, der auch der „alte Jasper" genannt wird und von 1764-1833 lebte)

„...ein schöner und früher Frühling; Kühe werden schon im April auf reichen Weiden grasen." (1872, Abbe Curique)

„Wenn der Dritte Weltkrieg ausbricht, wird der März so, daß die Bauern Habern bauen." (Hafer anbauen; 1950, Irlmaier)

Auch außergewöhnliche Ereignisse, die sich im Inneren unserer „Mutter Erde" zu dieser Zeit abspielen, werden vorhergesagt. Die christliche Seherin Bertha Dudde (1891-1965), die mehr als 9000 medial empfangene „Einzelkundgaben" zu Papier brachte, schrieb vor vierzig Jahren: *„Diese Veränderung – eine überschnelle Umdrehung der Erde – bringt auch das Naturgeschehen zur Auslösung, das seit Anfang der Erlösungsperiode verkündet ist durch Seher und Propheten und auch nun wieder offenbart wird durch den Geist Gottes. Der Vorgang ist menschlich nicht recht erklärbar, doch einfach gesagt, werden die Umdrehungen zunehmen und für Sekunden aussetzen, was in Form von Erderschütterungen zum Ausdruck kommt, die von so ungeheurer Wirkung sind, daß die Menschen glauben werden, das Ende der Welt sei gekommen.*

Eine Parallele dazu auf Erden kann nicht gefunden werden, denn es ist eine Kraftäußerung, die vom Weltall ausgeht und der irdischen Wissenschaft unbekannt ist. Die Beschaffenheit der Gestirne löst solche Kräfte aus und das Innere der Erde wird von ihnen berührt und gleichsam die Erde also außergesetzlich bewegt, was sich immer in einer zerstörenden Form äußert, jedoch zeitweilig von Gott zugelassen ist zum Zweck der Auflösung fester Materie, die das in ihr gebannte Geistige freigeben soll. Und dieser Akt steht bald bevor, wird aber nur das Spiel weniger Sekunden sein, doch mit vorhergehenden Anzeichen, die allein schon als eine Katastrophe zu bezeichnen sind..."

Es soll auf ein Detail dieser Aussagen hingewiesen werden: Die inneren außergewöhnlichen Bewegungen der Erde werden erst jetzt von den Wissenschaftlern wahrgenommen. Eine deutsche Tageszeitung schreibt am 19. 7. 1996:

„Phantastisch! Die Erde dreht sich innen schneller als außen. Im Erdinneren geht es rund. Der Kern der Erde dreht sich schneller als unser Planet insgesamt, haben amerikanische Wissenschaftler jetzt nachgewiesen. Die Forscher des Erdobservatoriums „Lamont-Doherty" in New York fanden heraus: Der etwa mondgroße Kern aus Eisenkristall dreht sich 1,1 Grad schneller pro Jahr als die „Außenhülle". Pro Tag ist der Kern damit in 24 Stunden eine Drittelsekunde schneller als die restliche Erde. Bei dieser Geschwindigkeit „überholt" der Kern den Rest des Planeten alle 400 Jahre." Geologe Paul Richards: *„Das ist astronomisch gesehen sehr schnell."*

Geologen haben herausgefunden, daß das Erdmagnetfeld in den letzten vier Millionen Jahren mehr als 16mal seine Polarität umgekehrt hat. Zwar streiten sich die Wissenschaftler darüber, was diese (meist plötzlich auftretende) Polumkehr auslöst. Aber die Folgen sind aufgrund geologischer Daten klar: Der Meeresspiegel hob oder senkte sich dabei stets um 10 bis 200 Meter.

An der Erdoberfläche soll es gleichzeitig zu Wasserveränderungen (*„Brausen und Rauschen der Wasserfluten auf der Erdoberfläche"*) kommen. Zu Edgar Cayces Vorhersage über bevorstehende Veränderungen der Erdoberfläche, besonders seine Aussage, Europa würde sich in einem Augenzwinkern verändern, berichtet die „Süddeutsche Zeitung" vom 31. Juli 1997 unter der Überschrift „Geologie im Zeitraffer":

„Olmütz, 30. Juli – Nachdem sich das Wasser der Sintflut in Mähren zu verlaufen beginnt, gerät die Erde in Bewegung. Betroffen sind nahezu 50 Orte in zehn Gemeinden der Kreise Vsetin am Hang der Weißen Beskiden und Kromeriz am Rande des Tales der March (Morava). Beim Ort Mikuluvka ist es am augenfälligsten, daß sich das wasserdurchtränkte Gelände verwandelt. Vor den Augen staunender Fachleute und beängstigender Anrainer formt sich die Landschaft neu.

Hinter Mikuluvka hat sich eine große Wiese, die bis vor wenigen Tagen völlig flach war, zu einem langgezogenen Hügel gewölbt. Oben im Waldkamm des

Hausberges tun sich tiefe Gräben von 100 Metern Länge und mehr auf, bilden neue Kleintäler. Aus dem ganzen Land eilen Geologen herbei, um das seltsame Phänomen zu untersuchen...

Im Gelände tun sich Risse auf, aus denen Quellen entspringen. Brunnen laufen über. Unter Gebäuden verschiebt sich das Terrain und bringt deren Statik aus dem Lot. ... Mal stehe das Gelände völlig still, mal verschiebe es sich um einen ganzen Meter pro Tag.

Beim Friedhof von Mikuluvka, der untergestülpt zu werden droht, sind ganze zwölf Hektar in Bewegung geraten. Stoppen kann man das nicht. Akute Gefahr besteht für Wasserleitungen und Gasröhren. Straßen brechen auf. In einem Ort ist ein großes Stück des gepflasterten Bürgersteigs im Erdboden verschwunden. Bei Uherske Hradiste ist ein alter Steinbruch dabei, unmerklich, aber beharrlich seinen Standort zu wechseln...“

Neben massivsten Wetterveränderungen (sichtlich im Zusammenhang mit Erderwärmung und dem „El-Niño-Phänomen“), gewaltigen Orkanen und zunehmenden Erdbeben (durch starke Vulkanausbrüche bedingt) sind Erdkrusten- und Festlandsveränderungen vorhergesagt.

Wirtschaftscrash und politische Umbrüche

„Die hohen Herren machen Steuern aus, die keiner mehr zahlen wird. Viele neue Gesetze werden gemacht, aber nimmer ausgeführt.“ (Mühlhiasl, 1825)

„Der (von den Sehern vorhergesagte, Anm. d. Verf.) *nahezu gleichzeitige Ausbruch von Bürgerkriegen in den demokratischen Staaten Westeuropas – Italien, Frankreich und Deutschland, aber auch Österreich, England und Spanien – deutet unzweifelhaft auf eine gemeinsame Ursache hin: Eine Wirtschaftskrise, die so schwer ist, daß die sozialen Netze zerreißen“,* schreibt Stephan Berndt in seiner Computeranalyse von über 250 Sehern. Im Gegensatz zu den bereits beginnenden Klimaveränderungen scheint diese Prognose eher weit hergeholt.

Im Gegenteil: Der Beginn der Europäischen Wirtschafts- und Währungsunion scheint die wirtschaftliche Lage in den Mitgliederländern eher zu stabilisieren. Daher klingt auch das von verschiedenen Sehern als typisches Vorkriegsereignis vorhergesagte Auftreten von revolutionären Bewegungen in Europa derzeit unwahrscheinlich. Die *„Zunahme der Macht der* *radikalen Linken in Westeuropa*", die aufgrund von Massenarbeitslosigkeit entstehe, kann ich mir derzeit nicht vorstellen.

„Wie ein Blitz aus heiterem Himmel kommt der Umsturz von Rußland her, zuerst nach Deutschland, darauf nach Frankreich, Italien und England." (Franz Kugelbeer, 1922)

Auch der Bayrische Seher Alois Irlmaier ist mit seinen Aussagen deckungsgleich: *„Im Stiefelland* (Italien, Anm. d.Verf.) *bricht eine Revolution aus, in der sie alle Geistlichen umbringen. Ich sehe Priester mit weißen Haaren tot am Boden liegen. Hinter dem Papst ist ein blutiges Messer, aber ich glaub, er kommt ihnen im Pilgerkleid aus... Die Stadt mit dem eisernen Turm* (Paris) *wird das Opfer der eigenen Leute. Sie zünden alles an, Revolution ist und wild geht's her."*

Sehen wir uns dazu wieder die Fakten an: Ende Januar 1998 trafen sich im schweizerischen Nobelskiort Davos 300 Regierungschefs und Minister, 200 Wissenschaftler und eine stattliche Riege von Topmanagern zum „World Economic Forum", um ihre Visionen für das nächste Jahrtausend einer breiten Öffentlichkeit vorzustellen. Im Vorfeld hatte die Lufthansa mit dem Meinungsforschungsinstitut Forsa eine repräsentative Umfrage bei deutschen Jugendlichen zwischen 15 und 20 Jahren zum Thema „Was ist für Sie das vordringlichste Problem des 21. Jahrhunderts?" durchgeführt. Die Antworten der jungen Menschen: 86 Prozent nannten die Arbeitslosigkeit, 75 Prozent Gewalt gegen Kinder und 70 Prozent die Umweltzerstörung. Zur Überraschung der Visionäre des Weltwirtschaftsforums waren die dringendsten Probleme der Erde, nämlich Armut und das explodierende Bevölkerungswachstum, nicht auf der Sorgenliste der Jugendlichen.

Zur Angst um den Arbeitsplatz äußerten sich dann auch zahlreiche der anwesenden Manager, Wissenschaftler und Politiker. Heinrich von Pierer, der Vorstandsvorsitzende der Siemens AG, zum Beispiel sagte:

„Fast 19 Millionen Menschen sind allein in Westeuropa ohne Arbeit – eine erschreckende Zahl. Gleichzeitig verändert sich der globale Wettbewerb dramatisch, durch das unaufhaltsame Vordringen der Mikrotechnik in den Fabriken, die Öffnung nationaler Märkte, die Konkurrenz aus Osteuropa und Asien/Pazifik. Wir brauchen neue Produkte, neue Angebote von Dienstleistungen und Organisaionsformen mit hoher Flexibilität. Ideen freisetzen und mit

höchster Geschwindigkeit umsetzen, das ist das Ziel. Nur mit Innovationen las-
sen sich Arbeitsplätze schaffen."

Viviane Forrester, die Autorin des Bestsellers „Der Terror der Ökonomie",
äußerte sich zum selben Thema: *„Zum ersten Mal ist die große Mehrheit der*

Allein in Westeuropa sind *Menschen nicht mehr entscheidend für die kleine Gruppe*

heute ca. 19 Millionen Men- *von Personen, die die Wirtschaft lenken und damit über*

schen ohne Arbeit. *große Macht verfügen. Wir sehen die Arbeitswelt – und die*

Bedingt durch die Globalisie- *Arbeitslosigkeit – immer noch wie im 19. Jahrhundert.*

rung der Produktion kann sich *Die Politiker berücksichtigen nicht die Auswirkungen der*

diese Zahl noch dramatisch *Globalisierung. Das Motto heißt angeblich ‚Arbeitsplätze*

erhöhen. *haben Vorrang', doch gleichzeitig entlassen Firmen weiter,*

während ihre Aktienkurse nach oben schießen. Wirtschaft wird mit Business
verwechselt und Business mit Spekulation. Diesen Fehler haben alle gemacht,
die auf das ‚asiatische Wunder' verwiesen haben. Die Priorität im 21. Jahr-
hundert? Menschen sollten mehr zählen als die Bilanzen."

Das Problem ist also da, aber führt es tatsächlich zu Bürgerkriegen?
Selbst die politische Polarisierung zwischen den „Einheimischen" und den
eingewanderten „Ausländern" ist derzeit nicht so radikal und gewalttätig,
daß es in einen bewaffneten Konflikt im Inneren umschlagen könnte.

Ein neuer Nahostkrieg?

„Alles ruft Frieden, Shalom! Da wirds passieren. Ein neuer Nahostkrieg
flammt plötzlich auf, große Flottenverbände stehen sich im Mittelmeer
gegenüber, die Lage ist gespannt. Aber der eigentlich zündende Funke wird im
Balkan ins Pulverfaß geworfen: Ich sehe einen ‚Großen' fallen... dann geht es
Schlag auf Schlag." (Alois Irlmaier 1950)

„Im Nahen Osten wird es beginnen." (Eine böhmische Flüchtlingsfrau,
etwa 1944)

„Es ist mit einem Einfall der Amerikaner in das Ölgebiet Saudi-Arabiens
zu rechnen, wo die Amerikaner jedoch den kürzeren ziehen. Die russischen
Streitkräfte stellen sich ihnen entgegen und siegen." (Bauer aus dem Waldviertel)

Daß diese Aktion vor dem eigentlichen Dritten Weltkrieg und nicht
währenddessen stattfinden soll, ist aus einem Detail der Visionen von

Mutter Erna Stieglitz (die in der Nähe von Augsburg lebte, und 1975 starb) zu entnehmen:

„In einem Sommer, wahrscheinlich im Monat Juli, wenn die Erdölregion bereits in ziemlich festen sowjetischen Händen ist..."

Interessant ist, daß die Voraussage des Bauern aus dem Waldviertel über die Russen als Sieger im Erdölgebiet mit den Visionen der Mutter Erna Stieglitz deckungsgleich ist. Was an diesen Aussagen beunruhigt, ist die Tatsache, daß sich der Nahe Osten seit nunmehr über 50 Jahren in einem Zustand der Angespanntheit befindet, einer Friedlosigkeit, die jederzeit in einen Krieg ausarten kann.

Die derzeit (Herbst 1998) laufenden Friedensverhandlungen in Nahost scheinen einen relativen Frieden zu sichern. Aus dieser Lage heraus kann es aber leicht zu neuen kriegerischen Auseinandersetzungen kommen.

Die Zerstörung Manhattans

Im Zusammenhang mit dem vorhergesagten Nahostkrieg prophezeit der zeitgenössische Seher aus dem Waldviertel, der wie wir gesehen haben eine enge geistige Verwandtschaft zu den bayerischen Sehern hat, als Racheakt der Araber eine nukleare Zerstörung des Zentrums von New York:

„...Auf jeden Fall geschieht es als Antwort auf etwas, was die Amerikaner den Arabern angetan haben werden... Es wir darüber sehr heftig diskutiert werden. Die Bevölkerung kommentiert es ungefähr so: Was die Amerikaner gemacht haben, war wirklich eine Schweinerei. Daß man aber dafür gleich New York zerstört, das geht entschieden zu weit."

Der Waldviertler betont, daß diese Zerstörung nicht direkt mit den Ereignissen des Dritten Weltkrieges zusammenhängt, sondern eine Folge des neuen Nahostkrieges ist:

„Die Zerstörung New Yorks ist nicht ein Teilgeschehen des Dritten Weltkrieges, sondern mit Sicherheit ein Ereignis, welches noch davor eintreten wird... New York wird aus Rache zerstört. Die Drahtzieher und Ausführenden sind arabisch-islamische Kreise. Mit einer sehr hohen Wahrscheinlichkeit hängt dies zusammen mit dem amerikanischen Engagement im zweiten Nahostkonflikt" (also dem Konflikt nach der Operation „Wüstensturm", Anm. d. Verf.).

Der Seher aus dem Waldviertel bietet uns ganz direkte Impressionen des Geschehens; er war in seine Visionen so eingebunden, daß er sehr detaillierte Angaben liefert: *„Zur Zeit des Anschlages ist in Ostösterreich frühsommerliches Schönwetter. Es dürfte um die Mittagszeit (Ortszeit) sein... New York wird durch mehrere kleine Sprengsätze, mindestens einer davon ist eine Atomgranate oder eine kleine Atombombe, zerstört werden. Es ist kein Brand, sondern ein eindeutiger Sprengstoffanschlag. Der Hauptsprengsatz ist ein dunkel verpackter Gegenstand, der (vermutlich von einem Schiff abgeschossen) auf einer sich ständig krümmenden Bahn einige Häuser weiter hinter einem sehr großen – mit der Breitseite am Meer stehenden – Gebäude niedergeht. Die anderen Sprengsätze explodieren etwas südlicher davon... Es ist besonders wichtig festzuhalten, daß die Häuser vom Explosionsherd aus – meist durch die Druckwelle bedingt – meist als ganze, sich nur wenig neigend, weggeschoben werden. Sie zerreiben sich dabei regelrecht von unten her.“*

Es ist zu betonen, daß der Seher aus dem Waldviertel mit den Aussagen über das Schicksal New Yorks nicht allein dasteht. Erinnern wir uns nur an die Vorhersage des bereits zitierten Edgar Cayce:

„Sehr früh werden geologische Veränderungen an der Westküste zutage treten... Los Angeles und San Francisco werden noch vor New York zerstört werden. New York wird zerstört werden.“

Auch die hellsichtigen Lusson-Schwestern, die unter anderem den Jom-Kippur-Krieg, die Ölkrise und den Watergate-Skandal vorausgesagt haben, bemerken darüber: *„New York wird von der Landkarte verschwinden.“*

Vorhersagen wie diese können nicht bewertet werden. Es gibt keine Anzeichen für derartige Pläne. Es bleibt also nur abzuwarten.

Warnende Vorzeichen am Himmel

Zur kosmischen Katastrophe sagt Nostradamus in seinem Quatrain 1,84: *„Wenn der Mond in tiefem Dunkel verborgen ist, passiert ein rostbraunes Gestirn; das Schreckliche kommt aus den Tiefen des Alles, es wird die Menschheit geißeln.“*

Schon im Jahre 1868 wurde von Sibylle geweissagt: *„Da wird Gott viele Zeichen vom Himmel auf die Erde schicken, zur Warnung, daß sich die Menschen bessern sollen.“*

„Es werden die Menschen gewarnt werden durch Seher und besondere Zeichen am Firmament, woran sich aber nur die wenigen Meinen kehren werden, während die Weltmenschen das alles nur für seltene Wirkungen der Natur ansehen werden...", heißt es beim christlichen Propheten Jakob Lorber.

Sepp Wudy, Knecht vom Frischwinkel, prophezeit: *„In der Kirche spielen sie Tanzmusik, und der Pfarrer singt mit. Dann tanzen sie auch noch, aber draußen wird das Himmelszeichen stehen, das den Anfang vom großen Unheil ankündigt."* Diese Vorhersagen stammen aus dem Zeitraum 1910 – 1914.

Der Alpenschäfer Hanns Tobias Velten sagt voraus: *„Die Menschen gewahren es nicht und leben in ihrem Treiben fort.*

Die größten Einschlagkrater von Meteoren auf der Erde:	
Ort	Durchmesser
Vredefort (Südafrika)	140 km
Sudbury (Kalifornien)	200 km
Aeamann (Australien)	160 km
Manicouagan (Kanada)	100 km
Popigai (Rußland)	100 km
Nördlinger Ries (Deutschland)	20 km

Endlich rötet sich der Himmel an einer Stelle, ein feuriger Kern wird sichtbar, dunkelrot glühend und wächst, bis er wie eine feurige Rute sich von einem Ende bis zu dem andern zieht. Die Ängstlichen beginnen nachdenklich zu werden und ein unheimliches Grauen ergreift sie – der Leichtsinn spottet der drohenden Erscheinung –, die frommem Gelehrten schlagen in ihren Büchern und alten Chroniken nach und wissen nicht, wie sie es anders zu deuten haben, als auf einen Vorboten von besonders unglücklichen Ereignissen, welche die nächste Zukunft bringen werde nach dem Vorgange früherer Jahrhunderte. Die sich aber weise und klug dünken, sprechen: Was geht dieser Komet die Erde an, der gehört nicht zu unserer Welt und kann uns keinen Schaden bringen."

Eben dieses Kometen-Ereignis steht im Detail bei Pfarrer Handwercher (1830) beschrieben:

> *„Aber in derselben Stunde*
> *Wo im Geiste dies geschehen,*
> *Ward ein schrecklich Feuerzeichen*
> *An dem Firmament gesehen.*
> *Ähnlich einem Tafeltuche*
> *Hing es nieder von den Sternen,*

Und es ward herabgelassen
Aus des Himmels tiefsten Fernen.
Aus dem Tuche steigen Nebel
Auf samt Rauch und Feuerflammen
Und es wickelt wie ein Balken
Plötzlich sich das Tuch zusammen.
Eins der Enden von dem Balken
Hat ein Kronenreif umfangen,
Doch am andern Ende sah man
Eine Geißel Gottes hangen.
Lange sah man diesen Balken
Waagerecht am Himmel glühen
Und die Geißel hochgeschwungen
Feuerfunken niedersprühen.
Endlich sah man noch den Balken
In ein Schlachtschwert sich verändern,
Welches blutrot aufgehoben
Über Städten hing und Ländern. "

Soweit diese eindrucksvolle Schilderung über den Groß-Kometen. Und es soll auch Mühlhiasl (1750-1825) zu Wort kommen, der den Kometen ebenfalls als ungünstiges Vorzeichen sieht:

„Das große Aufräumen geht richtig an: Ein Himmelszeichen wird's verkünden. "

Nach den Aussagen des Sehers aus dem Waldviertel haben wir in der Zeit vor dem Ausbruch des Dritten Weltkrieges – sofern wir diesen durch plötzliches Auftreten von Vernunft in den Menschen nicht doch noch verhindern können – mit einem uns alle überraschenden Funkenregen in unserer Atmosphäre zu rechnen: Dieses Phänomen wird von ihm sehr detailliert geschildert: *„Es handelt sich um eine Art Glutregen... der sehr rasch und ähnlich einem Hagelschauer auf die Erde niedergeht... Die Glutteilchen glühen zuerst weißlich, verfärben sich allerdings im Verlauf ihres Fluges über gelblich auf rot... Entweder schon zum Zeitpunkt des Funkenregens oder spätestens mit dem Entstehen der Feuerstellen kommt nun aus östlicher Richtung ein sturm-*

*artiger Wind, welcher die einzelnen Glutnester anfacht, das Feuer vor sich her-
treibt, und dadurch für eine stärkere Verbreitung sorgt. Außerdem werden
damit alle sinnvollen Löschmaßnahmen äußerst erschwert. Da es an sehr vielen Stellen zugleich brennt, ist die Feuerwehr hoffnungslos überfordert. Außerdem kam alles völlig unerwartet... Es brennt das Gras, es brennen die Felder,
auch landwirtschaftliche Gebäude... Was die Ursache des Funkenregens
betrifft, so muß es sich hierbei um einen Kometen handeln. Ob die herabfal-
lenden Objekte direkt von einem Kometen stammen oder ob ein solcher nur
indirekt diese Katastrophe ausgelöst hat, indem er z.B. einen anderen Himmelskörper aus der Bahn geworfen hat, dessen Bruchstücke dann auf die
Erde fielen, geht aus der Vision nicht hervor."*

Was also soll dieses Zeichen am Himmel sein? Ein Komet, der die Erdbahn kreuzt? Ein Meteorit oder Asteroid, der auf der Erde einschlägt?

Klären wir zunächst einmal die Begriffe. Kometen gleichen schmutzigen
Bällen aus Eis und Ruß. Ihre bis zu 100 Millionen Kilometer langen Schwei-
fe bestehen aus Staub. Die letzte Erdbegegnung mit einem Kometen war im
Herbst 1998, als der Schweif des Tempel-Tuttle die Erdbahn kreuzte. Meteore oder Sternschnuppen sind feste Brocken, meist aus Nickel-Eisen, Koh-
lenstoff oder Gestein, die in der Atmosphäre verglühen. Schlagen sie auf der
Erde ein, wie es rund 19 000 pro Jahr – meistens unauffindbar in Polarge-
bieten, Meeren und Wüsten – tun, nennt man sie Meteoriten. Asteroiden sind
die etwa 40 000 Planetenbrocken, die bei der Entstehung des Sonnensystems
ürbiggeblieben sind. Die meisten umkreisen die Sonne im Asteroidengürtel
zwischen Mars und Jupiter. Sie schlucken fast alles Licht und sind daher nur
sehr schwer zu sehen. Werden sie aus der Bahn geworfen, bedrohen sie
die Erde.

Die von den Seher prophezeiten *„Zeichen am Himmel"* sind also Kometen, da ja selbst für das bloße Auge lange sichtbar sind. In der Tat erschienen
Mitte bis Ende der 90er Jahre eine Reihe von ihnen am Firmament. Der
Komet „Shœmaker-Levy" lieferte ein Medienspektakel: Die Explosionen
an der Jupiter-Oberfläche, die durch Impakte seiner Teile grelle Explosionen
hervorriefen, waren in den Massenmedien das Tagesthema.

Der Komet „Hyakutake" kam als nächster. In den kalten Märznächten
des Jahres 1996 konnten viele Menschen mit Recht sagen: „Ich habe meinen

ersten Kometen gesehen!" Als deutlicher Nebelfleck blieb er uns in Erinnerung.

Doch das bisher eindrucksvollste und sensationellste Objekt am Nacht- und Morgenhimmel war der Leckerbissen „Hale-Bopp", dessen Erscheinen im Frühjahr 1997 als das astronomische Jahrhundertereignis in der Weltpresse und in den anderen Medien behandelt wurde: Der große Komet hinterließ als weithin sichtbares Feuerzeichen in uns eine tiefe Impression. Mehr Aufregung erzeugte jedoch Mitte März 1998 eine Pressemitteilung der Astronomischen Gesellschaft der USA. Es könne nicht ausgeschlossen werden, hieß es darin, daß ein Asteroid namens „XF 11" am Mittag des 26. Oktober 2028 mit der Erde kollidiere. Die Einschlagskraft des ca. 1,6 Kilometer dicken Boliden entspreche der von mehreren Millionen Hiroshima-Bomben. Nachdem ein Aufschrei durch die amerikanische Öffentlichkeit ging, korrigierten die Astronomen ihr Schreckensszenario rasch: Es seien plötzlich ältere Aufnahmen des Asteroiden aufgetaucht, die eine zuverlässigere Berechnung seiner Bahn ermöglichten. Demnach werde „XF 11" in mehr als zweifacher Mondentfernung an der Erde vorbeirasen.

Kleinere Einschlagkrater von Meteorenauf der Erde:	
Ort	Durchmesser
Canion Diabolo (USA)	2,00 km
Wolf Creek (Australien)	0,80 km
Monturaqui (Chile)	0,37 km
Henbury (Australien)	0,18 km
Boxhole (Australien)	0,16 km
Odessa, Texas (USA)	0,10 km
Kaalijarv (Estland)	0,10 km
Wabar (Saudi Arabien)	0,10 km

„XF 11" hat die Vorstellung vieler Zeitgenossen, daß ein Einschlag eines Himmelskörpers auf der Erde viel zu unwahrscheinlich wäre, um überhaupt bedacht zu werden, eindeutig widerlegt. *„Die Frage ist nicht, ob es kracht, sondern wann es kracht",* sagt der amerikanische Planetenforscher Clark Chapmann. *„Es kann uns genausogut nächste Woche erwischen wie in zehn Millionen Jahren."* Tatsache ist, daß jedes Jahr wahre Meteoritenschauer auf der Erde niederprasseln. Nur sind die Metall- und Steinbrocken so klein, daß sie beim Aufprall keine Spuren hinterlassen. Meteorite von mehr als 100 Tonnen Gewicht können im Gegensatz zu den Kleinbruchstücken nicht von der Atmosphäre abgebremst werden. Sie schlagen wie eine Bombe in den Erdboden ein.

Betrachten wir die Oberflächen unserer Nachbarplaneten Mond, Mars und Merkur, dann fällt auf, daß sie übersät sind von Einschlagskratern. Vor unserer Nase hat sich in den Jahrmillionen ein himmlisches Bombardement ungeahnten Ausmaßes abgespielt. Aber auch die Erde ist vor einschlagenden Kometen, Meteoriten und Asteroiden niemals sicher gewesen. Der Physiker Luis Alvarez und sein Sohn, der Geologe Walter Alvarez, entdeckten 1980 in einer Gesteinsformation aus der Saurierzeit Iridium, ein Element, das auf der Erde kaum, dagegen häufig in Kometen vorkommt. Ihre Schlußfolgerung, daß ein Komet oder ein ähnlicher Himmelskörper für das Aussterben der Saurier verantwortlich war, wurde Jahre später bestätigt: Nahe der mexikanischen Hafenstadt Progreso an der Küste von Yucatan fand man den Beweis – ein riesiger Krater, dessen größter Teil unter der Wasseroberfläche des Golfs von Mexiko liegt. Alvarez und andere halten diesen Krater für die Einschlagstelle des Meteors, der vor 65 Millionen Jahren die Saurier und neun Zehntel aller anderen Arten von Lebewesen auf der Erde ausgelöscht hat. Weitere Theorien gehen dahin, daß der sagenumwobene Kontinent Atlantis einem Meteoriteneinschlag zum Opfer fiel: Der im ersten Kapitel zitierte Physiker und Psychologe Immanuel Velikovsky (1895-1979) kam nach dem Studium antiker Zivilisationen zu dem Schluß, daß zwischen 1502 v. Chr. und 1450 v. Chr. die Erde zweimal vom Schweif eines riesigen Kometen getroffen worden sei, was Sturmfluten, Erdbeben und Vulkanausbrüche ausgelöst habe, die die Geographie der Erde radikal verändert hätten. Ganze Kontinente wie z. B. Atlantis seien im Ozean versunken, neue Landmassen hätten sich aus dem Wasser erhoben. Vom Himmel habe es Feuer, Giftgase und glühende Steine geregnet, und die beiden Pole hätten sich verschoben. Als Velikosky in den 30er Jahren diese These in seinem Buch „Worlds in Collision" darlegte, stieß er auf völliges Unverständnis bei seinen Kollegen. Inzwischen sind seine Theorien von anderen Forschungszweigen bestätigt worden (siehe Kapitel „Polsprung". S. 163 ff).

Bis heute haben Wissenschaftler mehr als 150 Einschlagskrater auf der Erde identifiziert und zahlreiche Augenzeugenberichte von Meteoriteneinschlägen dokumentiert. Überall auf unserer Erdoberfläche finden sich Spuren von gewaltigen Einschlägen vagabundierender Gesteinsbrocken. In Arizona zeugt ein Krater mit 1,2 Kilometern Durchmesser von einer frühen kosmischen Katastrophe. Wissenschaftler schätzen, daß dieser Eisenmeteorit vor 20 000 Jahren mit einer Sprengkraft von 17 Megatonnen TNT auf die Erde schlug. Stimmen diese Berechnungen, dann war dieser Meteor über 60 000 Tonnen schwer (Nickeleisen-Masse) und hatte einen Durchmesser von 25 Metern. In Namibia mißt ein Einschlagloch 2,5 Kilometer im Durchmesser und ist 200 Meter tief. Weitere Riesenkrater liegen in Asien, Australien, Afrika, Rußland, ja sogar in unserer unmittelbaren Nähe hat vor Jahrtausenden ein riesiger Meteorit eingeschlagen und das sogenannte Nördlinger Ries aus dem Boden gemeißelt. Die Größe (22 mal 24 Kilometer) deutet auf einen gewaltigen Einschlag hin. Bislang wurden auf der Erde 139 Krater mit Durchmessern bis zu 250 Metern entdeckt.

Aber auch in unserem Jahrhundert war die Erde nicht sicher vor kosmischen Katastrophen. Am 30. Juni 1908 explodierte um 7.15 Uhr am Himmel über Sibirien, im Gebiet zwischen den beiden Flüssen Tschuna und Tunguska, ein Objekt mit mehr als 30 Metern Durchmesser. Zuerst glaubte man in manchen Städten, die Erschütterung, die man bis nach Europa und sogar bis nach Kalifornien spüren konnte, wäre auf ein Erdbeben zurückzuführen. Als man die Region allerdings untersuchte, in der das Zentrum der Schockwellen lag, fand man ein elliptisches Gebiet von einer Ausdehnung bis 50 Kilometern, in dem Millionen von Bäumen wie von einem gigantischen Wirbelsturm zu Boden gedrückt und zersplittert waren. Inzwischen ist man der Meinung, daß ein niedergehender Meteor einige hundert Meter über dem Erdboden explodierte, mit einer Sprengkraft von 10 Megatonnen TNT. In der Fachsprache der Astronomie nennt man Himmelskörper dieses Gewichts und mit einem Durchmesser von bis zu 50 Metern (also auch der oben beschriebene, in Arizona niedergegangene) „Lokale Zerstörer". Sie schlagen im statistischen Durchschnitt alle 1000 Jahre auf der Erde ein und können beim Aufprall jedes Gebäude im Umkreis von 100 Kilometern dem Erdboden gleichmachen, könnten also auch jede beliebige Weltmetropole auslöschen.

Augenzeugen berichten, daß die blendend helle Feuerkugel mit einer donnerähnlichen Explosion zerbarst. Der Explosionsdruck verwüstete nicht nur den Erdboden in diesem Riesengebiet, er wurde sogar im 6000 Kilometer entfernten England registriert. Die darauffolgende Hitzewelle versengte eine Herde von 1500 Rentieren und tötete zahlreiche Nomaden-familien.

Einer der jüngsten Fälle ereignete sich am 9. Dezember 1997 um 5.10 Uhr an der Südküste Grönlands. Polizist Kenneth Stridsen sah die glühende Kugel mit ihrem ausgefransten Flammenschweif als erster. Sekunden später war Grönlands Hauptstadt Nuuk taghell erleuchtet. 50 Kilometer weiter südlich wurden die Bewohner des Fischerdorfes Fiskenkaesset von einem lauten Knall geweckt, dem im selben Augenblick ein heftiger Orkan folgte. Die zahlreichen Zeugenaussagen und das Videoband eines Hobbyfilmers ermöglichte es den dänischen Experten, die Flugbahn des Meteoriten zu berechnen. Er tauchte mit 180 000 Kilometern pro Stunde, das ist 50mal schneller als eine Granate, aus dem All in die irdische Lufthülle ein und begann zu glühen. Einige Minuten später krachten seine Trümmer ins Grönlandeis und brachten es an den Einschlagstellen zum Schmelzen. Vermutlich betrug der Durchmesser des hauptsächlich aus Eisen bestehenden Himmelsgeschosses mehrere Meter – größer als ein Lastwagen und schwerer als ein Verkehrsflugzeug.

Diese und andere Beobachtungen brachten die Wissenschaftler zu folgender Erkenntnis: Erderschütternde Einschläge ereignen sich nur einmal in 100 Millionen Jahren. Und da kommt es ganz auf die Größe an: Brocken mit bis zu zehn Kilometern Durchmesser und 100 Millionen Megatonnen Energie, in der Fachsprache „Großer Auslöscher", tauchen die Erde in monatelange Nächte und verwandeln das Angesicht des Planeten. Zuletzt geschehen vor 65 Millionen Jahren, als ein Meteorit die Dinosaurier auslöschte. Boliden mit einem Kilometer Durchmesser und 100 000 Megatonnen Energie, genannt „Kleiner Auslöscher", machen nach ihrem Aufprall mindestens die Hälfte der Erde unbewohnbar.

Kollisionen mit kleineren Himmelskörpern von Durchmessern um die 100 Meter und 100 Megatonnen Energie, die zum Beispiel ausreichen würden, um Europa zu verwüsten, geschehen einmal in einer Million Jahren. Die Sternengucker nennen diese Asteroiden „Regionale Zerstörer". Alle 15 bis 20 Jahre treffen kleinere Asteroiden mit zehn Metern Durchmesser die Erde.

Soweit die scheinbar beruhigende Statistik. Astronomen sehen das nicht so nüchtern. Ein- bis zweimal wöchentlich kommt es nach ihren Angaben zu sogenannten Beinahekollisionen, bei denen ein Asteroid nahe an der Erde vorbeischrammt. Etwa eine halbe Millionen dieser Zeitbomben fliegen auf Bahnen, deren wirklichen Verlauf die Astronomen erst sehr spät festlegen

Kollisionen mit Himmelskörpern, die von ihrer Größe und Energie ausreichen würden, z.B. Europa zu verwüsten, geschehen äußerst selten – im Durchschnitt einmal in einer Million Jahren.

können – zu spät und zu ungenau, um in einem möglichen Zielgebiet die Bevölkerung zu evakuieren. Die beiden amerikanischen Astronomen Eleanor Helin und Eugene M. Shoemaker haben seit den 70er Jahren 128 Asteroiden registriert, die irgendwann die Erdumlaufbahn kreuzen werden. Die größten dieser Himmelsbomben tragen die Bezeichnung „1627 Ivar" und „1580 Betulia" und sind acht Kilometer breit. Käme es zu einer Kollision mit einem der beiden Asteroiden oder den etwa 2000 Planetoiden mit einem Durchmesser von einem oder mehreren Kilometern, die uns im All zunahekommen, dann würde eintreffen, was kürzlich Timothy Ferris in der Zeitschrift „Playboy" so anschaulich beschrieben hat:

„In der Nacht vor dem Aufprall schlagen bereits erste Trümmerstücke auf der Erde ein, die beim Vorbeiflug an der Sonne vom Kometen abgesprengt wurden. Feuerbälle erleuchten den Himmel. Ein Meteorit reißt ein Loch in ein Mietshaus in Marollo, ein anderer setzt in Anatolien einen Eichenwald in Brand.

Der Komet selber schlägt kurz vor Sonnenaufgang in der Nähe der Bermudas ein. Die Explosion verschlingt riesige Volumen an Luft, Meerwasser und Erde, brennt einen Krater von weit über 100 Kilometern Durchmesser in den Meeresgrund. Eine gute Stunde später rollt der Donnerschlag über New York hinweg, abgeschwächt vernimmt man ihn auch in London, Berlin, Rio und Tokio. Nicht lange nach dem Schall erreicht die Flutwelle die Ostküste der USA. Auf offener See, wo sie genug Raum hat, richtet die gewaltige Welle sich sehr bald auf einer Höhe von nicht einmal 100 Metern ein, eine sanfte Dünung, die sich unauffällig, aber rasch ausbreitet – mit einer Geschwindigkeit von mehr als 700 Stundenkilometern.

Aber Springfluten steigen an, sowie das Wasser flacher wird. Diese hier richtet sich an den großen Sandbänken vor Neufundland auf und spült bei Sonnenuntergang mit mehr als 300 Metern Höhe über Manhattan hinweg. Florida ist längst versunken. Bevor der Tag zur Neige geht, steht der Großteil der tiefer *gelegenen Gebiete dieser Welt – von Kopenhagen bis Hamburg, von Hong-kong bis Bangkok – unter Wasser.*

Aber wenn endgültig Bilanz gezogen wird, steht das Wasser nur an dritter Stelle unter den Schadensverursachern. Eine noch größere Gefahr stellt das Feuer dar. Die Feuersbrunst setzt nach etwa einer Stunde ein, entzündet von einem spaktakulären Meteoritenregen, den man von Asien aus, wo es Abend wird, am besten beobachten kann. Trümmerstücke des explodierenden Kometen sind in allen Richtungen in den Weltreum zurückgeschleudert worden wie Geschwader von Interkontinentalraketen, und jetzt fallen sie herunter und machen die Nacht mit ihren Feuerbällen zum Tage. Viele verglühen in der Atmospähre, aber Millionen von ihnen schlagen ein, setzen Dörfer und Städte und Wälder in Brand. Bald steht die Welt in Flammen, und die Luft wird schwarz vor Ruß.

Der Ruß, der durch die Explosion zusammen mit vielen Tonnen eines talkumähnlichen Staubs in die Atmosphäre gepumpt wird, verfinstert die Luft und löscht für einen Zeitraum von einem halben bis zu einem Jahr die Sonne aus, und diese Finsternis, zusammen mit dem sauren Regen aus Schwefeldioxyd und toxischen Metallen, hat die verheerendste Wirkung des Kometeneinschlags. Auf einer Erde, die so lange in Dunkelheit gehüllt ist, erlöscht fast alles pflanzliche Leben und das Meeresleben dicht unter der Wasseroberfläche, und damit sind die Lebewesen, deren Ernährung davon abhängt, zum Untergang verurteilt. Im Zeitplan des Aussterbens sind jene komplexen Organismen zuerst an der Reihe, die auf eine vielfältige Ernährung angewiesen sind. Menschen sind solche komplexen Organismen, sie werden bald Probleme haben, noch etwas zu essen zu finden. Da die Nahrungsmittelvorräte der Welt nicht einmal für ein Jahr reichen, werden diejenigen, die den ersten Knall, die Überschwemmungen und die Feuersbrünste überlebt haben, sehr bald dem Hunger ausgesetzt sein. Verstreute Reste der Erdbevölkerung mögen einen großen Kometeneinschlag überleben, die menschliche Zivilisation als solche sicher nicht."

Ein Asteroid, den wir seit langem beobachten und dessen Umlaufbahn der Sonne am nächsten ist, kommt bei seiner schleifenförmigen Umlaufbewegung auch der Erde manchmal gefährlich nahe. Das letzte Mal 1983. Dieser Kleinsthimmelskörper „Ikarus" hätte nach den Berechnungen des bekannten amerikanischen Geologen Dr. Robert Dietz die Sprengkraft einer 200-Millionen-Megatonnen-Kernexplosion – eine Energie, die ausreicht, große Inseln zu versenken, Vulkane in Tätigkeit zu versetzen, heftige Erdbeben zu verursachen, das Magnetfeld der Erde zu unterbrechen, ja sie sogar vorübergehend aus dem Gleichgewicht zu bringen. Solche Extrembelastungen würden das globale Klima von Grund auf verändern.

Und Dietz ist nicht alleine mit seinen Warnungen: Als am 23. März 1989 ein 800 Meter großer Asteroid an der Erde vorbeischrammte, beauftragte Präsident Bush die NASA, eine Risikostudie zu erstellen. Ergebnis der sofort gestarteten Projekte „Skywatch" und „Space Guard Survey": Etwa 2000 „Near Earth Objects" (NEO) mit Durchmessern von mehr als einem Kilometer kreuzen die Erdbahn.

Aber so groß müssen die Kolosse gar nicht sein. Die Tunguska-Klasse reicht völlig aus, und aus dieser Asteroidengruppe haben wir alle paar hundert Jahre mit einem Einschlag zu rechnen. Die Wahrscheinlichkeit, von einem Meteoriten getroffen zu werden, liegt bei 1:20 000 – das entspricht der Wahrscheinlichkeit, bei einem Flugzeugabsturz ums Leben zu kommen! Um die Jahrtausendwende könnte uns „Ikarus" auf seiner schwer berechenbaren Bahn wieder einmal nahekommen. Vielleicht zu nahe. Nostradamus prophezeit einen Meteoriteneinschlag in seinem Quatrain 1,69:

„Der große Felsbrocken, rund, und sieben Stadien lang, wird nach Frieden und Kriegsbeginn, Hunger und Überschwemmung, aus der Ferne kommen, große Landschaften in Abgründe stürzen, auch altertümliche und altehrwürdige."

Nostradamus läßt sich sehr genau auf die Größe des Meteoriten ein. Nachdem das altgriechische Maß des Stadions mit fast 200 Metern angegeben wird, hätte dieser Meteor einen Durchmesser von weit über einem Kilometer, wäre also ein „Kleiner Auslöscher", der mindestens die Hälfte der Erde unbewohnbar machen würde. Diese Größe würde ausreichen, um auf der Erde schlagartig tödliche Klima- und Umweltveränderungen zu provozieren – ganz abgesehen von dem Riesenkrater, der mit etwa 50 Kilometern Durchmesser Großstädte wie Tokio oder New York ausradieren könnte. Nostradamus Andeutung der „altertümlichen und altehrwürdigen Landschaft" spricht dafür, daß der Meteor in Europa niedergehen könnte.

Der Streitfall Polsprung

Die Folgen eines Meteoriteneinschlags von der Größe, die Nostradamus vorhersagte, sind gar nicht absehbar. Schlimmstenfalls könnte sogar die Erdachse aus ihrer Stellung geworfen werden, was eine zeitweise Instabilität des Planeten zur Folge hätte, auf jeden Fall aber extreme Klimaveränderungen, gigantische Flutwellen, monatelange Niederschläge und unvorstellbar starke Stürme.

„Für alle Anishnabe (Menschen) sind die Wampun-Gürtel der Schlüssel zu unserer Tradition", sagt William Commander, traditioneller Häuptling der Algonkin und Träger der Wampun-Gürtel, *„sie sind Muster des Lebens – Tore zwischen den physischen und den spirituellen Dimensionen. Die Gürtel warnen uns, daß in allernächster Zeit die Erde ihr Gleichgewicht im Universum verlagern wird, mit und ohne ihre Kinder. Es ist sicher, daß diese Verlagerung des Gleichgewichts des Lebens stattfinden wird und daß es zu einer Neuordnung der physischen und spirituellen Wirklichkeiten kommen wird. Wir sind hier, weil der Ruf der Erde uns zur Eile auffordert. Die Antwort kennen wir, wenn wir sie nur befolgen, wenn wir nur auf Mutter Erde hören würden. Sonst wird sie ihre Achse verlagern und alles Leben auf der Erde auslöschen."*

Von Geologen wurde festgestellt, daß sich die Erdachse tatsächlich um einen Meter pro Jahr verschiebt. Man schließt nicht aus, daß der dadurch hervorgerufene leichte Drall wie bei einem Kinderkreisel ab einer bestimmten Grenze einen „Umsturz" verursachen kann. Einen solchen „Shift", wie Cayce das nennt, hat es im Laufe der Geschichte schon mehrfach gegeben. Der letzte liegt 50 000 Jahre zurück. Der Umschwung kam so plötzlich, daß ganze Herden sibirischer Mammuts mit noch unverdauten Gräsern und Nährstoffen im Magen schockgefroren sind, daß also vor einigen tausend Jahren die Temperatur im Norden Rußlands innerhalb weniger Stunden um weit mehr als 40 Grad Celsius gefallen sein mußte, wie man bei Ausgrabungen 1912 in Sibirien festgestellt hat. Und das nicht als kurzer unerklärlicher Kälteschock, sondern als Klimaumschwung, der bis heute angehalten hat und das Land mit Permafrost-Böden überzieht. Die riesigen Urelefanten hätten in diesem Dauerfrost niemals existieren können.

Verschiedene Autoren erklären mit dem Polsprung auch den von vielen Quellen genannten Untergang des Kontinents Atlantis und die in fast allen

Mythen der Welt beschriebene Sintflut. Der Naturforscher Georges von Cluvier (1769-1832) glaubte schon im 18. Jahrhundert, das Leben auf der Erde sei immer wieder von globalen Katastrophen vernichtet worden und habe sich danach neu und weiter entwickelt. Die etablierte Wissenschaft kämpft noch heute gegen Cluviers These, die inzwischen mehr und mehr Anhänger gefunden hat. Sie glaubt, das Leben auf der Erde habe sich stetig entwickelt, habe also eine Jahrmillionen dauernde Evolution durchgemacht. Wie wir gleich sehen werden, ist die Beweislast der sogenannten Kataklysmen-Theorie (Kataklysmen sind globale Katastrophen, deren Ursache ungeklärt ist) mittlerweile allerdings so schwer, daß die offizielle Wissenschaft von ihrem alten Credo abzuweichen beginnt.

Die großen Eiskappen an den Polen bringen die Erde immer wieder aus dem Gleichgewicht. Die im Laufe der Geschichte stattgefundenen Verschiebungen der Erdkruste brachten massenhaftes Aussterben von Pflanzen und Tieren mit sich.

Da sind einmal die bereits im Abschnitt über die Meteore erwähnten Einschlagskrater auf der Erde, die von einer Kollision eines Himmelskörper mit der Erde zeugen. Die durch einen solchen Zusammenstoß ausgelösten globalen Katastrophen haben das Antlitz der Erde in der Vergangenheit sicherlich maßgeblich verändert. Und da sind zweitens die Theorien über eine plötzliche Veränderung der Magnetpole, über einen sogenannten Polsprung.

Charles Hutchins Hapgood, Professor für Anthropologie und Wissenschaftsgeschichte am Keene State College in New Hampshire, stellte Anfang der 50er Jahre in seinem Buch „Earth's Shifting Crust" die These auf, daß die großen Eiskappen an den Polen die Erde immer wieder aus dem Gleichgewicht brachten. In seiner Begründung führt Hapgood an: Der größte Teil der Erdmasse besteht aus einem inneren Kern aus festem Metall, der von einer flüssigen Metallschicht umgeben ist. Um diese Schicht wölbt sich ein dicker Erdmantel aus festem Gestein. Dieser Mantel ist wiederum eingebettet in eine bewegliche Hülle, die sogenannte Asthenosphäre. Über ihr liegt als letzte und dünnste Schicht die Erdkruste oder Lithosphäre, zu der alle Kontinente und Meeresböden gehören. Sie teilt sich in mehrere Platten auf, die ständig in Bewegung sind und so Erdbeben und Vulkanausbrüche verursachen. Hapgood behauptet nicht nur, daß diese Erdkruste beweglich sei, sondern daß sie sich immer wieder im Lauf der Erdgeschichte plötzlich bewegt habe, womit sich das massenhafte Aussterben von Tieren und Pflanzen, Veränderungen der Vereisung und der plötzliche Aufstieg der Landwirtschaft erklären ließen. Nach Hapgood fand die letzte Verschiebung der Erdkruste 9600 v. Chr. statt, als die blühende Seefahrer- und Landwirtschaftskultur von Atlantis = Antarktis in ewiges Eis verwandelt wurde.

Hapgoods These wäre vermutlich wie so viele andere, die nicht ins traditionelle Denkschema passen, von der Wissenschaft durch Nichtbeachtung ins Abseits gestellt und vergessen worden, hätten sich nicht zwei Dinge ereignet: Am 8. Mai 1953 schrieb ein betagter Professor in Princeton, New Jersey, einen Brief an den revolutionären Denker, in dem er unter anderem ausführte:

„Ich finde Ihre Argumente sehr beeindruckend und habe den Eindruck, daß Ihre Hypothese richtig ist. Es gibt kaum einen Zweifel, daß wiederholt und innerhalb kurzer Zeit bedeutende Verschiebungen der Erdkruste stattgefunden haben." Der alte Herr, der den Brief verfaßte, hieß Albert Einstein, und bis zu seinem Tod 1955 korrespondierte er noch häufig mit Hapgood über dessen Forschung. Einstein schrieb dann auch das Vorwort zum Buch „Earth's Shifting Crust":

„Ziemlich viele empirische Daten wiesen darauf hin, daß an jedem sorgfältig untersuchten Punkt der Erdoberfläche viele Klimaveränderungen stattgefunden haben, und zwar offensichtlich sehr plötzlich. Das ist nach Mr. Hapgoods Ansicht durchaus erklärlich, wenn die eigentlich starre äußere Erdkruste von Zeit zu Zeit ... umfangreiche Verschiebungen durchmacht."

Die zweite Schützenhilfe erhielt der Professor aus New Hampshire durch mittelalterliche Portolane, das sind Karten, die von Seefahrern benutzt wurden. Eine Karte von 1513, die inzwischen oft zitierte „Karte des Piri Re'is", zeigt die Antarktis, wie sie vor der Vereisung ausgesehen hatte. Hapgood selbst und seine Studenten untersuchten diese Karten akribisch und wurden durch Schallwellenmessungen im Eis des Südpols, die von 1958 bis 1978 durchgeführt wurden, bestätigt: Zur Zeit, als im Nahen Osten die ersten ummauerten Städte gebaut wurden, gab es in der Antarktis eine hochentwickelte Seefahrerkultur, wie Hapgood in seinem 1966 erschienenen Buch „Maps of Ancient Sea Kings" schlußfolgert. Ägyptologen und Pyramidenforscher gingen dann noch einen Schritt weiter und stellten die These auf, die Überlebenden des plötzlich vereisten Kontinents am Südpol hätten sich in das damals klimatisch gemäßigte Ägypten geflüchtet und dort die Pyramiden aufgebaut, deren einziger Zweck die Beobachtung des Himmels und der Erde gewesen sei, damit die Menschheit vor einer Wiederkehr dieses Kataklysmus, der plötzlichen Verschiebung der Erdkruste nämlich, gewarnt werden könne.

Der amerikanische Autor Richard W. Noone hat Anfang der achtziger Jahre in seinem Buch „Ice. The Ultimate Disaster" Hapgoods Thesen und die der Ägyptologen zusammengefaßt und aufsehenerregende Schlußfolgerungen gezogen:

◆ Die Reste der untergegangenen Zivilisationen, die in Museen überall in der Welt aufbewahrt sind, beweisen, daß sich in der Vergangenheit wiederholt plötzliche globale Veränderungen der Erdoberfläche ereignet haben.

◆ Ein genaues Studium der Großen Pyramide in Ägypten zeigt, daß in die Struktur des Bauwerks eine mathematische Botschaft eingebaut ist, die die Überlebenden einer ähnlichen Katastrophe vor Tausenden von Jahren ihrer Nachwelt übermitteln wollten.

◆ Diese Botschaft lautet: *Wenn Sonne, Merkur, Venus, Mars, Jupiter und Saturn mit der Erde und dem Mond im All eine gerade Linie bilden, dann wird das ständige Anwachsen des Eises am Südpol die Erdachse zum Kippen bringen und dabei Billionen Tonnen von Wasser und Eis freisetzen, die sich dann sintflutartig über die Erdoberfläche ergießen.*

◆ *Der Tag, an dem diese planetare Konstellation eintrifft, ist der 5. Mai 2000.*

◆ Vorbereitet wird dieser Kataklysmus durch einen massiven Sonnensturm, der im Januar 2000 in das Erdmagnetfeld eindringt.

Betrachten wir Noones Thesen genauer, finden wir in der Tat einige Bestätigungen dafür aus der Wissenschaft: Die erst vor wenigen Jahren durchgeführten Eisbohrungen in Grönlandgletschern zeigen deutlich, daß sich das Klima in der Welt des öfteren so wandelte, daß aus kalten Zonen warme, aus tropischen Regionen gemäßigte wurden und umgekehrt. Die bereits beschriebenen Mammutfunde zum Beispiel zeigen, daß etwa um 37 000, 31 000 und 9600 v. Chr. drei solcher Klimastürze stattfanden. Ein anderes Beispiel: Bei unserer letzten Eiszeit lag der Nordpol zwischen den Küsten Grönlands und Islands. Das Gebiet des heutigen Berlin befand sich damals also am nördlichen Polarkreis. Kein Wunder, daß Deutschland in dieser Zeit unter einem Mantel von Gletschereis lag. Während dieser Eiszeit war es übrigens in Südamerika extrem kalt und in Nordamerika warm. Danach veränderten sich die Klimazonen: Deutschland, die skandinavischen Gebiete und Sibirien erwärmten sich, in Kanada und Alaska wuchsen die Gletscher.

Zum Zeitpunkt des 5. Mai 2000: Bereits der römische Philosoph Seneca, der die babylonischen Astrologen und Historiker studiert hatte, warnte: *„Alles Irdische wird verbrennen, wenn alle Planeten, die jetzt verschiedenen Bahnen folgen, im Zeichen des Krebses zusammentreffen und sich so ausrichten, daß man sie durch eine gerade Linie verbinden könnte."*

Und vor ihm sagte schon der griechische Philosoph Platon: *„Es klingt zwar wohl wie eine Fabel, aber der wahre Kern daran ist eine Bahnabweichung der die Erde umkreisenden Himmelskörper und die in langen Zeiträumen erfolgende Vernichtung alles Irdischen durch ein großes Feuer."*

Astronomen errechneten, daß im Jahr 1982 eine Konzentration der Planeten begann, die dann im Jahr 2000 kulminieren werde.

Die Astronomen John Gribbin und Stephen H. Plagemann sprachen bereits 1974 die Befürchtung aus, daß eine derartige Konstellation die Rotation der Erde ins Wanken bringen könnte. Die Gravitation der Himmelskörper sei durch ihre Zusammenballung so stark, daß es zu verstärkten Sonnenwinden und zu Sonnenflecken käme, die den geschwächten Magnetgürtel der Erde stören würden. Sie errechneten, daß die Konzentration der Planeten 1982 beginnen und im Jahr 2000 kulminieren werde.

Die Astronomen und Astrophysiker haben sich in den letzten Jahren mit den Störungen des Magnetfeldes im Zusammenhang mit den immer wiederkehrenden Sonneneruptionen befaßt: Immer wieder, alle neun bis elf Jahre, kommt es auf der Sonne zu Eruptionen von Gasen, die noch bei uns auf der Erde als Sonnenflecken zu beobachten sind. 1998/99 jedoch erwarten Astronomen besonders schwere Ausbrüche, die auf der Erde dramatische Auswirkungen haben könnten. Der australische Sternengucker von den IPS Radio and Space Services in Sydney und die amerikanischen Wissen-

schaftler Paul Barnes und James van Dyke vom Oak Ridge National Labo-
ratory in Tennessee glauben sogar, daß diesmal Schäden entstehen könnten,
wie sie nur ein weltweiter Hurrikan anrichten würde.

Für den Laien klingen diese Warnungen zunächst utopisch: 149 Millionen Kilometer liegen zwischen der Erde und der Sonne. Da bedürfte es schon
gewaltiger Energiemengen, um diesen Abstand zu überbrücken. Aber diese
Energie entsteht tatsächlich, wenn eine derartige Eruption stattfindet. Astronomen haben errechnet, daß der Blitz, der eine Sonneneruption begleitet,
eine Gewalt von einer Milliarde Wasserstoffbomben hat. Das würde reichen, um den Energiebedarf der Erde für Millionen von Jahren zu sichern.
Wie eine gigantische Fackel breiten sich eine Milliarde Tonnen glühenden
Plasmas im Weltraum aus. Die Schockwellen rasen mit nahezu 2000 Kilometern pro Sekunde auf die Erde zu. Die Folgen: Stromausfälle, Blackouts
auf Millionen von Fernsehschirmen und eine Verzerrung des Magnetfelds
der Erde.

Genau dieser Effekt macht den Wissenschaftlern heute Sorge: Das
Magnetfeld der Erde ist nämlich ohnehin ein äußerst sensibles Energie-
bündel. Es entsteht durch Strömungen im glutflüssigen Erdinneren. Durch
diese unstete Herkunft ist es auch äußerst instabil – seine Feldstärke
schwankt von einem Ort der Erde zum anderen, und das gesamte Feld
bricht in Abständen von 100 000 bis 1 000 000 Jahren immer wieder einmal
zusammen. Wissenschaftler sagen, es setzt aus, um sich wieder neu zu bilden. Bei der Untersuchung von Ablagerungen auf dem Boden der Ozeane
stellten sie fest, daß das Magnetfeld offenbar im Laufe von Jahrhunderten
schwächer wird und dann zusammenbricht. Es dauert dann wieder ein
oder mehrere Jahrtausende, bis sich ein neues Feld aufbaut.

Während dieser „Wiederaufbau"-Phase des Magnetfelds ist die Erde
gegenüber der Sonne, ihrer Strahlung und ihren Winden nahezu schutzlos
ausgesetzt. Die Magnetosphäre, jener Schutzring magnetischer Felder, der die
Erde als Energiehülle umgibt, ist außer Gefecht gesetzt, die energiereichen
Strahlen des Sonnenwindes stoßen in tiefere Luftschichten vor und lösen
dort atomare Reaktionen aus. Jedes Lebewesen auf der Erde ist also einer
höheren Strahlenbelastung als üblich und verträglich ausgesetzt. Und das für
Jahrhunderte oder gar ein bis zwei Jahrtausende. Lang genug jedenfalls, um

die Lebensbedingungen auf der Erde so stark zu verändern, daß es zu Mutationsschüben oder dem Aussterben mancher Arten und dem Bilden neuer Arten kommt.

Aber diese Folge einer Magnetfeld-Änderung ist die langsam-evolutionäre. Es gab in der Geschichte der Erde jedoch Änderungen des Erdmagnetismus, die nicht so friedlich verliefen, in denen eine Verschiebung der Pole stattfand. Eine solche Umpolung ist immer von globalen Katastrophen – weltweiten Beben, Stürmen und Überschwemmungen – begleitet. Wissenschaftler sind sich heute einig, daß eine derartige Änderung der Magnetfeldrichtungen, also eine plötzliche Umkehr der Magnetpole, schon häufiger in der Geschichte der Menschheit stattfanden.

Der japanische Raketeningenieur Professor Hideo Itakawa gibt der Menschheit noch weniger Zeit: Nach seinen Berechnungen tritt bereits am 18. August 1999 eine Kreuzkonstellation der Planeten auf, vor der ja auch schon Nostradamus gewarnt hatte.

Ganz in der Richtung von Noone dachte bereits in den siebziger Jahren Dr. Geoffrey Goodman. Er glaubt, daß die planetare Konstellation in Verbindung mit der ständig wachsenden Eisanhäufung in der Antarktis zu einem Umkippen der Erde führen könnte, wie ein sich immer langsamer drehender Kreisel, der irgendwann zur Seite kippt.

Die Folgen der hier erwähnten Veränderung der Erdachse beschreibt Nostradamus so :

„Bald, wenn auch zu spät, wird man eine große Änderung spüren, extreme Schrecken folgen, danach Rechtfertigungsversuche, dann, wenn der Mond einen Begleiter bekommt, gerät das ganze Firmament ins Kippen." (1,56)

Menschliche Gegenmaßnahmen?

Wie kann sich der Mensch gegen eine Bedrohung aus dem All schützen? Der Erfinder der Wasserstoffbombe, Edward Teller, hat vor Jahrzehnten vorgeschlagen, den bedrohlichen kosmischen Körper zu sprengen. Diese Idee hat freilich zwei Nachteile: Einmal bräuchten die Raumfahrtbehörden mindestens ein Jahr Zeit, um eine solche Aktion vorzubereiten. Und zweitens könnten die Einzelteile eines Asteroiden auf der Erde mehr Schaden anrichten als der ganze Brocken.

Bereits im Jahre 1968 wurde daher im Massachusetts Institute of Technology (MIT) ein anderer Plan zum Schutz der Erde vor einer solchen kosmischen Katastrophe ausgearbeitet. Ziel dieses Projekts ist es, den Meteoriten durch eine Explosion in seiner Nähe von seiner Bahn abzulenken. Ähnlich würde man bei einem Kometen verfahren: Man würde auf seiner Oberfläche eine Sprengladung anbringen; die Detonation würde seinen inneren, unter Druck stehenden Gasen einen Weg nach außen öffnen und den Eisberg in eine Rakete mit Eigenantrieb verwandeln.

Wieweit diese Bemühungen inzwischen gediehen sind, gehört zu den bestgehüteteten Geheimnissen der US-Regierung. Daß aber noch keine wirksame Gegenmaßnahme gegen einen bedrohlichen Himmelskörper gefunden ist, läßt sich aus einem Gespräch ableiten, das ich 1997 mit dem Astronauten und Teilnehmer der deutschen Spaceshuttle Mission D-2, Dr. Ulrich Walter, führte. Walter sagte auf die Frage, was er für das vordringlichste Projekt der NASA in den nächsten Jahren betrachte, die genaue Überwachung des Weltalls auf mögliche, die Erde bedrohenden Meteore und Asteroiden und die Entwicklung effektiver Abwehrmittel.

Auch Jesco von Puttkamer, einer der leitenden Ingenieure bei der NASA, gab in einem Gespräch, das ich im Mai 1998 mit ihm führte, zu, daß es außer einigen Planspielen noch wenig Konkretes zur Abwehr der Bedrohung aus dem All gebe. Er kritisierte auch, daß der Himmel noch zu wenig nach derartigen Zeitbomben abgesucht werde.

Bis 1998 jedenfalls sind gerade mal zehn Prozent der gefährlichen Brummer entdeckt. US-Asteroidenforscher Clark Chapmann fürchtet: *„Wenn das Tempo der Entdeckungen so weitergeht, dauert es 100 Jahre, bis wir 90 Prozent aller gefährlichen Objekte kennen.“* Wir müssen also in den nächsten Jahren hauptsächlich auf unser Glück hoffen, daß wir nicht eines Tages von einem „Zeichen am Himmel“ überrascht werden.

Kriegsbeginn im Spätsommer

Ich habe im Abschnitt „Eine typische Vorkriegsphase“ schon auf die klimatischen Umstände im Kriegsjahr hingewiesen. Höchstwahrscheinlich sind diese Wetterumstände Begleiterscheinungen des „El-Niño-Phänomens“: ein kurzer Winter, ein sehr zeitiges schönes Frühjahr. Eine Fülle verschiedenster Vorhersagen sprechen für einen Beginn der kriegerischen Auseinandersetzungen im Sommer bzw. im Spätsommer.

„Der Dritte Weltkrieg wird Ende Juli oder Anfang August ausbrechen. Es ist Sommer in Nordschweden. Die norwegischen Gebirge haben noch keinen Schnee." (Anton Johansson im Jahr 1910) *„In dem Jahre, wo der Krieg ausbricht, wird ein so schönes Frühjahrswetter sein, daß im April die Kühe schon in vollem Grase gehen. Das Korn wird man noch einscheuern können, aber nicht den Hafer."* (Der Schäfer Jasper im Jahr 1830)

Aber wie geht es weiter?

„Die Leute sind auf dem Feld, es ist Spätsommer, das Korn schon reif, da kommen sie, ganze Horden...und überfallen alles." (Katharina aus dem Ötztal)

„Der Weizen kann noch geerntet werden, doch der Hafer nicht mehr." (Abbe Curique, 1872)

„Das Korn wird man noch einscheuern können, aber nicht mehr den Hafer." (Der alte Jasper, 1754-1833)

„In einem Sommer, wahrscheinlich im Monat Juli, wenn die Erdölregion bereits in ziemlich festen sowjetischen Händen ist, erfolgt der Angriff..." (Mutter Erna Stieglitz)

„Vom schweren Tritt der Bewaffneten...wird die Ernte zertreten und vom Hunger und Mutwillen roher Kriegshaufen alle Lebensmittel aufgezehrt und verdorben." (Alpenschäfer Hanns Tobias Velten, Gesichte 1865 – 1877)

Soweit also die Orientierung zum Zeitpunkt des Kriegsbeginns. Als nächstes wollen wir uns den Verlauf des Krieges, so wie ihn die Seher vorhergesagt haben, ansehen.

Ein dreimonatiger Dritter Weltkrieg?

Der bayrische Hellseher Mühlhiasl prophezeit: *„Aber es währt nicht lange – in einer Nacht wird's geschehen. Wer auf der Flucht zwei Laib Brot mitnimmt und verliert eins, der soll sich nicht danach bücken, er wird's nicht brauchen; und wer seinen Mantel vergessen hat, soll nicht mehr umkehren, er wird ihn nicht mehr brauchen."*

Alois Irlmaier warnt: *„Massierte Truppenverbände marschieren in Belgrad von Osten her ein und rücken nach Italien vor. Gleich darauf stoßen drei gepanzerte Keile nördlich der Donau blitzartig über Westdeutschland in Richtung Rhein vor – ohne Vorwarnung. Das wird so unvermutet passieren, daß die Bevölkerung in wilder Panik nach Westen flieht. Viele Autos werden die Straßen verstopfen – wenn sie doch zu Hause geblieben wären oder auf Landwege ausgewichen! Was auf Autobahnen und Schnellstraßen ein Hindernis ist für die rasch vorrückenden Panzerspitzen, wird niedergewalzt."*

Als Mittel der Wahl für den völlig überraschten Bürger wird die Flucht auf die Berge empfohlen : *„Kinder, ihr müßt auf den Berg fliehen (auf die Almhütten). Dort müßt ihr euch vorher etwas zum Essen verstecken und etwas zum Schlafen herrichten. Auf den Berg kommen diese plündernden Horden nicht hinauf. Springt (lauft) ja nicht ins Dorf."* (Katharina aus dem Ötztal)

Auch bei Franz Kugelbeer wird das allgemeine Chaos, aber auch die Tatsache der Sicherheit am Berg beschrieben: *„Über Nacht kommt die Revolution der Kommunisten, verbunden mit den Nationalsozialisten, der Sturm über Klöster und Geistliche. Die Menschen wollen es zuerst nicht glauben, so überraschend tritt es ein. Viele werden eingekerkert und hingerichtet. Alles flieht in die Berge, der Pfänder ist ganz voll von Menschen."*

Jakob Lorber warnt schon 1840 vor der Gefahr des russischen „Eisbären": *„Siehe, dieser Eisbär ist einer, der keine Furcht hat vor den Gänsekielen* (schriftliche Verträge, Anm. d. Verf.). *Wehe, wenn er sein Lager verlassen wird. Ich sage dir, er wird siegen durch Macht und durch tyrannischen Großmut! Und das sehr bald, wenn sich die südlichen Rinder und Schafe nicht bald in Löwen umgestalten, in Löwen der Weisheit und inneren Gotteskraft... Nun denke nicht, daß dies alles schon gleich geschehen muß, weil Ich es dir vorhergesagt habe. Sondern es kann so geschehen, wenn diese Menschen sich nicht ändern und in ihrer großen Torheit beharren."*

Der kurze Dritte Weltkrieg läuft nach Aussage der 250 von Stephan Berndt in seiner bereits erwähnten Forschungsarbeit untersuchten Seher in folgenden Phasen ab:

◆ Revolutionen und Kirchenverfolgungen in Italien und Frankreich; Revolution in England

◆ Mord eines „dritten Hochgestellten" auf dem Balkan
◆ Der Angriff aus dem Osten: plötzlicher Vorstoß von drei russischen Panzerkeilen nach Deutschland Richtung Rhein
◆ Militärische Besetzung Österreichs, Deutschlands und der Schweiz durch die Russen
◆ Am Höhepunkt des italienischen Bürgerkriegs erfolgt der Durchmarsch der Russen über Österreich nach Italien
◆ Zerstörung von Rom und Paris durch Revolutionen und Kriegswirren
◆ Der Gegenschlag des Westens: ein chemischer oder biologischer Todesstreifen (*„der gelbe Staub"* laut Irlmaier), der vom Schwarzen Meer bis zur Nordsee reicht, schneidet die Panzerdivisionen vom Nachschub ab
◆ Platzen der Erdrinde in Tschechien, durch ein Naturereignis hervorgerufen
◆ Dreitägige Finsternis
◆ Endschlacht bei Köln (Russische Truppenreste werden vernichtet)

Ich will diesen Kriegsverlauf im Folgenden kurz skizzieren, da an ihm deutlich wird, daß die Seher in ihren Visionen inzwischen von der Wirklichkeit überholt wurden.

Der Vorstoß der drei russischen Panzerkeile

Dieser aus völligem Frieden heraus auftretende Überraschungsangriff von östlichen Truppen in Form von drei Heeressäulen oder Panzerkeilen gegen Deutschland und Westeuropa wird von vielen Sehern erwähnt.
Alois Irlmaier beschreibt dieses Geschehen so:

„Anfangen tut der vom Sonnenaufgang (der Russe). *Er kommt schnell daher. Die Bauern sitzen beim Kartenspiel im Wirtshaus, da schauen die fremden Soldaten bei den Fenstern und Türen herein. Ganz schwarz kommt eine Heersäule herein von Osten, es geht aber alles sehr schnell.*

Einen Dreier sehe ich, weiß aber nicht, sinds drei Tag oder drei Wochen. Von der goldenen Stadt geht es aus.

Der erste Wurm geht vom blauen Wasser (Donau) *nordwestlich bis an die Schweizer Grenze. Bis Regensburg steht keine Brücke mehr über die Donau, südlich vom blauen Wasser kommen sie nicht.*

Der zweite Stoß kommt über Sachsen westwärts gegen das Ruhrgebiet zu, genau wie der dritte Heerwurm, der von Nordosten westwärts geht über Berlin."

Laut dem Seher aus dem Waldviertel soll als erstes die Besetzung Österreichs, danach erst die Deutschlands und der Schweiz erfolgen:

„Österreich wird von den Russen als Dauerverpflegungslager und Durchzugsgebiet von großem Nutzen sein und bei ihrem militärischen Zug nach dem Süden und Südosten Europas durchquert und besetzt werden. Die Amerikaner mischen sich wider Erwarten zu dieser Zeit noch nicht ein.

Ungefähr zu dieser Zeit tobt nicht nur in Italien, sondern auch in Frankreich der Bürgerkrieg am heftigsten. Auf dem Höhepunkt des italienischen Bürgerkrieges marschieren die Russen durch Österreich nach Italien. Hiervon wird hauptsächlich Kärnten schwer betroffen sein."

Die Mehrzahl der Seher hat sich den Krieg als Angriffskrieg der Russen gegen Europa vorgestellt. Zu Zeiten des Kalten Krieges, der ja immerhin von 1945 bis 1989 dauerte, war diese Möglichkeit durchaus vorstellbar.

Ich habe mit diesen wenigen Zitaten nur plastisch vor Augen führen wollen, daß die Mehrzahl der Seher sich den Krieg als Angriffskrieg der Russen gegen Europa vorstellen. Berndt Stephan kam in seiner Computeranalyse von 154 Sehern, die den Dritten Weltkrieg vorhersagen, zu dem Ergebnis, daß eine deutliche Mehrheit die von Irlmaier beschriebenen drei russischen Panzerkeile durch Deutschland in ähnlicher Form bestätigt, daß ferner die Mehrzahl der Seher den vom Waldviertler geschilderten, gleichzeitig erfolgenden russischen Vorstoß über Jugoslawien nach Österreich, Italien und Frankreich erwähnen. Eine sehr kleine Seher-Gruppe spricht noch von einem russischen Einmarsch in Skandinavien und der Türkei.

Anhand dieser überwältigenden Übereinstimmung könnte man versucht sein, tatsächlich an das oben beschriebene Szenario zu glauben. Zur Zeit des Kalten Krieges, der ja immerhin von 1945 bis 1989 dauerte, galt dieses Aufmarschszenario der damals sowjetischen Streitkräfte ganz und gar nicht als Spinnerei einiger Seher. Die Stoßrichtungen der Angriffslinien des damaligen Warschauer Paktes deckten sich erstaunlich genau mit denen eines Irlmaier und anderer. Bis 1989 hätte vermutlich jeder General der NATO die Prophezeiungen als geeignetes Kriegsspielszenario gelten lassen.

Doch dann kam die Wende: der Zusammenbruch des Kommunismus. Der Osten begann, sein Wirtschaftssystem dem Westen anzupassen. Der Kalte Krieg wurde durch den Wettbewerb der Volkswirtschaften und multinationalen Konzerne abgelöst. Die Aufmarschpläne waren obsolet geworden – auch deshalb, weil der neue russische Staat die Mittel nicht mehr hatte, seine Armee im Sinne einer Angriffsstreitmacht auszustatten.

Der ehemalige Oberbefehlshaber der US-Atomstreitmacht, General a.D. Lee Butler, sagte dazu in einem Interview mit der Zeitschrift „Spiegel" im August 1998: *„Aus meiner Sicht ist die Gefahr eines russischen Angriffs sehr unwahrscheinlich. Rußland ist heute ein bedauernswerter Gigant, den der Westen noch immer nicht versteht. Rußland ist keine nukleare Großmacht mehr, die russische U-Boot-Flotte liegt vertäut in ihren Häfen. Rußlands Bomber fliegen nur noch selten, Modernisierungsprogramme kommen nicht voran. Das russische Radarfrühwarnsystem ist geschwächt, die wichtigsten, einst sowjetischen Anlagen stehen Rußland nicht mehr zur Verfügung, und die Frühwarnsatelliten haben viel von ihrer Kapazität eingebüßt."*

Die europäischen Völker haben also offensichtlich nicht den von den Sehern geschauten Weg gewählt, sondern sich eines besseren besonnen. Der Westen hat aus Jahrhunderten der Kriege gelernt und sich bereits zu einer wirtschaftlichen und politischen Union zusammengeschlossen, die Staaten des Ostens werden nach und nach in diese Gemeinschaft aufgenommen.

Der erste Teil des Kriegsszenarios wird in absehbarer Zeit wohl nicht eintreten können, und damit auch nicht der zweite, der wiederum alten Militärplanspielen aus dem Kalten Krieg ähnelt, diesmal den Abwehrkonzepten der NATO.

Der Westen schlägt zurück – Die chemische oder biologische Sperre
Alois Irlmaier schreibt: *„Ich sehe die Erde wie eine Kugel vor mir, auf der nun die weißen Tauben* (Kampfbomber des Westens) *heranfliegen, eine sehr große Zahl vom Sand herauf."* (Sind es amerikanische Flugzeuge, die zu dieser Zeit noch im „sandigen" Nahen Osten auf Grund des vorangegangenen Nahostkrieges stationiert sind?, Anm. d. Verf.). *„Und dann regnet es einen gelben Staub in einer Linie. Die Goldene Stadt* (Prag) *wird vernichtet, da fangt es an. Wie ein gelber Strich geht es hinauf bis zu der Stadt in der Bucht.*

Eine klare Nacht wird es sein, wenn sie zu werfen anfangen. Die Panzer fahren noch, aber die darin sitzen, sind schon tot.

Dort, wo es hinfällt, lebt nichts mehr, kein Baum, kein Strauch, kein Vieh, kein Gras, das wird welk und schwarz. Die Häuser stehen noch. Was das ist, weiß ich nicht und kann es nicht sagen. Es ist ein langer Strich. Wer darüber geht, stirbt. Die herüben sind, können nicht hinüber und die drenteren können nicht herüber, dann bricht bei den Heersäulen herüben alles zusammen. Sie müssen alle nach Norden. Was sie bei sich haben, schmeißen sie alles weg. Zurück kommt keiner mehr."

Im Rahmen der kriegerischen Ereignisse kristallisieren sich drei konventionelle Entscheidungsschlachten heraus :

Die erste Schlacht bei Lyon wendet das Schicksal Frankreichs (der südliche der drei Panzerkeile ist bis nach Frankreich vorgedrungen). In der zweiten Schlacht bei Ulm erfüllt sich das Schicksal Bayerns und Österreichs (in einer gigantischen Kesselschlacht gegen die Ostarmee). Die dritte Schlacht in Westfalen ist die größte Schlacht und entscheidet das Schicksal ganz Europas.

Diese „letzte Schlacht" ist die von sehr vielen Sehern vorausgesagte Schlacht bei Köln – zwischen den Orten Unna, Hamm und Werl. Zusätzlich erfolgt die totale Vernichtung Tschechiens durch Atomwaffen, die Zerstörung Prags durch einen Meteoritenaufprall, die Bildung eines Erdrisses, das Auftreten einer kosmischen Staubkatastrophe und einer damit in Verbindung stehenden dreitägigen Finsternis; dadurch – und auch durch das Geschehen eines massiven Weltbebens – die Beendigung des Krieges im wesentlichen. Darauf komme ich noch ausführlich zu sprechen.

Wie bereits erwähnt: Die Vermutung, daß die Seher medial in die Pläne und Strategien der Militärs „einstiegen", drängt sich nach diesem Konterschlagsszenario (bis zu Zerstörung Tschechiens; Meteoritenaufprall und dreitägige Finsternis waren sicher nie Teil eines militärischen Planspiels) noch mehr auf.

Könnten sich die Seher in die über einen Zeitraum von mehr als 40 Jahre die Köpfe von Generälen und Politikern dominierenden Gedanken (und Bilder!) eines Ost-West-Schlagabtausches eingeklinkt haben? Und diese Vision dann mit den Bildern des Apokalypse verquickt haben? Sind

diese Planspiele nicht konkreter Ausdruck von Ängsten, die auch im Unterbewußtsein der Seher präsent waren?

Die Chinesen als Gegner der Russen?

Interessanterweise stellen sich nach der Prognose einiger Seher im weiteren
Verlauf des Kriegsgeschehens die Chinesen in Mitteleuropa den Russen
entgegen.

Der Seher aus dem Waldviertel sagt dazu :*„Gegen die russischen Eroberer
werden sich in Mitteleuropa die Chinesen stellen. Sie werden (indirekt und
ungewollt) auf unserer Seite oder unsere Interessen vertretend gegen die Russen kämpfen."*

Die Tatsache, daß sich Soldaten aus dem Fernen Osten an den Kämpfen
beteiligen, wird auch von anderen Sehern bestätigt. So finden wir in einer im
18. Jahrhundert in Straßburg gedruckten Übersetzung eines Nostradamus-
Vierzeilers folgende visionären Voraussagen:

> *„Und wenn in den letzten Zeiten*
> *dann Gelb und Rot sich streiten*
> *und sie sich überrennen –*
> *dran wird die Welt verbrennen."*

Stephan Berndt erwähnt diese überraschende Wende des vorhergesagten Kriegsgeschehens nicht. Sie wird von der Mehrheit der von ihm untersuchten Seher überhaupt nicht beschrieben. Strategisch und politisch macht
sie ohnehin keinen Sinn – selbst wenn China in einen europäischen Konflikt
miteinbezogen wäre, würde es vermutlich überwiegend an seiner West-
grenze gegen Rußland kämpfen. Selbst wenn es auf Seiten der westeuropäischen und amerikanischen Alliierten stünde, würde es wohl keine Streitmacht auf den entfernten westeuropäischen Kriegsschauplatz senden.

Aber bleiben wir bei diesem ungewöhnlichen Szenario: In Tschechien
soll es zu einem dreimaligen Durchgang der Front zwischen Russen und
Chinesen in diesem Gebiet kommen. Der Seher aus dem Waldviertel dazu:

*„Schon die konventionellen Frontkämpfe verwüsten dieses Gebiet ent-
setzlich. Besonders der dritte Frontdurchgang mit seiner heftigen Panzer-*

schlacht im Raum Wien - Krems. Die bildhübsche Landschaft, die wunderschönen historischen Städte wie Stockerau, Krems, Langenlois, Horn, Eggenburg, Retz, Drosendorf, Weitra, Zwettl, Schrems, Gmünd, Raabs, Heidenreichstein – um nur einige (auf der niederösterreichischen Seite liegenden) zu nennen – werden praktisch völlig zerstört. Im oben erwähnten Raum gibt es bereits bei diesen konventionellen Kämpfen unzählige Tote.“

In diesem Zusammnhang sind auch Seherzitate wie *„Jenseits der Donau ist alles wüst und leer“* oder *„Nördlich der Donau und östlich von Linz ist alles ausgebrannt wie eine Wüste“* viel besser verständlich. Doch das Ärgste wird verhindert werden. Es wird Einhalt geboten „von oben“. Es wird für die gesamte Menschheit unabsehbare Folgen haben.

Das Erscheinen eines Himmelskörpers

Die Menschen haben in der Friedenszeit die Kometen Shœmaker-Levy, Hyakutake und Hale-Bopp vorgeführt bekommen. Das war für Hobby-Astronomen eindrucsvoll.

Bei der nun folgenden Prophetie geht es um etwas Anderes. Erinnern wir uns: In der Vorkriegsphase soll es den Funkenregen aus dem All und das „Große Himmelszeichen“ geben, welche die Menschen teilweise sehr nachdenklich machen sollen.

Doch nun kommt ein neuer Bote aus dem All. Die Großmächte sind in massive konventionelle Kämpfe verwickelt, es gibt auch den lokalen Einsatz von Atomwaffen, doch es besteht die Gefahr einer Ausweitung der Kämpfe und die Gefahr eines atomaren Holocaust mit Auslöschung jeglichen Lebens auf unserem Planeten. *„Die Prophezeiungen deuten daraufhin“*, schreibt Stephan Berndt in seiner Seher-Analyse, *„daß zum Kriegsende hin ein großer leuchtender Himmelskörper in die Nähe der Erde kommt, allerdings ohne mit der Erde zu kollidieren. Seine Bahn führt aber bedrohlich dicht an der Erde vorbei.“* Und dieser Vorbeiflug werde dem Kriegswahn der Menschen ein Ende bereiten, so daß wieder Friede werden kann.

Die Verbissenheit der kämpfenden Weltmächte ist nach Aussagen der Seher allerdings so ausgeprägt und die Vernunft so minimiert, daß sie lieber den Planeten in die Luft jagen würden als einem Waffenstillstand zuzustimmen.

Erinnern wir uns an die Worte, die bei Bertha Dudde stehen: *„...um ein Völkerringen zum Abschluß zu bringen, das menschlicher Wille nicht beendet."* Und an einer anderen Stelle: *„...ein Weltenbrand..., dem nicht anders als durch meinen Willen Einhalt geboten werden kann. Und da die Menschen immer nur das Weltgeschehen beachten, so muß etwas eintreten, was ihnen unerklärlich ist. Es muß der Blick der Weltmenschen sichtlich auf meinen Eingriff gelenkt werden und alle menschlichen Vorhaben müssen zurücktreten angesichts der Entdeckung, daß sich im Kosmos etwas vorbereitet, wodurch letzten Endes jeder Mensch betroffen werden kann. Also: es müssen die Menschen nun Gott 'fürchten' lernen, nicht aber ihre menschlichen Widersacher. Und ob es auch Sache jedes einzelnen ist, an einen Gott zu glauben oder nicht, so ist doch jenes kosmische Geschehen größer und lebensbedrohender als der Weltenbrand, der nun in den Hintergrund tritt. Denn nun entscheidet die geistige Einstellung zum Schöpfer und Erhalter aller Dinge, ob und wie sich die Naturkatastrophe an jedem auswirkt."*

Das Platzen der Erdrinde im böhmischen Raum

Nicht alle Seher prophezeien lediglich einen Vorbeiflug eines Kometen, der den Krieg beenden soll. Sie sprechen vom Einschlag eines Meteoriten. Ich bin auf die Folgen eines solchen Impakts schon oben eingegangen. Im Buch von Professor A. Tollmann „Und die Sintflut gab es doch" werden exakte wissenschaftliche Untersuchungen über frühere Meteoriteneinschläge auf unserem Planeten beschrieben.

Wir haben es der inspirierten Idee eines Mystikers aus Oberösterreich zu verdanken, einen Zusammenhang zu den Schilderungen über das Platzen der Erdrinde in Tschechien herzustellen. Er meinte dazu :

„Diese Beschreibungen sind ganz ähnlich! Vielleicht schlägt der so oft prophezeite Meteorit genau dort im böhmischen Raum ein und dadurch kommt es zum Platzen der Erdrinde!"

Einen Hinweis, der diese Idee untermauert, finden wir bei Bertha Dudde (1891-1965):

„Und es wird sich ein Stern lösen aus seiner gewohnten Bahn und den Weg nehmen zur Erde. Und dieser Stern geht seinen Weg unabhängig vom Willen der Menschen, und er bedeutet eine große Gefahr für diese. Doch sein Lauf wird

nicht gehemmt, weil die Erde eine Erschütterung erdulden soll, zum Schaden und zum Wohl der Menschen auf ihr. Denn viele Menschen werden ihr Leben dabei verlieren, wie es verkündet ist lange Zeit davor. Und die Erde wird einen Stoß erleiden."

Und an anderer Stelle schreibt die christliche Seherin: *„...Diese Zustände aber werden eintreten nach einer gewaltigen Erderschütterung, die durch den Willen Gottes stattfinden wird, um ein Völkerringen zum Abschluß zu bringen, das menschlicher Wille nicht beendet. Es wird diese Erderschütterung für die davon betroffenen Menschen eine Umänderung ihres gewohnten Lebens bedeuten, eine Zeit größter Entsagung und schwieriger Lebensverhältnisse... Ein sicheres Anzeichen des nahen Endes ist das Sichtbarwerden eines Sternes, der sich in der Richtung auf eure Erde zubewegt...*

Denn so sonderbare Erscheinungen auch den Stern begleiten, er kommt der Erde stets näher, und ein Zusammenprall scheint unvermeidlich nach den Berechnungen derer, die sein Erscheinen entdecken und seinen Lauf verfolgen. Doch Ich habe auch dies vorausgesagt lange zuvor, daß ich euch einen Feind aus den Lüften sende, daß eine Naturkatastrophe von größtem Ausmaß euch Menschen noch bevorsteht..."

Jakob Lorber (geb. 1800) schreibt dazu:

„Es werden da den stolzen Menschen nichts mehr nützen ihre feuer- und todspeienden Waffen... denn es wird ein Feind aus den Lüften angefahren kommen und wird sie alle verderben... Und ich werde zerstören alle die Kramläden und Wechselstuben durch den Feind, den ich aus weiten Lufträumen der Erde senden werde wie einen dahinzuckenden Blitz mit großem Getöse und Gekrache. Wahrlich, gegen den werden vergeblich kämpfen alle die Heere der Erde, aber meinen wenigen Freunden wird der große unbesiegbare Feind kein Leid antun..."

Ein unbekannter Priester aus der Nähe von Salzburg schrieb:

„Ein Dritter Weltkrieg steht bevor. Die beiden früheren Weltkriege waren ein Pochen Gottes an unsere Tür. Man hat es vielfach überhört. Die Christen haben sich nicht gebessert. Das dritte Mal klopft der Herr nicht mehr an. Er rennt uns das Tor ein, so daß wir es nicht mehr übersehen und überhören können. Dieser Krieg wird innerhalb weniger Wochen mehr Opfer fordern, als beide früheren Weltkriege zusammen... Nun greift Gott selber ein. Alle werden es

erkennen: das ist der Finger Gottes! ...Eine materielle Finsternis umhüllt die ganze Erde. Wer in dieser Zeit außer Haus läuft oder das Fenster öffnet, erstickt. Der Staubtod geht um... Ein noch nie dagewesenes kosmisches Gewitter mit schwersten Hagelbrocken, mit zahllosen Blitzschlägen und unablässig rollendem Donner erschreckt die Menschen.“

Die dreitägige Finsternis

Dieses Naturereignis wird von sehr vielen visionären Menschen für die Zukunft vorhergesagt. Als erstes soll Alois Irlmaier zu Wort kommen. An Hand seiner Voraussage möchte ich Details analysieren und Querverbindungen zu anderen Prophezeiungen herstellen:

„Während des Krieges kommt die große Finsternis, die 72 Stunden dauert. Finster wird es werden an einem Tag unterm Krieg. Dann bricht ein Hagelschlag aus mit Blitz und Donner und ein Erdbeben schüttelt die Erde. Dann geh nicht hinaus aus dem Haus. Die Lichter brennen nicht, außer Kerzenlicht. Der Strom (elektrisch) hört auf. Wer den Staub einschnauft, kriegt einen Krampf und stirbt. Mach die Fenster nicht auf, häng sie mit schwarzem Papier zu. Alle offenen Wasser werden giftig und alle offenen Speisen, die nicht in verschlossenen Dosen sind. Auch keine Speisen in Gläsern, die halten es nicht ab.

Draußen geht der Staubtod um, es sterben sehr viel Menschen. Nach 72 Stunden ist alles wieder vorbei. Aber noch mal sage ich es : Geh nicht hinaus, schau nicht beim Fenster hinaus, laß die geweihte Kerze oder den Wachsstock brennen und betet. Über Nacht sterben mehr Menschen als in den zwei Weltkriegen.“

Wiederum ein Hinweis, daß der Hagelschlag mit dem damit in Zusammenhang stehenden giftigen Staub während des Krieges stattfindet. Das stimmt völlig mit den Aussagen von Bertha Dudde überein. Der *„Hagelschlag“* mit dem *„giftigen Staub“* wurde auch schon beim Priester aus der Nähe von Salzburg beschrieben, der es als *„Kosmisches Hagelgewitter“* verbunden mit dem *„Staubtod“* bezeichnet.

Das zitierte Erdbeben ist ein Weltbeben, welches nach vielen Sehern ein gigantisches Ausmaß erreicht und zirka einen Tag dauern kann. Es ist der Ausdruck der durch die Erdachsenverlagerung entstandenen Kontinentalverschiebungen.

Bei diesen Prophezeiungen, die sich auf die Ereignisse während und nach einem Dritten Weltkrieg beziehen, fällt es schwer, nicht an die biblische Apokalypse erinnert zu werden. Die Volksseher wie Irlmaier, Kugelbeer, Mühlhiasl, der Seher aus dem Waldviertel und andere beeindrucken zunächst durch ihre detailgenauen Visionen, wenn etwa der Zeitpunkt vor dem Kriegsausbruch beschrieben wird. Immer stärkere Zweifel an der „Richtigkeit" ihrer Aussagen schleicht sich dann jedoch beim Weiterlesen ein, wenn sie den Meteoreinschlag und die dreitägige Finsternis schildern. Da werde ich den Eindruck nicht los, daß sich die starken Bilder des biblischen Weltengerichts mit denen der Zeitgeschichte, als „der Russ gefährlich war", verweben.

Ich werde im letzten Kapitel konzentriert darauf eingehen, wenn ein abschließendes Fazit gezogen werden muß. Eines soll jedoch sofort festgehalten werden: Die Prophezeiungen der Seher zum Klimaumschwung, zur Umweltzerstörung und zu bevorstehenden Naturkatastrophen können so eindeutig mit den Prognosen der Wissenschaften bestätigt werden, daß an der Wahrscheinlichkeit ihres Eintretens nicht gezweifelt werden kann. Welche praktischen Konsequenzen diese Überzeugung nach sich zieht, werde ich ebenfalls im letzten Kapitel darlegen. Und zweitens: Die Seher-Vorhersagen zu einem möglichen Krieg sind von der politischen Wirklichkeit überholt worden, sind aber dennoch durchaus ernstzunehmende Hinweise auf mögliche Konfliktzonen – siehe Naher Osten oder Balkan.

Die Seher haben allerdings nicht nur große, gewalttätige Veränderungen unseres Lebens vorhergesehen, sondern auch die Zeit danach, die sie oft als das „Goldene Zeitalter" beschrieben haben. Davon möchte ich im nächsten Kapitel berichten.

5. Hoffnung
Sanfter Übergang in ein Goldenes Zeitalter

Um 1145 n. Chr. herum lebte in Oberitalien ein Mönch dessen friedenstiftende, humane und liebevolle Vision knapp 800 Jahre später zum schrecklichsten Krieg führte, den die Menschheit bis dahin erlebt hatte. Dieser Mönch hieß Joachim di Fiore, und seinen Traum von einem tausendjährigen Gottesreich auf Erden nannte er das „Dritte Reich". War diese Vision so stark geworden, daß der Mensch gewillt war, über Leichen zu gehen, um sie zu verwirklichen?

Die Sehnsucht nach einem Gottesreich auf Erden, danach, daß Messias oder Mohammed oder wie auch immer der Erlöser von den Religionen genannt wird, in die Welt wiederkehrt und ein gerechtes Zusammenleben der Völker erschafft, ist so alt wie die Glaubensgemeinschaften dieser Erde. Diese tiefe Sehnsucht hat Menschen wie Beethoven dazu beflügelt, eine Symphonie zu komponieren, sie hat die Geistesbewegung der Romantik befruchtet und Marx und Engels inspiriert. Sie hat auch Adolf Hitler ein starkes Integrationsmittel in die Hand gegeben, denn dieser Volkstribun verstand es, diesen im kollektiven Unbewußten schlummernden Wunschtraum in jedem seiner Zuhörer zu aktivieren.

Auch die Seher scheinen von dieser menschlichen Ursehnsucht nach dem Paradies angesteckt zu sein. Nach der – in den früheren Kapiteln ausführlich beschriebenen – Großen Reinigung, dem Weltenbrand, der Erdumwälzung breche ein Goldenes Zeitalter an, versprechen Nostradamus, Cayce und viele andere. Auch die persönlichen „Erinnerungen an die Zukunft" der Klienten von Dr. Chet Snow, die in Hypnose in die Zukunft gereist waren, decken sich mit diesen Seher-Vorhersagen: Sie sahen sich selbst einige Zeit nach der Jahrtausendwende in futuristischen Weltraumstädten oder aber in ökologischen und naturnahen „grünen Siedlungen".

Die Maya, die ja an Zyklen der Weltgeschichte glaubten, sagten interessanterweise voraus, daß der derzeitige 20-Jahres-Zyklus, nämlich der von 1992 bis 2012, die Vorstufe für das Goldene Zeitalter sei. Sie erwarteten in diesen 20 Jahren, wie der Forscher Dr. Jose Argüelles nach dem Studium des Tzolkin, des Heiligen Kalenders der Maya, herausfand: *„Eine neue, dezentralisierte Informationsgesellschaft wird entstehen, die von einer nichtmaterialistischen, ökologisch orientierten Technologie unterstützt wird. Die sozialen Kräfte zur Entidustrialisierung und Entmilitarisierung werden bis zum Ende des Zyklus den Sieg erringen. Das Ende des Zyklus wird dann einer vereinigten menschlichen Gesellschaft den Eintritt in eine neue harmonische Ära bringen, in der die Menschen im Einklang mit den Gesetzen der Natur und des Kosmos leben werden."*

Argüelles optimistische Deutung in Ehren – der Vollständigkeit halber muß erwähnt werden, daß es zahlreiche Maya-Priester gibt, die vorhersagen, daß nach dem Ende dieses Zyklus die gesamte bisherige Welt untergehen und sich das Rad der Geschichte neu drehen werde.

Eine ähnliche Auffassung vertritt auch der Pyramidenforscher Max Toth, der aus den Maßen der Großen Pyramide in Ägypten Prophezeiungen ableitete. Toth behauptet, zwischen 1995 und 2025 werde ein neues Weltzeitalter anbrechen, das mehr Wert auf geistige Ziele und moralische Werte lege. Allerdings werde es in diesem Zeitraum auch häufiger als bisher zu Naturkatastrophen, etwa Vulkanausbrüchen und Erdbeben, kommen. Diese Zivilisation werde im Jahr 2025 vollständig untergehen und eine neue Welt werde entstehen.

Genau an diesem Punkt haken viele Mitglieder der immer stärker werdenden amerikanischen New-Age-Bewegung ein. Wie die Maya, die alten Ägypter, die Menschen aller Religionen und Kulturen hoffen sie auf ein „Golden Age", ein Goldenes Zeitalter. Daß es mit einem Welt-, oder genauer gesagt: Zivilisationsuntergang einhergehen muß, glauben sie jedoch nicht. Ihre Argumentation dazu ist sehr interessant: Die für die Menschheit so düsteren Prophezeiungen der Seher sind aus einer niedrigen Schwingung heraus entstanden, nämlich aus Angst (denken Sie an Velikovsky!). Wenn der Mensch seine Schwingung erhöht – wie es uns zum Beispiel die Delphine vorleben, für die es nur Liebe, Spiel und Spaß gibt –, dann erhöht er auch seine Erfahrungsebene. Das heißt: Er muß nicht mehr auf der materiellen Ebene leiden, weil er auf der geistigen Ebene Lernfortschritte gemacht hat.

Aus der New-Age-Bewegung heraus sind bereits zahlreiche Siedlungen entstanden, in denen Menschen nach ökologischen und naturachtenden Maßstäben zusammenleben, die ersten Modelle eines „ökotopischen Jahrtausends". Diese Utopie eines natürlichen Lebens wird besonders von der sogenannten „Rainbow Nation" (Regenbogen-Nation) propagiert, auf die ich gleich kommen möchte.

Auch in Deutschland wird das Konzept des bevorstehenden Goldenen Zeitalters neuerdings wieder diskutiert. Der bekannte Münchner Astrologe Winfried Noe glaubt, es habe bereits begonnen – am 28. Januar 1998. An diesem Tag sei nämlich der Neptun nach 163 Jahren Abwesenheit wieder in das Zeichen des Wassermanns getreten und habe die Kraft des Uranus reaktiviert. In einem Gespräch mit der Zeitschrift „Bunte" im Januar 1998 erläuterte Noe diesen Vorgang genauer:

„Uranus gilt als der große Weltenwandler. Immer wenn es zu einem befreienden Knall kam, war Uranus am Werk. Er hat durch plötzliche Ereignisse alte, beengende Strukturen zum Einsturz gebracht und uns völlig neue Wege zur Lösung alter Probleme gezeigt. Ich denke da etwa an die Abschaffung der Sklaverei im britischen Empire, an die Französische Revolution oder den beginnenden Kampf um die demokratische Freiheit in Deutschland."

Für die nächsten Jahre erwartet Noe einen Umbruch: gewaltige Fortschritte in Medizin, Technik und vielen anderen Lebensbereichen, ein Ende der Ellbogengesellschaft zugunsten eines Lebens in Harmonie mit der Natur und den Mitmenschen und schließlich mehr Mitgefühl, Zusammenhalt und Geduld – Werte und Eigenschaften, die den verstärkten Einfluß der Frauen in der Gesellschaft widerspiegeln.

Der amerikanische Chemiker und Managementprofessor Dennis L. Meadows, der 1972 mit seinem „Bericht des Club of Rome" Aufsehen erregte, sieht den Weg ins Goldene Zeitalter nicht so rosig. Seine wissenschaftlichen Prognosen klingen eher wie die der Seher. In einem Gespräch im Februar 1998, das die Wochenzeitung „Die Zeit" mit ihm führte, sagte er:

„Die wirkliche Knappheit der Rohstoffe beginnt in unseren Computermodellen erst nach dem Jahr 2020... Als Systemanalytiker kann ich nicht

erkennen, wie der globale Kollaps vermieden werden sollte. Es wäre allerdings nicht einmal der erste Kollaps, denken Sie nur an die Zeiten der Pest in Europa (Ist Meadows ein Anhänger der Zyklentheorie?, Anm.d.Verf.). *Die interessantere Frage für mich ist, ob wir die Krise mit unserer Demokratie überstehen oder ob es irgendeine Art von Diktatur geben wird.*"

Auf die Frage der „Zeit", ob er schon Krisenphänomene erkennen könne, antwortete Meadows: „*Aber ja. Zum Beispiel die wachsende Kluft zwischen Arm und Reich. Oder die Überlastung der Umwelt. Beispiel Treibhauseffekt. Wir müssen auch bereits immer mehr Kapital aufwenden, um an die Rohstoffe zu kommen. Zwar sagen manche Leute, daß beispielsweise Erdöl immer billiger wird. Aber in diesem Kalkül werden nicht die Kosten des Militärsystems berücksichtigt, das bei der Sicherung des Ölnachschubs eine zunehmend wichtige Rolle spielt... Ein anderer Krisenindikator ist die Erosion der Sozialsysteme. Es gibt auch immer mehr Konflikte um natürliche Ressourcen. Wasser zum Beispiel.*"

Aber Meadows nennt auch Lösungsvorschläge, damit es nicht zum großen Kollaps kommt: Gerechte Vermögensverteilung („*das Vermögen der 358 reichsten Menschen der Erde ist größer als das jährliche Einkommen von 45 Prozent der Ärmsten*"), Umweltschutz als Arbeitsbeschaffung und Dezentralisierung der Verwaltung und Produktion.

Meadows glaubt jedoch nicht daran, daß die derzeit Regierenden dieses Programm in Angriff nehmen, und kommt daher zu dem Schluß: „*Die Geschichte lehrt..., daß oft nur Katastrophen der Anlaß zur Besinnung waren... Aber denken Sie deshalb nicht, daß ich an den Weltuntergang glaube. Nach dem großen Rückschlag wird es vielleicht so aussehen wie in den fünfziger Jahren. Und damals war die Erde schließlich auch schon ein sehr interessanter Ort.*"

Den drohenden Kollaps zu vermeiden und einen Gegenmodell zur materialistischen Gesellschaft zu erstellen, ist Ziel der bereits zitierten „Rainbow Nation". Die aus der Hippie-Bewegung der 60er Jahre und den Grünen der 70er und 80er Jahre entstandene Weltbewegung der „Rainbow Warriors", der Regenbogen-Krieger, sieht in ihrem Symbol, dem Regenbogen, die periodisch wiederkehrende Erneuerung der Welt. Inspiriert von der Erinnerung an Goldene Zeitalter der Vergangenheit, streben diese Gemeinschaften ein Leben im Einklang mit der Natur und den Mitmenschen an. Die Menschheit sei ins Zeitalter des Zentrums gelangt, der aztekischen „Fünften Sonne". Sein Kennzeichen sei, daß der Kampf der Ureinwohner gegen die Weißen zu Ende sei: Die Indianer, die Aborigines und andere Urvölker teilen ihr Wissen mit der Menschheit und helfen ihr, auf dem „guten, roten Pfad" zu gehen, der Harmonie mit der Schöpfung bedeute. Aber nicht nur die alten Völker berufen die „Rainbow Warriors" als ihre geistigen Väter, sondern auch jene Schriftsteller, die die Sehnsucht nach dem Goldenen Zeitalter in Utopien niedergeschrieben haben wie Plato („Republik"), Augustinus („Gottesstaat"), Tommaso Camapanella („Sonnenstaat"), Thomas More („Utopia"), Francis Bacon („New Atlantis"), Thomas Hobbes („Leviathan"), Karl Marx („Das Kapital"), Aldous Huxley („Schöne, neue Welt") oder die zeitgenössischen Autoren Ernest Callenbach („Ecotopia"), Bill Deval und George Sessions („Deep Ecology: Living as if Nature Mattered"– Tiefenökologie: So leben, als ob die Natur wichtig ist), um nur die wichtigsten (auch als Anregung zum Weiterstudium) zu nennen.

Stark beeinflußt von einem ihrer wichtigsten Repräsentanten, dem Mexikaner Alberto Ruz Buenfil, haben die „Rainbow Warriors" überall auf der Erde Kommunen gebildet, in denen die „Regenbogen-Nation ohne Grenzen" Wirklichkeit werden soll. Aus meiner Zeit in Kalifornien weiß ich, daß der Einfluß dieser Gruppen auf das Denken der jeweiligen Gesellschaft, in der sie leben, nicht unterschätzt werden sollte.

Können diese engagierten Menschen den Kollaps verhindern? Wird es überhaupt einen geben? Oder werden am Ende die Seher mit ihren düsteren Prognosen recht behalten, weil die Mehrheit der Erdbevölkerung nicht bereit ist, ihr Leben freiwillig zu ändern? Wird also das Goldene Zeitalter nur über Katastrophen und Leid zu erreichen sein?

Katastrophe oder sanfter Wechsel? Eine Bilanz

Die Jahrtausendwende naht. Für die einen ist sie nur ein vom Menschen gesetztes willkürliches Datum ohne tiefere Bedeutung. Andere sehen darin das Symbol einer Wende, einer Veränderung. Wie schon der Wechsel vom Jahr 999 ins Jahr 1000 mobilisiert dieses Datum die im Unbewußten schlummernden Ängste des Menschen. Vielleicht stammen sie aus Erinnerungen an frühere Katastrophen, wie Immanuel Velikovsky behauptet. Vielleicht wurden sie auch geschürt durch das düstere Szenario der biblischen Apokalypse und durch die unheilvollen Vorhersagen vieler Seher.

Wie wird die Menschheit den Jahrtausendwechsel erleben? Ich habe im Verlauf der letzten Jahre Hunderte von Seheraussagen gelesen, verglichen und einzuordnen versucht. Das Ergebnis dieser Recherche habe ich in dem vorliegenden Buch dargelegt. Ich habe dabei zunächst die Frage nach den Methoden der verschiedenen Seher gestellt und bin dabei zu folgenden Ergebnissen gelangt:

Die ewige Wiederkehr der Geschichte – Nostradamus und die Indianer

Datumsangaben und Jahreszahlen finden sich nur bei zwei Gruppen von Sehern: denen, die an den Zyklus der Geschichte, also an die Wiederkehr von Ereignissen glauben – wie die Propheten Ägyptens und des klassischen Griechenland, die Schamanen und Weisen der Maya, Azteken und Indianer (vor allem der Hopi) und in der Neuzeit Nostradamus (dessen Jahreszahlen allerdings verschlüsselt sind, weswegen sie nur spekuliert werden können und damit für eine hieb- und stichfeste Zukunftsanalyse wegfallen); und denen, die ihre Vorahnungen mittels „Duchsagen" von geistigen Wesenheiten erhalten haben – berühmtestes Beispiel: Edgar Cayce.

Was bei diesen beiden Gruppen auffällt, ist, daß sie offensichtlich nicht die in der Johannes-Offenbarung beschriebene Apokalypse nacherzählen, sondern eigene Visionen erhalten haben. Aus diesem Grund halte ich ihre Prognosen zumindest für nachdenkenswert. Was ist ihre Aussage?

Wenn wir – extrem vereinfacht – die Vorhersagen dieser beiden Gruppen auf einen Nenner bringen, dann zeichnet sich folgendes Bild der Zukunft ab:

◆ Unser blauer Planet wird in den nächsten Jahren durch große Veränderungen gehen. Die bisherigen Trends – Fakten, die ich im dritten Kapitel ausführlich beschrieben habe – werden sich verstärken. Das heißt: Naturkatastrophen wie Erdbeben, Vulkanausbrüche, Stürme und Überschwemmungen werden zunehmen. In welchem Ausmaß, das hängt nicht zuletzt von uns Menschen ab. Die Indianer warnen uns eindeutig, daß die von ihnen erwartete Große Reinigung umso drastischer ausfallen wird, je weniger wir den bisherigen Kurs der Zerstörung der Natur bremsen. Diese Warnung wird von der Wissenschaft bestätigt – nur die Politiker und die Wirtschaftsbosse haben es noch nicht begriffen.

Für uns Mitteleuropäer bedeuten diese Veränderungen in den nächsten Jahren: plötzliche Klimawechsel, Unwetter, Überflutungen in Flußniederungen und an den Küsten, möglicherweise aufgrund der unberechenbaren Wetterverhältnisse Ernteeinbußen.

◆ Einhergehend mit diesen mehr oder weniger gewalttätigen Veränderungen der Natur kann es zu einem Umbruch der politischen und wirtschaftlichen Verhältnisse kommen. Der Untergang der Sowjetunion, der mit dem Reaktorunglück von Tschernobyl 1986 seinen Anfang nahm, und die wirtschaftliche Krise in Südostasien, der das katastrophale Erdbeben von Kobe in Japan und die verheerenden Brände in den Regenwäldern Indonesiens 1997 vorausgingen, sind Beispiele für diese Zusammenhänge. Käme es tatsächlich zu den von Edgar Cayce und Nostradamus für die nächsten Jahre vorhergesagten Mega-Erdbeben in Kalifornien, dann würde vermutlich selbst die wiedererstarkte amerikanische Wirtschaft überfordert sein. Sollte dann auch noch Japan von einem Riesenbeben heimgesucht werden, dann wäre mit einem Zusammenbruch des Weltwirtschaftssystems, wie wir es heute kennen, zu rechnen. Allerdings muß hier eingeräumt werden, daß es auch unter den Geologen genügend Anhänger der Theorie gibt, daß sich die vorhandenen und meßbaren Spannungen in der Erdkruste durchaus auch in vielen mittleren oder größeren Erdbeben von einer Stärke bis 7.0 oder 8.0 auf der Richterskala entladen könnten, so daß es nicht zu dem befürchteten Superquake kommen muß.

Für uns Mitteleuropäer bedeuten diese potentiellen Gefahren, daß wir uns nicht in falscher ökonomischer Sicherheit wiegen, sondern Selbständigkeit (vor allem in der Herstellung von Nahrungsmitteln) erstreben sollten – was auch für jeden einzelnen gilt.

◆ Einem von Nostradamus und anderen zwischen 1998 und 2003 prophezeiten Einschlag eines Meteors auf die Erde steht die Menschheit nicht
mehr machtlos gegenüber. Raketen und Laserwaffen könnten hier den
ewigen nuklearen Winter, der die Erde nach einem Auftreffen überzie-
hen würde, verhindern.

◆ Anders verhält es sich bei dem von Cayce und Noone (nach seiner
Interpretation der Pyramidenbotschaften) erwarteten Polsprung, der
sich demnächst (Noone: am 5.Mai 2000) ereignen soll. Gegen diese
Verschiebung von Nord- und Südpol hat die moderne Technik kein
Gegenmittel. Er ist auch zu unvorstellbar, als daß wir ihn in Erwägung ziehen können: Soll er durch einen plötzlichen Ruck geschehen? Vollzieht er
sich phasenweise? Was hätte das für Konsequenzen? Ich möchte mich der
zum Teil abenteuerlichen Spekulation hier nicht anschließen. Nach dem
Gesetz der ewigen Wiederkehr ist sicherlich irgendwann mit einer Verlagerung der Erdachse zu rechnen, aber ob dieser Shift den Untergang der
jetzigen Zivilisation bedeutet oder lediglich Klimaveränderungen nach
sich zieht (Cayce: *„Die jetzt trockenen Zonen werden subtropisch und
die jetzt tropischen trocken werden"*), kann einfach nicht schlüssig beantwortet werden. Auch die Wissenschaft ist sich in diesem Punkt nicht einig.

◆ Auffallend ist, daß unter den Anhängern der Zyklentheorie mit Ausnahme des von der europäischen Kriegsgeschichte geprägten Nostradamus keiner die Gefahr eines Dritten Weltkriegs am Horizont sieht.

Das Jüngste Gericht – Die christlichen Seher und das Dritte Geheimnis von Fatima

Die zweite Gruppe der Seher hat ihre Visionen in Gebet und Versenkung
empfangen. Es sind die überwiegend dem Klerus angehörenden, christlichen
Seher. Ihre Aussagen habe ich im Verlauf dieser Untersuchung vernachläs-
sigt, weil sie zu große Ähnlichkeiten mit der biblischen Apokalypse aufweisen
und mir daher nicht genuin genug erschienen. Daß für sie die Jahrtausendwende mit dem Weltuntergang oder Jüngsten Gericht zusammenfällt,
hat man ihnen schon einmal – nämlich 999 – fälschlicherweise unterstellt.
Ich möchte noch einmal festhalten: Die meisten der christlichen Seher
nennen kein Datum für das von ihnen herbeigesehnte Gottesgericht.

Anders verhält es sich mit dem Dritten Geheimnis von Fatima. Hier war die Marienerscheinung den portugiesischen Kindern auf dem Feld gegenüber recht präzise: Das *„Strafgericht Gottes"*, ein *„großer Krieg"* werde sich in der zweiten Hälfte des 20.Jahrhunderts ereignen, dem Millionen von Menschen zum Opfer fallen würden.

Ich erwähne dies hier deswegen, weil sich an diesem Beispiel nach meiner Meinung anschaulich demonstrieren läßt, daß die Geschichte der Menschheit nicht festgeschrieben ist, sondern vielmehr durch die Vernunft des Menschen verändert werden kann. Als die Kinder von Fatima die Erscheinung Mariens hatten, schrieb man das Jahr 1917. Die Kommunisten hatten in Rußland gerade die Macht ergriffen. Vielleicht wäre aus diesem Potential tatsächlich ein Weltenbrand entstanden. Doch dann siegten Ende der 80er Jahre die Kräfte der Vernunft: Der Kommunismus des Sowjetsystems brach dank weitsichtiger politischer Führer wie Michael Gorbatschow zusammen. Ein Weltkrieg scheint heute, 1998, weiter von der Wirklichkeit entfernt als während der gesamten 80 Jahre.

Die Rettung aus dem All – Channel und das außerirdische Flottenkommando

Auf die Botschaften gechannelter, also medial empfangener Wesenheiten Außerirdischer, die in den letzten Jahren zahlreiche Bücher füllen, bin ich in dieser Untersuchung nicht weiter eingegangen, weil sie sich als eine Mixtur aus biblischer Apokalypse und indianischen Warnungen vor kommenden Erdveränderungen darstellen. Bei einer kritischen Betrachtung dieser Vorhersagen müssen wir die Methode dieser Medien aufmerksam beleuchten. Dabei fällt auf, daß sie meist in einer öffentlichen Veranstaltung vor einem Publikum in Trance gehen und dann ihre scheinbar von anderen Wesenheiten empfangenen Durchsagen mitteilen. Wer jemals selbst versucht hat, den Trancezustand zu erreichen, dem müssen sich schon bei dem Gedanken, dies vor den Augen von Hunderten von Zuschauern zu tun, die Haare sträuben. Da dieses Publikum ja auch noch zum Teil stattliche Preise für die Teilnahme an der Veranstaltung bezahlt hat, kann sich so ein Channel gar nicht erlauben, einmal keine Durchsage zu erhalten. Liegt es da nicht nahe, aus Angelesenem oder Erfühltem eine Botschaft zu zimmern? Und: Welch ein Zufall, daß heutzutage, im Zeitalter der UFO-Begeisterung, mehr und mehr Außerirdische sich über die Channel zu Wort melden!

Ich möchte hier nicht alle Channel in Bausch und Bogen als Scharlatane verdammen, stehe aber zu meinem Zweifel an der Glaubwürdigkeit ihrer Botschaften. Sie geben noch dazu, wie oben erwähnt, nichts Aktuelles oder Neues zum Besten: Die häufig verkündete Botschaft zum Beispiel, daß in der Stunde der schwersten Not die Außerirdischen erscheinen – das alliierte außerirdische Flottenkommando unter Leitung von Ashtar Sheran soll bereits bereitstehen – und die Aufrechten retten, steht so schon in der Bibel, nur daß da vom Messias die Rede ist, der die Seinen errettet.

Aus diesen methodischen und inhaltlichen Gründen halte ich eine ausführlichere Beschäftigung mit diesen Channeln und ihren Vorhersagen für Zeitverschwendung.

Der Dritte Weltkrieg – des Volkes Ängste und des Volkes Stimme

Den seit Beginn des 19. Jahrhunderts auftretenden Volks- und Waldpropheten (Wald, weil sie häufig im Wald gelebt haben) wie dem Blinden Jüngling von Prag, Mathias Stromberger, Mathias Lang alias Mühlhiasl, Alois Irlmaier, Sepp Wudy, Franz Kugelbeer, Katharina aus dem Ötztal, dem Seher vom Waldviertel, dem Alpenschäfer Hanns Tobias Velten, Mutter Erna Stieglitz, dem Eismeerfischer Anton Johansson und anderen habe ich in dieser Untersuchung breiten Raum gegeben – aus mehreren Gründen:

- ◆ Einmal fallen die Vorhersagen dieser einfachen Menschen dadurch auf, daß sie sehr anschaulich und detailliert sind.
- ◆ Zweitens sind ihre Visionen nicht wie die der christlichen Seher von der Apokalypse geprägt – mit Ausnahme der Beschreibungen, die sich auf die Endphase des von ihnen vorhergesagten Dritten Weltkriegs beziehen.
- ◆ Drittens überzeugt auch ihre Methode: Die Volksseher haben sich nicht gewollt in Trance versetzt, weil sie an ihre Berufung als Seher glaubten, oder öffentliche Sitzungen veranstaltet, mit denen sie ihren Lebensunterhalt bestritten. Sie erhielten ihre Visionen (Gesichte) spontan und ohne Absicht.

Dennoch habe ich im Verlauf dieser Untersuchung am Inhalt ihrer Vorhersagen Kritik angemeldet und möchte diese Zweifel jetzt genauer erörtern. Dabei werde ich nach jedem Diskussionspunkt das Fazit herausstellen.

Überzeugend sind die Volksseher, wenn sie Details des normalen menschlichen Lebens beschreiben, die sich tatsächlich mit der Gegenwart decken – von der Mode (*„wenn sich die Mannsbilder wie die Weiberleut' anziehen"*) bis zur Bauwut (*„wenn nur no baut werd', nix wia baut"*, *„überall weiße Häuser und schwarze Straßen"*), vom Waldsterben (*„der Wald hat mehr Löcher wie des Bettelmanns Rock"*) und dem Klimawechsel (*„wenn man Sommer und Winter nicht mehr auseinanderkennt"*) bis zur Umweltverschmutzung (*„wennst aus dem Brunnen nicht mehr trinken darfst"*).
   Fazit: Es läßt einen nachdenklich werden, wenn man diese Beschreibungen liest.

Schwieriger anzunehmen sind ihre Beschreibungen des Dritten Weltkriegs. Hier sind – wie auch bei den Kriegsprognosen des Nostradamus – offenbar auch das Denken und Fühlen des jeweiligen Zeitgeistes Pate gestanden. Denn daß eines Tages „der Russe marschiert", das war in den Köpfen vieler Deutscher bis vor kurzem noch eine durchaus reale Bedrohung. Und daß er, wenn er marschiert, mit Truppen und Waffen ins Land einfällt, stimmt ebenfalls mit dem bis vor kurzem herkömmlichen Denken überein. Ich glaube aber, daß diese Vision heute aktualisiert werden muß.
   In der Tat herrscht ja im Rußland des Jahres 1998 politisches und wirtschaftliches Chaos, das ohne weiteres zu einer großen Wanderungsbewegung von Millionen von Hungernden und Verzweifelten führen kann. Und tatsächlich schicken sich die russische Mafia und die von ihr kontrollierten Wirtschaftszweige an, im Westen, vor allem in der Bundesrepublik Deutschland, Fuß zu fassen. Der Russe kann also durchaus von heute auf morgen gen Westen marschieren, aber wohl weniger mit Panzern als mit Menschenmassen und/oder Wirtschaftsübernahmen. Daß auch in Zeiten der Entspannung aus diesen ökonomischen Bewegungen militärische werden können, ist nicht einmal von der Hand zu weisen, wenn wir uns Figuren wie den Ultranationalisten Schirinowski ansehen.

Fazit: Wir können einen Krieg verhindern, wenn wir Rußland noch näher an den Westen binden und konkrete Wiederaufbauhilfe leisten. Altkommunisten und Nationalisten mit der NATO-Ost-Erweiterung zu provozieren, scheint in diesem Zusammenhang nicht sehr klug.

Bevor es zu diesem russischen Einmarsch kommt – der sich, wie gesagt, möglicherweise anders darstellt als von den Sehern vorgestellt –, prophezeien die Volksseher das Auftreten von revolutionären Bewegungen in Europa. Waren die großen Arbeitslosen-Demonstrationen in Frankreich 1997/98 ein Vorgeschmack?

Fazit: Auch hier hatten die Volksseher eine durchaus realistische Vision. Wir können nur hoffen, daß die Regierungen und die Wirtschaft endlich Arbeitsbeschaffungsmaßnahmen ergreifen.

Ebenfalls vor dem Krieg soll der Konflikt im Nahen Osten wieder aufflammen. Der jüngste Truppenaufmarsch der Amerikaner in der Golfregion, der friedensunwillige Diktator Saddam Hussein, die unversöhnlichen Gegensätze zwischen Arabern und Israelis und die Abhängigkeit des Westens vom Öl machen diese Vorhersage nur allzu plausibel. Eine echte Friedensinitiative, wie sie der einem Attentat zum Opfer gefallene israelische Präsident Izach Rabin initiiert hatte, ist nicht in Sicht.

Fazit: Die Vorhersage der Seher deckt sich durchaus mit der politischen Lage in Nahost 1998.

Was dann bei den Volkssehern folgt, erinnert jedoch stark an die Johannes-Offenbarung und Nostradamus: Ein Himmelszeichen wird am Himmel erscheinen, aber die Menschen werden es nicht als Warnung erkennnen. Wie könnten sie auch, wo doch die Erde ständig von Kometen und Meteoren begleitet wird?

Fazit: Kometen am Himmel geben keine eindeutigen Hinweise.

Warum haben die Seher aus dem Bayerischen Wald, aus dem Alpenland und aus dem Waldviertel den Verlauf des dann folgenden, möglichen Krieges so genau beschrieben? Vielleicht haben sie, wie es der Biologe Rupert Sheldrake in seiner im ersten Kapitel diskutierten Theorie der morphogenetischen Felder beschrieb, den gleichen Gedanken, dieselbe Vision empfangen, weil sie sich im selben geistigen Umfeld bewegten. Das scheint mir die plausibelste Erklärung für die verblüffende Übereinstimmung dieser Seher-Vorhersagen zu sein. Vielleicht wird auch eines Tages ein akribischer Forscher herausfinden, daß diese Seher doch voneinander gewußt haben und sich so gegenseitig „inspiriert" haben. Denn und das ist mein

Fazit: Nach der politischen Lage in Europa am Ende des Jahres 1998 zu urteilen, scheint ein so beschriebener Krieg, mit der Besetzung Westeuropas durch schnelle russische Panzerverbände, gänzlich unwahrscheinlich.

Ähnliches kann über die zum Kriegsende führende dreitägige Finsternis gesagt werden. Auch hier kann die Übereinstimmung bei den Volkssehern kein Zufall sein.

Fazit: Eben weil der Vorgang von verschiedenen Sehern fast gleich beschrieben wird, schleichen sich Zweifel an seiner Authentizität ein.

Eine turbulente Veränderung – aber davon geht die Welt nicht unter

Ich will mich nicht selbst als Prophet betätigen. Spekulation ist meine Sache nicht. Ich glaube aber, ich habe im Verlauf dieser Untersuchung gezeigt, daß vieles, was die Seher unterschiedlicher Zeiten und verschiedener Kulturkreise als Vision empfangen haben, mit unserer gegenwärtigen Realität deckungsgleich ist.

Aufgrund der hier zusammengetragenen Informationen ist es sehr wahrscheinlich, daß sich die Welt in den nächsten Jahren verändern wird. Ob sich diese Veränderung in einem dramatischen Wechsel vollzieht oder eher allmählich vonstatten geht, liegt auch am Standpunkt des jeweiligen Betrachters. Für uns Menschen Mitteleuropas werden die Veränderungen wahrscheinlich weniger gravierend sein als für die Küstenbewohner tief liegender Gebiete oder die Menschen, die in erdbebengefährdeten Regionen leben. Daß es zu einem Weltkrieg kommt, halte ich für ebenso unwahrscheinlich wie einen plötzlichen Polsprung oder die Auslöschung der Menschheit durch einen einschlagenden Meteoriten.

Ich persönlich werde mir daher keinen atombombensicheren Bunker bauen. Ich werde auch nicht auf eine Alm irgendwo hoch oben in den Bergen ziehen. Ich werde mir keine Lebensmittelvorräte anlegen und keinen Krisenrucksack bereitstellen.

Aber ich werde trotzdem aktiv sein: Ich werde die Entwicklungen in der Welt genau beobachten. Ich werde dafür kämpfen, daß wir endlich damit beginnen, unsere Umwelt zu schützen und im Einklang mit der Natur und ihren Bewohnern zu leben. Ich werde versuchen, alles, was ich tue, so zu tun, daß nach dem alten indianischen Grundsatz noch sieben Generationen nach mir davon profitieren können. Aber ich werde natürlich auch die Nachrichten aufmerksam verfolgen und mit den hier zitierten Seher-Warnungen vergleichen. Für den Fall der Fälle geistig gewappnet zu sein, halte ich immer noch für den wirksamsten Schutz.

Wir selbst können die Art und Weise des Übergangs in ein neues Goldenes Zeitalter wählen. Es liegt an uns Menschen, ob dieser Übergang sanft oder stürmisch wird.

Anhang

Visionäre und Propheten
Ein Who's Who der Seher

Benediktinerprophezeiung von Maria Laach (16. Jahrhundert)
Angeblich soll diese Vision auf einen Prior zurückgehen, der im 16. Jahrhundert im Benediktinerkloster von Maria Laach lebte. Das Original ist verschollen, es existiert nur eine Gedächtnisnachschrift aus dem Jahre 1938. Darin werden für das 20. Jahrhundert drei große Kriege vorhergesagt.

Don Bosco (1815-1888)
Katholischer Priester, der den Orden der Salesianer gründete und sich besonders der Jugendbetreuung widmete. Don Bosco wurde vom Vatikan heiliggesprochen und hatte seit seinem neunten Lebensjahr Visionen, meist mit endzeitlichem Charakter.

Blinder Jüngling von Prag (1356)
Von dem blinden böhmischen Hirtenjungen mit seinen außergewöhnlichen seherischen Fähigkeiten wäre sicher niemals etwas bekannt geworden, hätte ihn nicht Kaiser Karl IV. 1356 an seinen Prager Hof geladen. Dort prophezeite der junge weise Mann nicht nur die Zukunft des Kaisers, sondern sagte auch drei Weltkriege voraus.

Edgar Cayce (1877-1945)
Cayce ist sicher die bekannteste seherische Quelle der USA. In einem medialen Schlaf beantwortete er Fragen, gab medizinische Ratschläge, sah Katastrophen und weitreichende Weltentwicklungen voraus. Die Befragungen des Edgar Cayce wurden stenografisch protokolliert und sind in 43 Jahren auf stattliche 14.000 Protokolle angewachsen.

    In seinen berühmten „Readings" hatte Edgar Cayce wiederholt unorthodoxe und bisher unbekannte Behandlungsmethoden empfohlen – unter anderem für multiple Sklerose, Leukämie und Epilepsie.

Jeane Dixon (1916-1997)
Maklerin und Astrologin aus den USA, die vor allem für ihre Vorhersage der
Kennedy-Ermordung weltweit berühmt wurde.

Einer der ersten Propheten der Neuzeit, der vor der Gefahr einer kosmischen Katastrophe warnte, war Jeane Dixon. Sie sagte voraus, daß eine
natürliche Katastrophe in Form einer *„Göttlichen Intervention"* die Erde
in ihren Grundfesten erschüttern würde. Jeane Dixons Prophezeiungen
haben zwar eine hohe Trefferquote, aber in der Zeit hinken sie immer etwas
hinterher – ungefähr 20 Jahre.

Bertha Dudde (1891-1965)
Die christliche Seherin schrieb über 9000 medial empfangene Botschaften
nieder. Diese „Einzelkundgaben" behandeln sehr detailliert die mögliche
Zukunft der Menschheit bis zum Goldenen Zeitalter.

Wessel Dietrich Eilert (1764-1833)
Ein Schäfer und Bauer aus der Umgebung von Dortmund. Volkstümlicher
Seher, auch „der alte Jasper" genannt.

Anna Katharina Emmerich (1774-1824)
Die frühere Haushaltshilfe wurde nach einem mystischen Erleben, in deren
Folge die Wundmale Jesu an ihrem Körper erschienen, Nonne. Ihre Visionen,
die bei ihr schon in der Kindheit auftraten, wurden von dem Dichter Clemens
Brentano aufgeschrieben.

Feldpostbriefe
Der deutsche Soldat Andreas Rill schrieb 1914 zwei Briefe von der franzö-
sischen Front an seine Familie in Landsberg, in denen er von den Vorher-
sagen eines französischen Kriegsgefangenen berichtete. Dieser sagte
Deutschlands Zukunft, einschließlich des Endes des Ersten, des Beginns des
Zweiten und der Möglichkeit eines Dritten Weltkriegs voraus.

Fatimaoffenbarung
In der portugiesischen Provinz Estramadura liegt das Dörfchen Fatima. Dort

hatten die drei Kinder Lucia, Jacinta und Francisco dos Santos Anfang dieses Jahrhunderts Marienerscheinungen, die das kleine Dorf bald weltberühmt machten. Am 13. Mai 1917 sahen die drei Kinder, die damals zwischen acht und zehn Jahren alt waren, *„in einem Lichterglanz, der heller leuchtete als die Sonne, eine wunderschöne Frau"*.

Sie verkündete die drei Botschaften, deren dritter Teil bis heute vom Vatikan geheimgehalten wird und daher Anlaß zu allerlei Spekulationen gibt. Angeblich enthält dieses „Dritte Geheimnis von Fatima" die Warnung vor einem Niedergang der katholischen Kirche und einer Weltkatastrophe ungeheuren Ausmaßes, bei der mehr als zwei Drittel der Menschheit hinweggerafft würden.

Joachim von Fiore

1135 in Kalabrien geboren, eignete sich der aus kleinen Verhältnissen stammende Joachim ein hohes Maß an Bildung an. Als 20jähriger unternahm er eine Reise nach Palästina, wo er auf dem Berg Tabor ein mystisches Schlüsselerlebnis gehabt haben soll, durch das er die Gabe der Schriftauslegung empfing. Danach trat er bei den Zisterziensermönchen ein und gründete 1188 in San Giovanni in Fiore eine eigene Eremitengemeinschaft, der er bis zum Tod als Abt vorstand. Seine Berühmtheit erlangte er aber durch seinen Ruf als Prophet. Er selbst verstand sich mehr als Exeget, also als Ausleger der Heiligen Schrift. Aus den Symbolen, Bildern und Figuren entwickelte er die Idee der drei Weltzeitalter, die mit der Dreieinigkeit Gottes übereinstimmen. Das erste – die Zeit des Vaters – begann mit Moses, fand mit Abraham seinen Höhepunkt und endete mit Christus. Das zweite – die Zeit des Sohnes – endete um 1200 und das dritte – die Zeit des Geistes – wird seinen Zenith *„in der 22. Generation"* erreichen und bis zum Ende der Welt dauern. Anders als die meisten prophetischen Weltbilder endet seine Welt nicht in Grauen und Katastrophen, sondern in einer Erneuerung der Kirche und einer „geistlichen Menschheit".

Garabandal

Ganz wie in Fatima erschien in San Sebastian de Garabandal, einem Bergdorf in Nordspanien, mehreren Kindern die Jungfrau Maria. Auch hier erhielten die Kinder – vier etwa elfjährige Mädchen – eine Botschaft mit endzeitlichem Katastrophencharakter. Hierin heißt es, daß es vor der *„Strafe Gottes"* eine weltweite Warnung geben werde sowie ein Wunder, das sich in Garabandal ereignen solle.

Franz Sales Handwercher (1792-1853)
Ein Pfarrer aus Straubing (Niederbayern), der seine Visionen der Endzeit und des Gottesgerichts in Gedichtform niederschrieb.

Hepidannus von St. Gallen (1081)
Im Original soll diese Prophezeiung mit der Jahreszahl 1081 signiert gewesen sein – es existiert nur noch ein Nachdruck aus dem Jahre 1866. Diese Prophezeiung sagt die deutsche Geschichte von der Kleinstaaterei über die Bismarck'sche Reichsgründung bis zum Zweiten Weltkrieg voraus. Aber damit endet sie nicht. Sie erwähnt einen Dritten Weltkrieg, eine dreitägige Finsternis auf der ganzen Erde und schließlich die Ankunft des *„großen Monarchen"*.

Hildegard von Bingen (1098-1179)
Die erste und bedeutendste deutsche Mystikerin war gleichzeitig eine der einflußreichsten Frauen des Mittelalters. Sie war Äbtissin, Klostergründerin, Ärztin und Naturforscherin. Schon als Kind hatte sie Visionen, die sich nach und nach verstärkten, so daß sie in einem ständigen visionären Zustand leben sollte. Mit den Päpsten ihrer Zeit stand sie in Briefkontakt und berichtete laufend von neuen Visionen und Prophezeiungen.

Hopi
Indianerstamm aus dem Südwesten der USA, der durch seine traditionellen Naturprophezeiungen weltweit berühmt wurde. Seine Vorstellungen von der belebten Gesamtheit des Planeten entspricht der New-Age-Idee vom „Gaia-Konzept", der Erde als großer Organismus, von dem auch die Menschen nur ein Teil sind und in Harmonie mit der Natur leben müssen, um nicht auszusterben.

Alois Irlmaier (1894-1959)
Brunnenbauer und Rutengänger aus Freilassing in Bayern. Der letzte der
großen „bayerischen Seher". Er wurde im Ersten Weltkrieg verschüttet,
und hatte nach seiner Rettung plötzlich seherische Fähigkeiten.

Johannes-Offenbarung

Der wichtigste prophetische Text für das Christentum ist die Johannes-
Offenbarung. Diese bedrohliche Schilderung der Apokalypse wird einem
jüdischen Christen namens Johannes (nicht der Evangelist Johannes) zugeschrieben, der etwa 80-90 nach Christus in Verbannung auf der Insel Patmos
lebte. Der Text ist als Sendschreiben an sieben christliche Gemeinden for-
muliert und bedient sich der damals üblichen äußerst bildhaften Sprache.
Ein kryptischer Text, der fast jede Art der Auslegung zuläßt und auch heute noch gerne von Weltuntergangspropheten oder Sekten verwendet wird.
Durch die kabbalistische Verbindung von Wort und Zahl (in der hebräischen
Sprache entspricht jeder Buchstabe gleichzeitig einem Zahlenwert) kann man
besonders gut Berechnungen für einen möglichen Weltuntergangstermin
anstellen. Hier taucht auch das Symbol des Satans auf, dem als „Antichrist"
oder „Tier" die Zahl 666 zugeordnet ist.

Übersicht über die Johannes-Offenbarung:
1. Ermutigung im Glauben, Warnung vor Irrlehren
2. Ein geschlachtetes Lamm erhält eine Buchrolle, die mit sieben Siegeln verschlossen ist.
3. Das Lamm (Christus) öffnet die ersten sechs Siegel. Die Themen der
sieben Siegel sind: Weltkrieg, Bürgerkrieg, Inflation, Hungersnot und Mas-
sensterben, Ruhe vor dem Sturm, kosmische Naturkatastrophe, Erdbeben
und Unwetter.
4. Satan (dargestellt als Drache) kämpft im Himmel gegen die Engel, wird
besiegt und flieht auf die Erde. Hier setzt er seinen Kampf fort. Er (das
Tier) und ein falscher Prophet, beide mit übernatürlichen Kräften ausge-
stattet, verführen die Menschen, wollen sie vom göttlichen Weg ablenken. Die,
die das Tier verehren, werden gezeichnet (mit 666 auf der Stirn) – 144 000
Gläubige bleiben fest und entgehen so der endzeitlichen Katastrophe.

5. Ankündigung des letzten Gerichts. Sieben Engel gießen sieben Schalen des Zorns Gottes auf die Erde, die sieben Plagen herbeiführen. Die verfeindeten Völker treffen sich bei Harmageddon (inzwischen das Synonym für „Endkampf"), um eine letzte und entscheidende Schlacht zu schlagen. Die „Hure Babylon" (Rom) wird zerstört, alle Ungläubigen getötet und der Satan vernichtet.

6. Die christlichen Märtyrer werden auferstehen und regieren an Gottes Seite die Welt.

7. Der Drache (das Tier) wird freigelassen, verführt wieder Menschen und sammelt sie zu einer letzten Schlacht gegen Gott. Feuer fällt vom Himmel und vernichtet sie. Das Böse (die Anti-Dreieinigkeit – das Tier, der Drache und der falsche Prophet) werden für alle Ewigkeit in einem See aus brennendem Schwefel gequält.

8. Gericht wird gehalten – die Taten der Menschen, die alle in einem großen Buch aufgezeichnet sind, werden bewertet und führen entweder zum endgültigen Tod oder zum ewigen Leben.

9. Gott erschafft einen neuen Himmel und eine neue Erde und wohnt bei den Menschen. Das Böse ist endgültig ausgerottet, und ein neues Jerusalem ist das Symbol für die ewige Gottesherrschaft.

Anton Johansson (1858-1929)

Der Eismeerfischer aus Norwegen konnte selbst nicht schreiben und lesen, seine Prophezeiungen fielen aber einem Besucher auf, der sie niederschrieb und 1918 als Buch veröffentlichte. 1914 wurden einige seiner Visionen schon vorab im „Svenska Dagbladet" veröffentlicht, in denen Johansson den Ersten Weltkrieg in seinen Grundzügen erstaunlich genau vorhersagte. *„Der Dritte Weltkrieg wird Ende Juli oder Anfang August ausbrechen. Es ist Sommer in Nordschweden. Die norwegischen Gebirge haben noch keinen Schnee."*

Franz Kugelbeer (1922-)

Ein Bauer aus Lochau bei Bregenz in Österreich. Seine Visionen vom Dritten Weltkrieg und der Endzeit teilte er Pater Ellerhorst 1922 mit, der sie niederschrieb.

Lied der Linde

Der Text soll in einer alten Linde auf dem Friedhof in Staffelstein bei Passau gefunden worden sein. Nach einer Materialuntersuchung wurde er auf 1850 datiert.

Jakob Lorber (1800-1864)

Ein Musiklehrer aus Graz, der 1840 plötzlich Stimmen hörte und eine Offenbarung hatte. Diese Stimme diktierte ihm in den folgenden 24 Jahren bis zu seinem Tode über 10 000 Druckseiten. Nach Lorbers Ansicht war es die Stimme von Jesus Christus.

Anton Simon Maas (1758-1846)

Der in Quellen auch als Alois Simon Maaß zitierte Pfarrer aus Fließ in Tirol sah vor allem die Zukunft seiner Heimat voraus.

Malachiasweissagung

Die sogenannte Papstweissagung des heiligen Malachias wurde erstmals 1595 von dem belgischen Benediktiner Arnold von Wion veröffentlicht. Malachias, Ire und Erzbischof von Armagh, starb 1148 und hinterließ 111 kurze Bezeichnungen, die auf je einen Papst hinweisen, angefangen mit Papst Cölestin (1143-1144). Die Reihe der 111 Päpste bis heute ist erstaunlich gut getroffen, teilweise mit Namen oder typischen Eigenheiten, Abstammung und Wappen – ein Mysterium, das schon jahrhundertelang den Klerus gequält hatte, denn entweder hat Gott in seiner Allwissenheit dem irischen Seher tatsächlich die Papstfolge bis heute ergründet (sogar mit den Gegenpäpsten und der Andeutung des Schismas), oder die Kardinäle haben sich bei jeder Papstwahl nach der Vorlage des Malachias gerichtet.

Jedenfalls ist unser aktueller Papst, der Pole Karol Wojtyla oder Johannes Paul II., nach dieser Weissagung der vorletzte Papst der Kirchengeschichte.

Mühlhiasl (1753-?)

Einer der großen bayerischen Seher. Der Mühlhiasl hieß eigentlich Mathias Lang, verlor 1801 seine Stelle als Klostermüller in Apoig und führte seitdem

ein unstetes Leben ohne festen Wohnsitz. Es ist möglich, daß „der Stormberger", der zur gleichen Zeit Vorhersagen machte und er identisch sind, denn
die Vorhersagen der beiden ähneln sich auffallend.

Nostradamus

Der Mann, dessen Name ein Synonym für Prophezeiungen geworden ist,
Michel de Notredame, hat außer seinen berühmten 966 Schicksalsversen
auch die Geschichte eines bewegten Lebens hinterlassen. Am 14. Dezember
1503 in St. Remy geboren, ist Michels Kindheit durch verschiedene Kulturen
geprägt. Vom Vater her, der vom Geschlecht der Isaschar abstammt, kommt
die magische, prophetische, aber auch medizinische Beeinflussung. Aus
dem berühmten jüdischen Stamm sind große alttestamentarische Propheten hervorgegangen, und die väterliche Linie unterhielt stets enge Verbin-
dungen zu Magiern und Kabbalisten. Die Mutter Renee entstammt einer
angesehenen Familie in St. Remy, die sich seit Generationen der Medizin und
Mathematik verschrieben hatten. Renees Vater pflegte außerdem eine Vor-
liebe für Astronomie und Astrologie und führt den kleinen Michel in die
Wunder des Kosmos ein. Die Voraussetzungen für ein Multitalent sind
bestens, und Michel fällt schon in den ersten Schuljahren als begeisterter
Astrologe auf. Mit 16 Jahren verläßt Michel sein Elternhaus und zieht nach
Avignon zu seiner Tante Margarete. Was er dort alles studiert, überrascht uns
heute: Grammatik, Rhetorik und Logik (das Grundstudium), danach Arith-
metik, Geometrie, Musik und Astronomie, später Medizin, Philosophie,
Botanik und Pharmakologie. 1520 bricht in Avignon die Pest aus und
Michel Nostradamus zieht nach Montpellier, um dort Medizin zu studieren.
Fünf Jahre später muß er seine erste Feuerprobe bestehen. Wieder hat die
Pest zugeschlagen, und diesmal flieht Michel nicht. Er bleibt in Montpellier,
als Professoren und Studenten sich aus dem Staub machen, und versorgt die
Kranken. Er entwickelt eine Kräuteressenz, mit der sich alle noch nicht
Angesteckten ständig Mund und Nase spülen müssen. Die Pest wird besiegt
und aus Nostradamus ist über Nacht ein Volksheld geworden, hat er
schließlich großen Anteil an diesem Sieg gehabt.

1529 kehrt er wieder nach Montpellier zurück und legt dort erfolgreich
sein Arztexamen ab. Dort trifft er auch einen Franziskanermönch namens

Rabelais, der später Berater von Kardinälen und Päpsten werden sollte. Von Rabelais soll auch die Idee stammen, für reiche Gutsbesitzer und Adlige jährliche Almanache herauszugeben. Diese Bücher waren als Tagebuch, Lebenshilfe und astrologischer Kalender angelegt, versehen mit Sinnsprüchen und Prophezeiungen. Damals entwickelte Nostradamus schon die Idee, jedem Werk einen Vierzeiler für das nächste Jahr voranzustellen – quasi als großes Entwicklungsthema.

Vier Jahre später siedelt Nostradamus nach Agen um, vervollständigt dort seine griechischen und lateinischen Kenntnisse und tritt einem geheimen Bund bei, der für einen Mann seiner Fähigkeiten wie geschaffen scheint. Die Katharer besitzen angeblich das Original der Johannes-Offenbarungen in griechischer Sprache. Und dieses prophetische und apokalyptische Werk ist die Bibel dieser Gruppe Suchender. Rabelais und Leonardo da Vinci sollen ebenfalls Mitglieder dieses geheimen Ordens gewesen sein.

Nostradamus heiratet in Agen, verliert seine junge Frau und seine beiden Kinder aber schon wenige Jahre später. Sie sind unter Zehntausenden der tragischen Opfer einer Diphteriewelle, eingeschleppt aus der gefährlichen Neuen Welt.

Nostradamus ist verzweifelt, vor allem, weil er als Heilkundiger nicht helfen konnte, und verschwindet aus Agen. Nichts hält ihn mehr, seine Lebenspläne scheinen zerfetzt, er beginnt ein unstetes Vagabundenleben. Aber ein Mann mit seinen Fähigkeiten wird zu oft gebraucht, als daß es ihn wirklich aus der Bahn werfen könnte. Wieder wütet die Pest, diesmal in Aix-en-Provence. Nostradamus mischt Pulver und Pastillen für die Südfranzosen und kämpft fieberhaft gegen den Schwarzen Tod. Und er siegt. Aix wird von der Pest befreit.

Dieser Ruf verbreitet sich schnell, und Nostradamus zieht von Stadt zu Stadt. 1547 holt ihn sein Bruder, der Stadthauptmann Bertrame de Notredame nach Salon de Crau, einer kleinen Stadt nahe Aix. Er will dem berühmten Bruder als festen Medicus anstellen und dem Entwurzelten eine neue Heimat geben. Er leitet geschickt ein Treffen mit einer hübschen Witwe ein, Anne Ponsard, und noch im gleich Jahr heiratet Nostradamus. Er führt eine glückliche Ehe, aus der sechs Kinder hervorgehen, und hat endlich wieder Wurzeln geschlagen. Aus dieser Sicherheit heraus beginnt er wie-

der zu schreiben – philosophische Abhandlungen, Bücher über Nahrungsmittel und Kosmetika, Gesundheitstips und seine Alamanache. Jetzt bringt
er sogar ein Buch heraus, das nur Prophezeiungen für das nächste Jahr
enthält – und das Buch wird zum „Bestseller", das ihn sogar in das französische Königshaus einführt. 1555 veröffentlich Nostradamus seine ersten
„Centurien".

Eine Centurie besteht aus einhundert vierzeiligen Versen, von denen
jeder Vers als Leitthema zu einem bestimmten Jahr gedacht ist. Nur zu
welchem, das schreibt Nostradamus nicht dazu. In seinem Vorwort für seinen Sohn Cesar und einem Brief an Heinrich II. deutet er an, daß diese Verse höchst kunstvoll verschlüsselt sind, um nur für bestimmte Menschen ihren
Sinn preiszugeben. Genau deswegen ist Nostradamus der seit Jahrhunderten am meisten mißverstandene und mißinterpretierte Seher. Seine Centurien sind neben der Bibel das einzige Buch, das seit seinem Erscheinen
ununterbrochen gedruckt und in alle Sprachen der Welt übersetzt wurde.
In der Nacht vom 1. zum 2. Juli 1566 stirbt Nostradamus, dreiundsech-
zigjährig.

Prokop (1887-1965)
Der Hirte aus dem bayerischen Wald empfing ähnliche Visionen wie die
bayerischen Seher Irlmaier, Mühlhiasl, Wudy und andere.

Seher aus dem Waldviertel (1938-)
Um 1959 hatte der Seher aus dem Waldviertel (dessen tatsächlicher Name
geheimgehalten wird) in Österreich nahe der tschechischen Grenze mehrere
Visionen. 1980 veröffentlichte Johannes Bekh seine Prophezeiungen als
Buch – „Das dritte Weltgeschehen". Eine seltene Quelle, die noch zu Lebzeiten
aufmerksam und unter Überwachung protokolliert wurde.

Sun Bear (?-1992)
Der Medizinmann der Chippewa (zu deutsch: Sonnenbär) hat eine deutlich
ökologische Ausrichtung und spricht in der indianischen Tradition der
brüderlichen Weltteilung aller Lebewesen. Er gründete im Osten der USA den
„Bear Tribe", einen Stamm, in dem Indianer und Nichtindianer gleicher-

maßen willkommen sind. In seinem Buch „Die Erde liegt in unserer Hand"
verbindet er düstere Katastrophenvisionen mit der Aufforderung, sich sofort
im Umweltbereich zu engagieren.

Sepp Wudy (ca 1870-1918)
Der Knecht aus Frischwinkel im Böhmerwald starb als Soldat im Ersten Weltkrieg. Vorher hatte er noch viele „Gesichte", in denen er den zweiten und
sogar einen dritten Krieg vorhersah, der die ganze Welt miteinbeziehen
sollte.

....

Literaturverzeichnis

Angerer, Anton: *Der Dritte Weltkrieg und was danach kommt.* Wien (Kreuz) 1972.

Asimov, Isaac: *Die Apokalypsen der Menschheit – Katastrophen, die unsere Welt bedrohen.* Köln (Kiepenheuer & Witsch) 1982.

Beck, Johannes (Hrsg.): *Überlebenslesebuch. Wettrüsten, Nord-Süd-Konflikt, Umweltzerstörung.* Reinbek (Rowohlt) 1983.

Bekh, Wolfgang Johannes: *Am Vorabend der Finsternis.* München (Ludwig) 1988.

Bekh, Wolfgang Johannes: *Das dritte Weltgeschehen.* München (Knaur) 1976/1980.

Bekh, Wolfgang Johannes: *Das Ende der Welt. Visionen, Prophezeiungen, Wahrsagungen.* Augsburg (Pattloch) 1998.

Berndt, Stephan: *Prophezeiungen zur Zukunft Europas.* Weilersbach (Reichel) 1997.

Brent, Peter: *Past, Present, Future.* London (Enigma) 1975.

Brinkley, Dannion, und Perry, Paul: *Zurück ins Leben.* München (Knaur) 1994.

Bühler, Rolf W.: *Meteorite – Urmaterie aus dem interplanetaren Raum.* Basel (Birkhäuser) 1988.

Buenfil, Alberto Ruz: *Rainbow Nations without Borders – Toward an Ecotocpian Millenium.* Santa Fe, New Mexico (Bear & Company) 1991.

Buttlar, Johannes von: *Terraforming – Städte im Weltall.* München (Heyne) 1996.

Carter, Mary Ellen: *Das Neue Zeitalter – Authentische Visionen des Edgar Cayce.* Genf (Ariston) 1990.

Cavendish, Richard: *Visions of Heaven and Hell.* London (Orbis) 1977.

Centurio, Alexander: *Nostradamus – Prophetische Weltgeschichte.* Bietigheim (Turm) 1977.

Chandler, Russell: *Doomsday – The End of the World.* Ann Arbor, Michigan (Servant Publications) 1993.

Clarke, Arthur C.: *Geheimnisvolle Welten – An den Grenzen unserer Wirklichkeit.* Augsburg (Weltbild) 1990.

Club of Rome (Hrsg.): *Die erste globale Revolution – Bericht zur Lage der Welt.* München (Goldmann) 1993.

Colborn, Theo u.a.: *Die bedrohte Zukunft.* München (Knaur) 1996.

Die großen Seher, Das Prognose-Jahrbuch für 1996. München (Realis) 1995.

Die großen Seher, Das Prognose-Jahrbuch für 1997. München (Realis) 1996.

Dimde, Manfred: *Die Prophezeiungen des Nostradamus zur Jahrtausendwende.* München (Goldmann) 1993.

Dimde, Manfred: *Das Nostradamus Jahrbuch 1999.* München (Heyne) 1998.

Dimde, Manfred: *Nostradamus Total – Seine letzten Geheimnisse entschlüsselt.* Bartenstein (Bettendorf) 1994.

Dudde, Bertha: *Gesamtwerk, herausgegeben von Freunden der Neuoffenbarung.* Heuchelheim (Wolfgang Kühner) o.J.

Duhm, Bernhard: *Die zwölf Propheten.* Tübingen 1910.

Erbstein, Max: *Der Blinde Jüngling. Böhmische Weissagungen aus dem 14. Jahrhundert.* München, 2. Aufl. 1982.

Eggenstein, Kurt: *Der Prophet Jakob Lorber.* Bietigheim (Lorber) 1975.

Ernst, Robert: *Die Papstweissagung des hl. Bischofs Malachias.* Bietigheim (Turm) 1988.

Flem-Ath, Rand & Rose: *Atlantis – Der versunkene Kontinent unter dem ewigen Eis.* München (Knaur) 1997.

Fontbrune, Jean-Charles de: *Nostradamus – Historiker und Prophet.* Wien (Zsolnay) 1991.

Friedl, Paul: *Die Stormberger-Prophezeiungen.* Zwiesel 1925 und 1930.

Friedl, Paul: *Prophezeiungen aus dem bayerisch-böhmischen Raum.* Rosenheim (Rosenheimer Verlagshaus) 1979.

Fukuyama, Francis: *Der Konflikt der Kulturen.* München (Knaur) 1997.

Galin, Dagmar: *Das entfesselte Ungeheuer. Visionen der Naturvölker zum Weltende.* München (Knaur) 1998.

Gore, Al: *Wege zum Gleichgewicht – Ein Marshallplan für die Erde.* Frankfurt am Main (Fischer) 1992.

Harris, Robert: *Aurora* (Roman). München (Heyne) 1998.

Hausmann, Irmgard: *Die Ereignisse von Garabandal.* Gröbenzell 1981.

Hesemann, Michael: *Geheimsache Fatima.* München, Essen, Ebene Reichenau (Bettendorf) 1997.

Hewitt, V.J., und Lorie, Peter: *Die unglaublichen Weissagungen des Nostradamus zur Jahrtausendwende.* München (Goldmann) 1992.

Hillary, Edmund: *Zeitbombe Umwelt – Haben wir noch eine Chance?* München (Heyne) 1986.

Holroyd, Stuart, und Powell, Neill: *Geheimnisvolle Wissenschaften.* Mannheim (Moderner Buchvertrieb und Verlag) 1979.

Holzmaier, Josef: *Die Menschheit vor der Wende.* München (Eigenverlag) 1997.

Horx, Matthias: *Das Zukunfts-Manifest.* Düsseldorf, München (Econ) 1997.

Huntington, Samuel P.: *Kampf der Kulturen – Die Neugestaltung der Weltpolitik im 21. Jahrhundert.* München, Wien (Europaverlag) 1996.

Hurton, Andrea: *1000 Tage bis zur Zukunft – Moden und Trends am Vorabend der Jahrtausendwende.* Düsseldorf, München (Econ) 1997.

Hutton, William: *Coming Earth Changes – The Latest Evidence.* Virginia Beach (ARE Press) 1996.

Jung-Hüttl, Angelika, und Edmaier, Bernhard: *Vulkane – Wo die Erde Feuer und Asche spuckt.* München (BLV) 1997.

Kahir, M.: *Nahe an 2000 Jahre Gegenwart und Zukunft in prophetischer Schau.* Bietigheim (Turm) 1992.

Kaiser, Rudolf: *The Voice of the Great Spirit – Prophecies of the Hopi Indians.* Boston, London (Shambala) 1991.

Kaminski, Heinz: *Atlantis – Die Realität.* München, Essen, Ebene Reichenau (Bettendorf) 1997.

Keppler, Erhard: *Die unruhige Erde – Informationen über Klimaveränderungen, El Nino, Erdbeben, Vulkanausbrüche, Meteoriteneinschläge.* Hamburg (Rasch und Röhring) 1998.

Kiermayer, Anton: *Die Prophezeiungen des Waldpropheten Mühlhiasl, auch Stormberger genannt*. Passau 1949.

Kronberger, Hans: *Blut für Öl. Der Kampf um die Ressourcen*. Wien (Uranus) 1998.

Loerzer, Sven: *Visionen und Prophezeiungen*. Augsburg (Weltbild) 1995.

Ludwig, Bärbel: *Prophezeiungen für das 21. Jahrhundert*. München (Peter Erd) 1998.

Mails, Thomas E.: *The Hopi Survival Kit*. New York (Stewart, Tabori & Chang) 1997.

Mann, A.T.: *Prophezeiungen zur Jahrtausendwende*. Bern, München, Wien (Scherz) 1993.

Menges, Johannes H.: *Der kommende Weltkrieg*. Bad Harzburg (Verlag der Buchmission) 1978.

Miller, Lana: *Call of the Dolphins*. Portland, Oregon (Rainbow Bridge) 1989.

Mussik, Reinhard: *Das Geheimnis der großen Seher*. München (Herbig) 1995.

Naisbitt, John: *Megatrends – 10 Perspektiven, die unser Leben verändern werden*. Bayreuth (Hestia) 1984.

National Geographic Society (Hrsg.): *Bebende Erde*. Augsburg (Steiger) 1997.

Nelson, Kirk: *The Second Coming – Dawn of the New Age*. Virgina Beach (Wright Publishing) 1986.

Neumann, Peter H.A. (Hrsg.): *Das Prophetenverständnis in der deutschsprachigen Forschung seit Heinrich Ewald*. Darmstadt (Wissenschaftliche Buchgemeinschaft) 1979.

Nolan, Ray: *Die Siebte Offenbarung*. München (Langen Müller) 1998.

Noone, Richard W.: *5/5/2000 – Ice: The Ultimate Disaster*. New York (Three Rivers Press) 1986.

Ortner, Reinhold: *Die Berge werden erbeben*. Stein am Rhein/Schweiz, 2. Aufl. 1985.

Peterson, Scott: *Indianische Seher und ihre Prophezeiungen*. München (Peter Erd) 1993.

Pima, Lorenz: *Fünf Hypothesen zum Untergang der Welt*. München (dtv) 1996.

Popcorn, Faith: *Der Popcorn Report – Trends für die Zukunft.* München (Heyne) 1992.

Rain, Mary Summer: *Der Phönix erwacht.* Reinbek (Rowohlt) 1989.

Retyi, Andreas: *Halley – Kometen-Brevier für jedermann.* Stuttgart (Franckhsche Verlagshandlung) 1985.

Rosenberg, Alfons: *Durchbruch zur Zukunft – Der Mensch im Wassermann-Zeitalter.* Bietigheim (Turm) 1971.

Ross, Allen C.: *Wakan Tanka – Im Herzen sind wir alle eins.* Neuwied (Smaragd) 1992.

Schaller, Josef: *Trilenium – Chronik der Zukunft.* Zwiesel (A. Maier) 1994.

Schönhammer, Adalbert: *PSI und der Dritte Weltkrieg – Das große Buch der Voraussagen mit Zeittafeln.* Bietigheim (Rohm) 1990.

Seton, Ernest Thompson: *Das Manifest des Roten Mannes.* München (Goldmann) 1987.

Silver, Jules: *Prophezeiungen bis zur Schwelle des 3. Jahrtausends.* Genf (Ariston) 1974.

Snow, Chet B.: *Mass Dreams of the Future.* New York (Mc Graw-Hill) 1989.

Sun Bear und Wabun Wind: *Die Erde liegt in unserer Hand – Eine Vision unseres Planeten.* München (Goldmann) 1990.

Teller, Edward: *Energie für ein neues Jahrtausend.* Berlin (Ullstein) 1981.

Thietz, Hans-Peter: *Crashtime oder das Aufbegehren eines Planeten.* Neuss (Argo) 1998.

Tollmann, Alexander und Edith: *Und die Sintflut gab es doch.* München (Knaur) 1993.

Tollmann, Alexander und Edith: *Das Weltenjahr geht zur Neige. Mythos und Wahrheit der Prophezeiungen.* Wien, Köln, Weimar (Böhlau) 1998.

Tyl, Noel: *Predictions for a new Millenium.* St.Paul, Minnesota (Llewellyn Publications) 1996.

Umweltstiftung WWF Deutschland: *Klima – Die Kraft, mit der wir leben.* München (Pro Futura) o.J..

Varena, Marcus: *Gesammelte Prophezeiungen.* Freiburg i.Br. (Bauer) 1959.

Velikovsky, Immanuel: *Das kollektive Vergessen – Verdrängte Katastrophen der Menschheit.* Frankfurt (Umschau) 1985.

Waters, Frank: *Das Buch der Hopi.* Köln (Diederichs) 1980.

Weidner, Gisela: *Offenbarung der Zukunft bis zur Wiederkehr Jesu Christi.* Wien (Eigenverlag) o.J.

Werdenberg, Gottfried von: *Vision 2004 – Die nächsten 10 Jahre.* Wien (Eigenverlag) 1994.

Weizsäcker, Ernst Ulrich von, u.a.: *Faktor Vier – Der neue Bericht an den Club of Rome.* München (Knaur) 1995.

Wilkerson, David: *Wetterleuchten des Gerichts.* Erzhausen (Leuchter) 1990.